光州五月の記憶

尹祥源・評伝

林洛平 著
高橋邦輔 訳

社会評論社

腕章をつけた衛生兵までが、抵抗の意思のない学生に暴行した。手前はペッパー・フォグ車

▲尹祥源たちの立て籠った民願室

▶旧・全羅南道道庁

▲82年、望月洞での朴琪順との霊魂結婚式

▼同墓域「赤い鉢巻」の烈士墓石群

▲錦南路現景（旧・道庁前から）

▼全南大の正門付近現景

単色（セピア）の写真と望月洞の霊魂結婚式の写真は
野火烈士記念事業会提供。他は訳者写す

▲全南大学卒業時の尹祥源（中）と父・尹錫同さん（左）、母・金仁淑さんの近影

▲生家跡にできた記念館の内部（左）とその外観（右上）。右下は焼失した生家

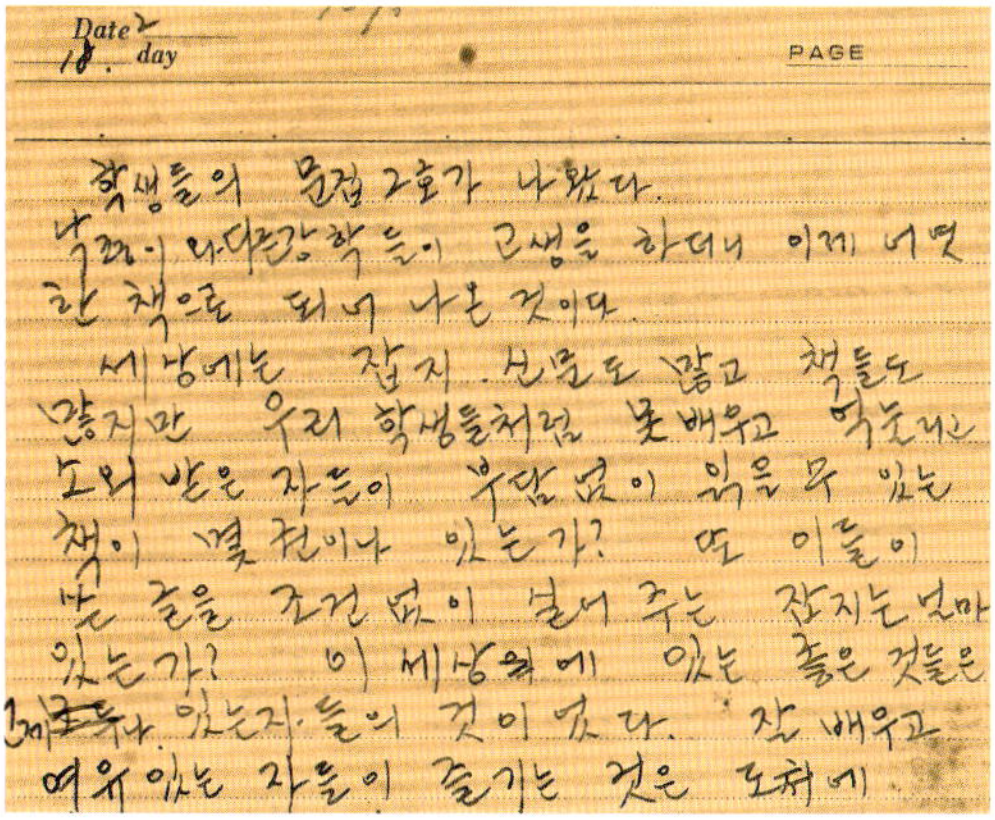

Date 2
18. day
PAGE

학생들의 문집 2호가 나왔다.
낙연이와 대근 강학들이 고생을 하더니 이제 어엿한 책으로 되어 나온 것이다.
세상에는 잡지 신문도 많고 책들도 많지만 우리 학생들처럼 못배우고 억눌리고 소외 받은 자들이 부담없이 읽을 수 있는 책이 몇 권이나 있는가? 또 이들이 쓴 글을 조건없이 실어 주는 잡지는 얼마 있는가? 이 세상에 있는 좋은 것들은 있는자들의 것이었다. 잘 배우고 여유있는 자들이 즐기는 것은 도처에

▲1979年の日記から

▶大学時代に友人と遊ぶ（中央）

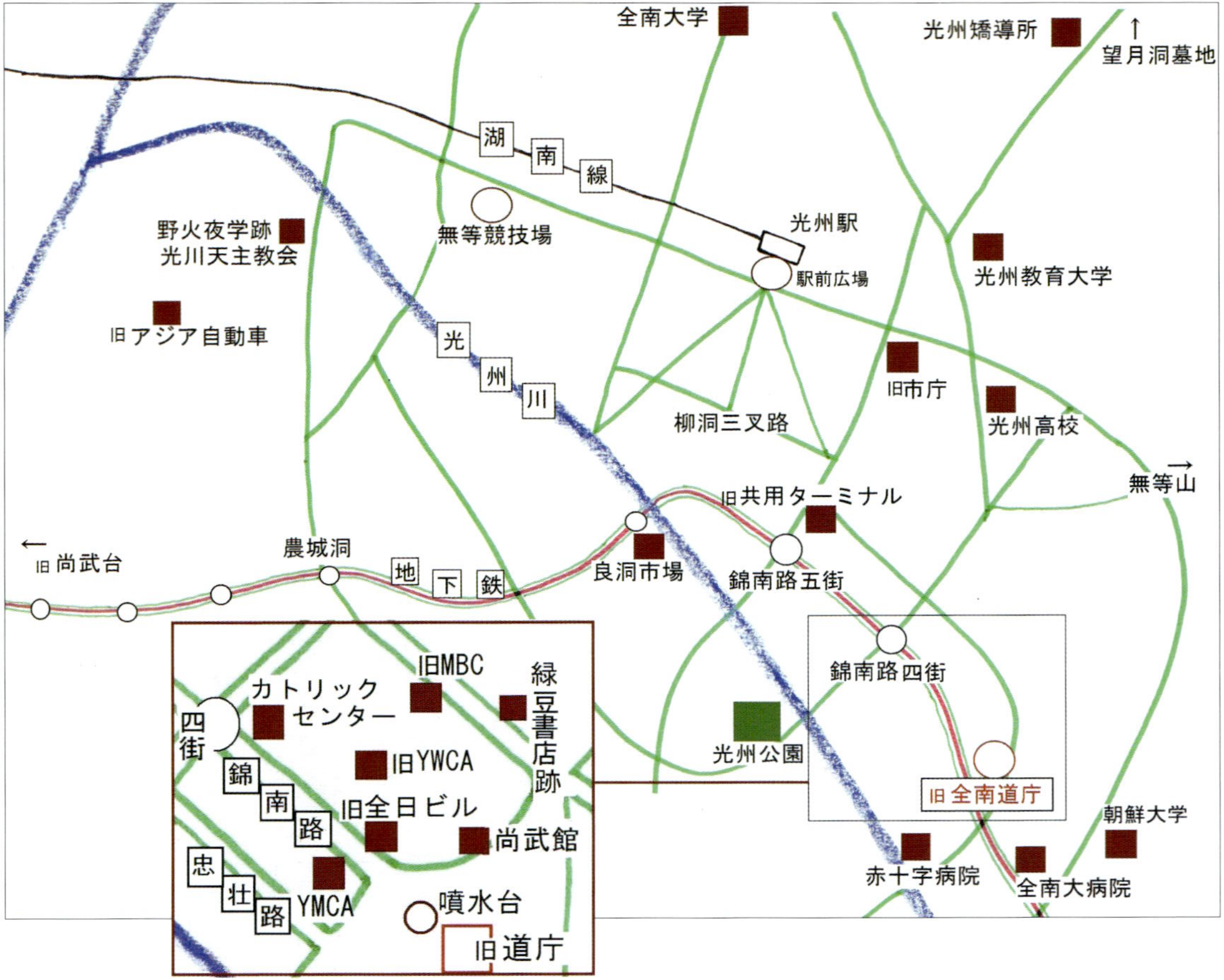
全南大学
光州矯導所
↑ 望月洞墓地
湖南線
野火夜学跡
光川天主教会
無等競技場
光州駅
駅前広場
光州教育大学
旧アジア自動車
光州川
旧市庁
柳洞三叉路
光州高校
無等山
旧共用ターミナル
← 旧尚武台
農城洞
地下鉄
良洞市場
錦南路五街
錦南路四街
光州公園
旧全南道庁
朝鮮大学
赤十字病院
全南大病院
旧MBC
緑豆書店跡
カトリックセンター
四街
旧YWCA
錦南路
旧全日ビル
尚武館
忠壮路
YMCA
噴水台
旧道庁

contents

夜明け　洪成潭

目次

contents

第四部　光州よ、無等山よ……143

はじめに～訳者から

二〇〇九年二月初め、大阪・鶴橋の喫茶店で、光州から帰ったばかりの金松伊（キム・ソンイ）さん（『はだしのゲン』韓国語訳など訳書多数）に分厚い本を手渡され、翻訳を勧められた。一九八〇年五月二十七日未明、光州の全羅南道道庁に立て籠もり、戒厳軍の銃撃に倒れた抗争指導部スポークスマン・尹祥源（ユン・サンウォン）の生涯を綴った評伝だった。

ここ数年、全羅北道の全州、金堤、扶安、井邑、高敞、南原から全羅南道の光州、長城、羅州、木浦、長興、康津、さらに南端の珍島まで旅を続けてきた。一八九四年（きのえうま＝甲午）、宗教集団・東学の指導者に率いられて農民が蜂起した甲午《こうご》農民戦争。一九二九年から三〇年にかけての、全国的な抗日運動のさきがけとなった光州学生独立運動（第一部四一ページの訳注参照）。そして一九八〇年の光州事件の跡を辿った。通り過ぎるだけのナグネ＝旅人＝に、チョルラ＝全羅＝の風土と底流する精神が理解できるわけはないが、その一端に触れることを願いながら歩いた。

金松伊さんから『尹祥源・評伝』（二〇〇七年、풀빛〈プルビッ〉社刊）を手渡されたのは、ちょうど旅に一区切りをつけて、記録をまとめ始めた時だった。『評伝』翻訳に心は動いたが、四百二十ページに及ぶハングルの翻訳にも自信が持てなかった。『評伝』は、目に触れないように、書架の上の方に置いておいた。

三月半ばのある日、旅の記録のパソコンを叩くのに疲れ、ふと『評伝』を手に取った。著者・林洛平（イム・ナッピョン）

さんの序文と、道庁陥落を描いた序章に引き込まれ、辞書を手に拾い読みした。韓国民主化の道程で起きた余りに過酷な事件の全容が、内部の目で語られていた。狂気じみた国家の暴力装置と対峙し、なすべきことに殉じた尹祥源という青年の魂と、彼を取り巻く青春群像が描かれていた。日本の観念的な学生運動と違い、身柄拘束と拷問が待ち受け、あすの命の保証のない現実の中で一途《いちず》に生きた韓国の若者たち。翻訳してみようと思った。

翻訳にかかる前に、もう一度光州を訪ねることにした。日本留学経験があり、光州の隣の羅州の大学で日本語を教えている柳在淵（ユ・ジェヨン）さんが案内してくれることになった。柳在淵さんは金松伊さんの友人で、「光州事件に関心を持っている日本人がいる」と聞き、『評伝』を金さんに託して訳者に贈ってくれた人だ。

柳さんに、光州で会いたい人たちのリストを送った。『評伝』の著者・林洛平さん▽尹祥源が社会運動に目覚める転機を作った民主化運動の先輩・金相允（キム・サンユン）さん▽尹祥源と共に労働者のための学校・野火夜学（トゥルブルヤハク）の教師として働いた鄭在鎬（チョン・ジェホ）さん▽道庁陥落を市民軍側の作戦本部である「状況室」で迎えた李在儀（イ・ジェイ）さん▽そして尹祥源の父の尹錫同（ユン・ソットン）さん……事件の渦中にいた、『評伝』の登場人物ばかりだ。

柳在淵さんは希望をすべてかなえ、手筈をととのえ、通訳の労をとってくれた。二〇〇九年三月末から四月にかけての五日間、光州の街とそこで出会った人びとの強い印象が、翻訳にあたって原著の記述を「現実感」を持って受け止める力になった。

柳在淵さん▽度重なる問い合わせメールに丁寧に答えてくれた著者の林洛平さん▽訳者の質問と林さんの回答を、日→韓、韓→日と翻訳してくれた、林さんの事務所の小原つなきさん▽何人もの人名の漢字表記を調べてくれた鄭在鎬さん▽訳文点検のみならず、この翻訳作業の監督兼マネージャーとして訳者を支えてくれた金松伊さん▽誤字脱字のチェック、用語の統一に心を砕いてくれた本郷康夫さん▽草稿を読み、助言や励ましをくれた福島賢二さん、北村英雄さん、田中伸尚さん。みなさんの助力で、光州事件三十周年を前に、どうにか翻訳を終えることができた。

なお、原著は巻頭に、詩人・文炳蘭（ムン・ビョンナン）さんの尹祥源烈士への献詩を置いているが、本書には収録できなかった。

本書の表紙カバーと扉の写真は光州の「5・18記念財団」刊の写真集から、尹祥源関係の写真は「野火烈士記念事業会」から提供を受けた。版画は、一貫して「五月光州」に取り組む版画家・洪成潭（ホン・ソンダム）さんから掲載の許しを得た。

市井の老学習者の作業を本に仕上げてくれた、社会評論社の松田健二代表に感謝します。

二〇一〇年三月　　高橋　邦輔

用語と表記について

〈光州事件の呼び方〉

一九八〇年五月十八日から二十七日未明に至る、光州市民の戒厳軍との闘いを、著者は「光州民衆抗争」「五月抗争」と呼んでいる。韓国の民主化運動経験者、革新勢力の間では、ほぼ統一された呼称になっている。

当初は当局側の発表に従って「光州事態」と呼ばれた。軍部独裁権力は「戒厳下に不純分子が起こした暴動＝事態」に仕立てようとした。マス・メディアも「事態」と報じた。韓国政府の立場は八七年の「6・29民主化宣言」後に変化を見せ始め、八八年に盧泰愚大統領が「光州で起きたことは民主化のための努力であった」と認めるに至って「光州民主化運動」という呼称が使われるようになった。

九〇年に「光州補償法」が制定されて犠牲者への補償金の支払いが始まり、九三年には金泳三大統領が特別談話で「光州での流血は、民主主義の礎であり、現在の政府はその延長線上に立つ民主政府である」と発表した。九五年の「光州民主化運動等に関する特別法」によって全斗煥、盧泰愚ら12・12クーデターと光州虐殺関連者への処罰の道が開かれ、「光州民主化運動」という呼称も定着した。

しかし現在でも韓国では、八〇年の光州の動きを「北朝鮮と結んだ共産主義者が国家転覆を謀った暴動」とする主張さえあり、「光州事態」という呼称も残っている。

日本では当初から「光州事件」という呼び方が定着しており、訳者も訳文以外は、これに従った。

〈訳文と用語〉

◆韓国語独特の言い回しや修飾語で、日本語文章としてなじまないと思ったものは、言い換えたり省略したりした。「意志」と「意思」、「進入」と「侵入」など、微妙なものは原著者の使い分けに従った。

◆本書のキーワードの一つである「空輸部隊」は、日本では「空挺部隊」と呼ばれてきたが、韓国では「공수（コンス）

＝空輪」であり、正式部隊名でもあるため、あえて「空輪」とした。

◆訳文中、尹祥源の話し方が丁寧すぎると感じる読者が多いかも知れない。話し相手の中に先輩や年長者がいる場合と、相手を説得するために、あえて丁寧な言葉を使っている場合がある。

◆本文中の注記は、「原注」と登場人物の経歴は著者が、それ以外は、すべて訳者が付した。

〈表記について〉

原著は人名、地名を含め、すべてハングルで書かれている。翻訳にあたって、人名や地名は可能な限り漢字で表記するように努めた。しかし韓国では、人名も地名もハングルのみの表記が一般化しており、漢字表記が確認できないものがかなり残った。

表記と読み方は、以下の原則に従った。

◆人名は①朴正熙、全斗煥、金大中のように、日本で姓名を一体として読み慣れているものは、姓名を漢字で表記②それ以外で姓名とも漢字が確認できたものは、初出のみ姓名を漢字表記。以後は原則として姓のみ漢字表記し名はカタカナとした③姓のみ漢字が確認できたものは、姓は漢字、名はカタカナとした④姓も名も漢字が確認できないものは、当然ながら、すべてカタカナとした。

◆人名、地名などの読み方は、できるだけ韓国の発音に近づけるように心がけた。①朴寛賢の寛は「クァン」、賢は「ヒョン」だが、結びついて「クァニョン」に、黄晳暎の晳は「ソク」、暎は「ヨン」だが、結びついて「ソギョン」に②姓名を続けて読む場合、本来は清音である名が、姓の末尾の音との関連で濁音化する場合がある。金鍾泌は「キム・ジョンピル」と読むが、鍾泌だけなら「チョンピル」。しかし訳文では、名だけの場合も濁音のままにした③人名の「李」は通常「イ」と発音するが、李泳禧（リ・ヨンヒ）のように、自ら名乗っている場合は「リ」とした。

◆韓国語の音節末の子音は、母音を伴わずに発音される。例えば、本書の著者・林洛平さんの姓の「林」は、imuではなくim。「洛」はnakuではなくnak。従って「イム・ナクピョン」と表記するのは正確でない。また、韓国の首都はsouluではなくsoulなので「ソウル」は正確でない。しかし、的確な表記方法が見つからず、「イム」や「ソウル」などはそのまま、「ナクピョン」のようなケースは「ナッピョン」と、発音に近い表記にした。

改訂版の出版に当たって

二〇〇七年四月　林洛平（イム・ナッピョン）

「生きている姿を、はっきりと思い描くことができるただ一人の犠牲者がいる。彼こそ一九八〇年五月二十六日に外国特派員との会見を開いた市民軍の代弁人（スポークスマン）だ。私は光州の全羅南道道庁の記者会見室に座って、彼を正面から眺め、この若者は必ず死ぬだろうと予感した。私に向けられた彼の目を見て、彼自身、死が迫っていることを知っているのだと思った」

「彼は韓国人には珍しく、縮れ毛だった。その動作は、彼よりずっと若い武装した仲間の落ち着きのなさとは対照的だった。その落ち着きぶりを見て、私は再びはっきりと、彼の死を予感した。彼の視線はやわらかかったが、運命に対する諦念と死の決断が、隠されていた」

「私に強い衝撃を与えたのは、彼の二つの瞳だった。差し迫った死を明確に悟りながら、やわらかさと優しさを失わない彼の視線が印象的だった」

……これは米国のボルチモア・サン紙のブラドリー・マーチンが光州抗争の市民軍スポークスマンだった尹祥源（ユン・サンウォン）を思い起こして、一九九〇年代の中ごろに書いたものだ。

一九八〇年五月二十六日の午後、尹サンウォンは「市民学生闘争委員会」のスポークスマンとして、マーチン記者のほか、AP通信のテリー・アンダーソン、ニューヨーク・タイムスのヘンリー・S・ストックスら約十人の記者と、最初で最後の記者会見をした。

十年以上も前のことなのに、マーチン記者は尹サンウォンをはっきり覚えていた。彼は九〇年代以降も、尹サンウォンの記憶を大切にして何回か光州を訪れ、五月墓地（光州の東北郊・望月洞〈マンウォルトン〉にある光州抗争犠牲者らの墓地。旧墓地と新たに造成された国立墓地がある）に参った。光州市林谷（イムゴク）にある尹サンウォンの生家も訪ね、両親に慰めの言葉をかけた。

マーチン記者のように、尹サンウォンを覚えている人がたくさんいる。抗争の現場で彼と生死をともにした者、大学時代から陰鬱な維新独裁政治の下で苦楽をともにした先輩や後輩、そして青少年時代にともに「青雲の志」を抱いた者たちが、尹サンウォンを鮮明に記憶している。

彼らはみな、5・18（オー・イルパル）抗争のスポークスマンであった尹サンウォンを、光州の五月を象徴する人物と考えている。抗争中に、あるいはその後に亡くなった無数の烈士（ヨルサ）たちの、「義」に殉じた犠牲をすべて尊いものとしながらも、「五月を象徴する人物は尹サンウォンだ」と、ためらわずに言う。

それは、八〇年五月の現場で、尹サンウォンが最初から最後まで光州の危機に対処し、この国の民主主義を守るために全身をなげうったからだ。民衆の力で軍部クーデター勢力（訳注①）を退けるという、確固とした信念と透徹した愛国愛民精神が、尹サンウォンに備わっていたからだ。そして彼らはみな、五月抗争のスポークスマンであった尹サンウォンの、献身的で愛国的な生き方と精神が、この国のすべての人たちと次の世代に記憶され、伝えられることを願っている。

九一年に刊行され、絶版になっていた『野火の肖像　尹祥源・評伝』を、再び世に出すことになった意義は、この点にある。

初版を出してから十七年の歳月が流れた。毎年五月になると、尹サンウォンにマスコミの焦点が合わせられ、テレビのドキュメンタリーが放映され、時には新聞や雑誌の企画取材報道の主人公になった。しかし『尹祥源・評伝』は絶版になっていた。『評伝』を求める声があり、彼の生き方を繰り返し味わい、彼の死の意味を蘇らせるために、改訂版を出す決心をした。新たに尹サンウォンの人生を盛ったこの評伝で、多くの人々が彼の人生を噛みしめ味わってくれることを願う。

『ニム《あなた》のための行進曲』は尹サンウォンの歌として作られた。八二年、全斗煥の鉄拳統治の時代に、サンウォンのかつての仲間は、彼と労働者の学校「野火夜学」(トゥルブルヤハク。訳注②)の同僚教師だった朴琪順(パク・キスン)との「霊魂結婚式」を執り行なった。『行進曲』は怒りと悲しみと闘いの決意を込めて、サンウォンと「五月英霊」たちの霊前に、涙ながらに捧げられた。その時から、この歌が野火のように全国の闘いの現場に広がり、歌われるようになった。歌声には「五月」が投影され、闘いの決意が込められていて、闘争の現場では愛国歌のように歌われる。

いま『ニムのための行進曲』は、国家元首が参列する五月国立墓地の追慕式で、軍楽隊の伴奏に合わせて合唱される。まさに隔世の感がある。大統領と与野党の国会議員、長官や将軍たちが粛然とした顔つきで歌う姿は、涙が出るほどの驚きだ。「五月」の復活であり、尹サンウォンの復活である。

九三年の「文民政府＝金泳三(キム・ヨンサム)大統領」、九八年の「国民の政府＝金大中(キム・デジュン)大統領」、そして二〇〇三年の「参与政府＝盧武鉉(ノ・ムヒョン)大統領」を経て民主主義が確立した。一九八〇年の5・18抗争は完全にその名誉を回復した。尹サンウォンをはじめ、死んでいった人たちの名誉回復とあわせ、法的にも「国家有功者」及び「国民烈士」の待遇を受けるようになった。彼らは新たに造成された国立墓地に堂々と祀られた。一方、5・18抗争を銃で踏みにじったクーデターの主役たちは、国民を虐殺して権力を簒奪《さんだつ》した大逆罪人として歴史と国民の峻厳な審判を受け、一時期、牢獄に入った。

尹サンウォンをはじめとする五月の英霊たちは、十数年に渡って「内乱を画策し国家転覆を謀った武装暴徒」として扱われた。彼らを復活させたものは何か。それはまさに、彼らが軍部クーデターに対抗して組織的で粘り強い抵抗をし、死をかけて正義と真理を叫んだという事実による。

尹サンウォンの抵抗と死が、岩のように頑丈だった軍部の鉄拳統治に対する別の抵抗を呼び込んだ。それは一九八〇年五月二十七日の彼の死が起点だった。抵抗の一滴が全国に広がって流れとなり水路となった。水路は集まって川となり、大河となって鉄拳統治を倒した。その過程で多くの民衆が死に、血を流し、冷たい監獄に入れられた。しかし、数知れぬ民衆の血と汗と涙がついに「不義」の政権を倒したのだ。

「野火の七烈士」と呼ばれる人たちがいる。

維新独裁下で尹サンウォンと「同じ釜の飯」を食べ、民衆運動を実践し、民主の夜明けのために奔走した人たちはいま、望月洞の国立墓地に眠っている。光州市民は彼らを夜空の北斗七星になぞらえて「野火の七烈士」と呼ぶ。彼らは七八年から八〇年の五月抗争に至るまで、光川（クァンチョン）工業団地（現在はバス・ターミナルなどになっている＝原注）付近の野火夜学で苦楽をともにした。夜学で彼らは、尹サンウォンを指導者として、労働者、貧しい人たちと共に民主と自由と平等が躍動する「大同社会」を夢見た。

野火夜学に特別講学（教師）として加わった孤児出身の朴勇準（パク・ヨンジュン）は、尹サンウォンと同じ日の同じ時刻に、道庁付近で解放光州を死守しようとして空輸部隊に撃たれ、散華した。

尹サンウォンの後輩で、全南大学の総学生会会長だった朴寛賢（パク・クァニョン）は5・18当時、逮捕を避けて身を隠していたが、八二年に光州刑務所に収監された。獄内で第五共和国の鉄拳統治に断食で抵抗し、壮烈に「民主の祭壇」に身を投じた。5・18に先立って開催され、抗争の導火線になった全羅南道道庁前の噴水台集会で演説した朴クァニョンは、五月抗争の神話的存在であり、「光州の息子」として人びとの胸に刻印された。

朴クァニョンの後輩の申榮日（シン・ヨンイル）は、学生運動の理論家、組織家だった。獄内で朴クァニョンとともに断食で抵抗し、半死状態で釈放された。その後、青年運動に取り組んだが、八八年に獄中生活の後遺症で亡くなった。

尹サンウォンの先輩の金永哲（キム・ヨンチョル）は住民運動家だったが、野火夜学と五月抗争に加わり、企画室長として道庁を死守して逮捕された。軍の営倉での残忍な拷問と虐待によって精神を患い、釈放後に精神病院を転々とした揚句に、九八年にこの世を去った（金永哲は獄中で自殺を図り、壁に頭をぶつけた）。

尹サンウォンの演劇部の後輩だった朴暁善（パク・ヒョソン）は、広報部長として抗争中さまざまな役割を担ったが、最後の日の明け方、道庁を抜け出した。逃亡者として全国を転々とした後、逮捕された。釈放後は地域の文化活動をリードした。彼は、尹サンウォンと最後まで行動をともにできず逃亡したという「負債意識」を持って生きたが、不治のガンを患うことになって、金ヨンチョルの何ヵ月かあとに、尹サンウォンの後を追った。

尹サンウォンの大学の後輩・朴琪順（パク・キスン）は、抗争以前から野火夜学に専念し（サンウォンを夜学運営に誘ったのは彼女だった）、工業団地で偽装就業（大学生や大学卒業生が経歴を隠し、労働運動などのために工場で働くこと）して活動したが、七八年冬、練炭ガス中毒事故で不帰の人となった。当時から光州で「労働者の永遠の姉」と慕われた彼女の霊魂は、八二年に先輩や後輩の力添えで尹サンウォンの霊魂と再会し、結婚した。彼女は現在、５・18墓地に尹サンウォンと合葬されている（訳注③）。

烈士たちは、朴正煕（パク・チョンヒ）の維新独裁（七二年十月、朴正煕は戒厳布告で政治活動を禁じ、国民投票で維新憲法を確定、選挙によらない大統領選出を可能にした）に対する闘いと５・18抗争、さらには八〇年代の光州地域変革運動で先駆的役割を果たした。彼らは、最初の偽装就業労働者、地域住民運動家、学生運動の先駆者、青年運動家、地域文化運動の先駆者……などの名を付して語られる。

尹サンウォンを含む「野火七烈士」を記念する精神継承作業が展開され、二〇〇二年には、北斗七星を形象化した、簡素なオブジェが尚武台（サンムデ）の５・18自由公園に置かれた。二〇〇四年には「野火七烈士記念事業会」が組織され、基金を集めて「野火賞」を制定した。

尹サンウォンを思う時、人びとは彼に負債を負っていると感じる。ある人は原罪といい、天刑だという人もいる。5・18抗争が終わり、尹サンウォンが逝って一世代近くになる現在でも、それは変わらない。

尹サンウォンに対する負債とは「すまなさ」「恥ずかしさ」あるいは「自分は堂々と生きていない」という感情だ。何が人びとをこのように思わせるのか。尹サンウォンがわれわれにとって、どのような存在だからなのか。負債意識や恥ずかしいという感情を振り払って堂々と立つには、どうすればよいのか。みんなが苦悩すべき問題だ。そしていかに堂々と生きるかという問題だ。いつまで負債を負って生きるのか。

真理の側に立ち、正しく生きなければならない。公共の利益のためには、自分の既得権を果敢に放棄しなければならない。個人より歴史と民族が優先する。多弁であるより実際の行動が重要だ。個人的な人生より共同体の一員としての人生を。個人の利益より共同体の利益が優先する。自分のことより疎外された隣人の未来を案じなければならない。不正と不義に果敢に立ち向かわなければならない。自分のものを共同体のために提供できなければならない。共同体の一員としての人生のために、常に自分を磨かなければならない。その道が死に通じることが分かっていても、正義のためなら行かねばならず、命を惜しんではならない。

尹サンウォンは、このように生きた。将来を保証された職場を棄てて（大学卒業後、いったんソウルの金融機関に就職した）労働者になることを自ら望み、疎外され抑圧された民衆とともに生きた。自分の部屋と収入と衣食と時間を共同体のために提供した。未来を準備するために、休むことなく切磋琢磨《せっさたくま》した。その途上の五月、死を覚悟して果敢に自ら身を投じた。彼はこのように生きたのだ。

尹サンウォンの生と死は、今日に生きる人びとと若者、そして未来の世代の道標になる。彼がわれわれの傍らから姿を消してから二十七年が過ぎた。時代も歴史的状況も一変したが、彼が残した人生の教訓は今の時代にも有意義だ。尹サンウォンが通った全南大学キャンパスには、今年（二〇〇七年）五月、彼の志《こころざし》を永遠にたたえる胸像が建てられる。また、彼の母校である光州サレジオ高等学校では六月、同窓生らによる胸像の除幕式が予定され、彼に因む奨学制度も設けられる計画だという。すでに二〇〇五年には、同僚や先輩・後輩が基金を集め、焼失した彼の生家を復元して小さな尹祥源記念館を開いた。

『尹祥源・評伝』は、今なお彼の生き方に学ぼうという人びとのために、装いを新たに世に出た。われわれは尹サンウォンの人生の教訓が、二十一世紀にも受け継がれなければならないと固く信じる。

①**軍部クーデター**　一九七九年十月二十六日の朴正熙大統領射殺事件の後、済州島を除く全国に戒厳令が敷かれ、陸軍参謀総長だった鄭昇和（チョン・スンファ）が戒厳司令官に、国務総理・崔圭夏（チェ・ギュハ）が大統領に就任した。朴大統領によって重用されてきた全斗煥、盧泰愚らの将校は十二月十二日、鄭司令官を朴大統領射殺に関与したとして逮捕、軍の実権を掌握した＝12・12粛軍クーデター。

新軍部は、民主化運動や労働運動の高まりに対し、八〇年五月十七日、戒厳令を全国に拡大した。指揮権が参謀総長から大統領に移り、軍部は傀儡である崔大統領を操って、思うように動けるようになった。実質軍政がスタートしたといわれる所以である。金大中、金鍾泌らを逮捕、政治活動禁止、大学休校などを布告した＝5・17クーデター。

②**野火夜学**　労働者や貧しい人たちのための夜学教室。七八年七月、光川洞の天主教会教理室でスタート。全南大学生らの教師は講学と呼ばれた。光州抗争後も八一年十月の第四期卒業生まで存続した。「野火」は一八九四年の甲午（東学）農民戦争で燃え上がった革命の炎を継承し、燃え広がる野火になろう、という意味で名づけられた。

③**霊魂結婚**　未婚のまま亡くなった者（特に男性。年少者も）の霊を鎮めるために、やはり未婚のまま亡くなった女性と霊魂結婚させることは、韓国では珍しくないという。

ある日の尹祥源

一九九一年五月　林洛平

韓国現代史の転換点とされる光州五月抗争から、激動の一九八〇年代のうねりを経て、いま、抗争十一周年を目前にしている。抗争の熾烈な現場に貴い青春のすべてを捧げ、全身で闘って散華した青年・尹祥源の生と死の過程を探ってみたいと思う。

尹サンウォン烈士！

いつのころからか、人びとは彼を敬い烈士（ヨルサ）と呼ぶようになった。いまはあの望月洞の墓域に五月烈士、民主愛国烈士と共に静かに横たわっている尹サンウォン烈士！　烈士たちが死を乗り越え、熱い血を流して闘った光州五月民衆抗争は、民族の灯火として、民衆の道標として、また歴史の教科書として、生き残った者たちと後世に輝かしい教訓を残した。

五月の光州の街路で、反民族的・反歴史的な一群と正面から闘った民衆のすばらしい姿、恐怖と死を乗り越えた流血の街路、団結し連帯し、身を寄せ合い、食べ物と血を分け合った偉大な「生」の共同体。生命の尊さを守ろうと、死を厭わずに立ち上がった高潔な市民ら。老若男女、階級、階層を超えた人間共同体の真の姿……。

私たちは五月光州に、守るべき民族共同体の真の姿、民衆が主人公である民主主義の実体を見る。米国、日本などの外国勢力の本質を骨身にしみて感じるとともに、そこに寄生して権力を維持しようとした、民族の異端勢力の真の姿を確認することができる。さらには、滔々《とうとう》と流れて来た民族史の真理を読み取ることもできる。

鎮圧軍の銃声が鳴り止んだ時から、尹サンウォン烈士の遺体が望月洞の墓域に投げ捨てられた時から、「五月」はこの国の山河に再び息づき始めた。軍部独裁の闇が深ければ深いほど、彼らの圧政が強ければ強いほど、烈士たちの五月は輝きを増した。光州抗争以後の、八〇年代のこの国の民族民主運動の過程が、そのことを教えてくれている。五共（第五共和国。八一年三月、全斗煥が大統領に就任して成立）の後を継ぎ、色合いを変えて登場した六共（八七年末、盧泰愚大統領誕生）治下の九〇年代の現在も、「五月」は続いている。

尹サンウォン烈士は、光州抗争とともに、永遠に人びとに記憶され続けるだろう。烈士を撃ち殺した独裁政権は、いまなお健在で、光州抗争と尹サンウォン烈士の死を歳月の流れの中に閉じ込めようとしている。事実をゆがめ捻じ曲げることを繰り返し、歴史の物陰に眠らせようとしている。

そんなことはできない。抗争の正当性と烈士の死は、必ず歴史に刻み付けなければならない。これは、生き残った者、この国の現在を誠実に生きる者すべての共通の課題であると同時に、民主主義と民族統一に向けてのやり甲斐のある仕事でもある。

八二年二月二十日、全斗煥の鉄拳統治下、この国の山河が固く凍りついていた日に、私たちは尹サンウォン烈士と野火夜学の同志・朴キスン烈士の霊魂を呼び、婚礼の儀式を執り行なった。生き残った者たちは拳《こぶし》で涙をぬぐいながら、若い魂が天国で逢い、幸せに暮らすことを願った。この日、二人の師であった詩人・文炳蘭（ムン・ビョンナン）の祝詩『復活の歌』とともに、『ニムのための行進曲』も二人に捧げられた。

生前、烈士が渾身の力を注いだ野火夜学は、五月抗争の終焉とともに廃墟と化した。野火の仲間には、死んだり、連行されたり、逃亡に明け暮れた者も多かった。荒波に耐えて進んでいた「野火丸」も八一年十月、吹きすさぶ全斗煥政権の北風に遭い座礁してしまった。しかし野火はその後、形を変えて、あちこちに広がった。学園で、労働現場で、在野の運動の中で、野火は再び燃え上がり始めた。

こうした中で私たちは、抗争後に相次いだ死の報に、痛哭を禁じ得なかった。野火夜学時代、尹サンウォン烈士と同じ釜の飯を食べ、苦楽を共にした後輩、同志たち。朴ヨンジュン、朴クァニョン、申ヨンイルの死だ。天涯の孤児であった朴ヨンジュンは、尹サンウォン烈士が道庁で最期を迎えたころ、光州ＹＷＣＡに立て籠もり、鎮圧戒厳特攻隊の無差別攻撃で落命した。

「五月光州の息子」として、市民に愛された朴クァニョン。彼は獄中で、野火の後輩の申ヨンイルとともに軍部独裁と正面から闘ったが、八二年十月十二日、五十日間の断食闘争の末、短く美しい青春を祖国に捧げた。

それから六年後の八八年五月、申ヨンイルもまた、われわれのもとを去った。朴クァニョンとの獄中断食闘争をかろうじて生き延びて釈放された彼は、光州地域の民族民主運動の土台を築いた。しかし、断食闘争の後遺症により、この世を去った。八〇年前後の全南大学生運動史、八〇年代の光州地域運動史に欠くことのできない貴重な存在だった。

尹サンウォン、朴キスン、朴ヨンジュン、朴クァニョン、申ヨンイル……人びとは彼らを「野火烈士」と呼ぶ。光州抗争から十一年、尹サンウォン烈士がわれわれのもとを去ってから、いつの間にか十一年が巡った。つい数日前のように感じる光州抗争、烈士の明るく美しい顔、耳に届いて来そうな声……。烈士の前で、生きているわれわれは恥じる。烈士の前で、われわれは自信を持って顔をあげることができない。凄絶に死んだ烈士の前で、われわれは生きているという事実さえ、恥じるのみだ。

いまごろになってやっと、尹サンウォン烈士の足跡を辿るということもまた、恥ずかしい。烈士が残していった仕事、民衆が主人公である民主主義社会を実現し、民衆と共に自主的な民族統一の大事業をなし遂げてこそ、初めて「恥ずかしい」という気持ちは消え、烈士の笑みを帯びた顔を、われわれの胸に安住させることができる。これは生きている者の果たすべき義務だ。尹サンウォン烈士の「生と死」の軌跡を辿ることもまた、その一部だと思う。

あなたのために、前へ進みます。

この至らない記録を尹サンウォン烈士の霊前に捧げ、あなたが果たせなかった仕事をなし遂げるまで、前進します。

烈士の霊魂結婚式に捧げられた『ニムのための行進曲』を歌い、烈士の霊をお慰めします。

愛も名誉も名も残さずに
生涯貫く熱い誓い
同志は逝って旗翻る
新しい日まで揺らぐまい
歳月の流れは山河が知る
目覚めて叫ぶ熱い喊声《かんせい》
先に行くから生者よ続け
先に行くから生者よ続け

序章

夜明けの戦闘　　洪成潭

一九八〇年五月二十七日、「解放光州」六日目の夜明け、市街はまだ漆黒に近い闇に包まれていた。遥か遠くから聞こえていた銃声が、この世の最後の闘いを覚悟した武装市民軍の立て籠もる全羅南道道庁に近づき、耳に痛いほど激しい音をたて始めた。曳光弾のオレンジ色の閃光が、時折、暗い空を引き裂くように光った。

ああ、ついに最後の日を迎えたのだ。

道庁内部を恐怖と戦慄が走ったが、最後の決戦を前にした抗争指導部は、屋上の拡声器のボリュームを最高レベルに上げて市民に訴えた。

戒厳軍の再進入と鎮圧が決定的になった前夜、指導部が「道庁を離れなさい」と説得したにもかかわらず、最後の抗戦に加わる決意で放送室を守ってきた松源（ソンウォン）女子短大生の朴ヨンスンが、マイクを握った。彼女の声はひどく震えていたが、むしろそのために、絶叫のような訴えが暗い空に広がって行き、それを聞く人びとの胸を引き裂いた。

市民のみなさん！
戒厳軍がいま、攻め込んでいます。
私たちを助けて下さい！
愛する私たちの兄弟姉妹が、戒厳軍の銃弾を受けて死んでいます。
市民のみなさん！
みんなで立ち上がり、戒厳軍と最後まで闘いましょう！
私たちを助けて下さい。私たちは最後まで光州を死守します。
最後まで闘います。

朴ヨンスンは、何度も涙を流しながら叫んだ。

午前三時過ぎ、道庁を完全に包囲した戒厳軍が激しく撃ち出す自動小銃の連射音が、建物の内部にも耳をつんざくように降り注ぎ始めた。道庁前庭に散開していた市民軍も、見分けもつかない闇の中で、どこから飛んでくるのか分からない銃声におののき、建物の中へ逃げ込んだ。さらに威力を増した銃声は、前庭だけでなく庁舎のいたるところに突き刺さった。

建物の中に逃げ込んだ市民軍は、闇に向かって旧式カービン小銃の弱々しい単発射撃を繰り返していたが、M16自動小銃の恐るべき破壊力の前に、一人、二人と血まみれになって倒れていった。

光州武装抗争の指導部スポークスマンをつとめてきた青年、尹祥源（ユン・サンウォン）もこの時、カービン小銃を手にしていた。彼は道庁民願室二階の会議室で、労働庁庁舎方面から攻撃してくる鎮圧軍を阻止しようと、窓枠から銃口を突き出してしゃがみこんでいた（民願室は道庁正面に向かって左端にある二階建ての建物で、現存する。労働庁は民願室の左側にあった）。彼のそばには金永哲（キム・ヨンチョル。青年学生闘争委員会企画室長。一九九八年に死亡）、李梁賢（イ・ヤンヒョン。闘争委企画委員。現在、会社員）らと約三十名の市民軍が同じ姿勢をとり、最後の時に備えていたが、状況は絶望的だった。

第三空輸団第十一大隊の特別攻撃隊長、片鍾植（ピョン・ジョンシク）大尉が指揮する精鋭八十名が浴びせかける自動火器によって、道庁内部はどこもかしこも火柱が立ち、市民軍兵士が次々に倒れて最後の呻きをあげ、地獄の様相を呈した。

市民軍は全員、死に直面していた。尹サンウォンも頭から血の気が失せるような恐怖を感じながら、残り少ない「生」の最後の一刻一刻を心に刻みつけていた。

「これで終わるのか」。しかし後悔はなかった。心残りもなかった。数多くの同志と共に、最善を尽くして闘ってきたではないか。われわれが死んでも、その死によって新しい歴史が花開くだろう。好き勝手に殺戮を行なった軍部は、いずれ血の報復を受ける。われわれが最後まで期待をかけた米国……期待は無駄に終わり、米国は実は、殺人軍部の操縦者だったのだが……奴らに、この国の民衆がいつかは銃口を向けるだろう。だからきょう、われわれが犬のように悲惨に死んでも、われわれは歴史の中で永遠に勝利し、この血の代価を、必ず輝かしいかたちで受け取ることになるだろう。

だが、このような思いに反して、悔恨がしばし「市民軍・尹サンウォン」を「人間・尹サンウォン」に立ち戻らせた。まず父母の姿が、網膜に実像のように浮かんだ。

お気の毒な父上、母上。私を育て学ばせるために、そしていまも、土地のやせた農村で、ひどい苦労をしておられる。孝行して楽をしていただくことが一度もないまま、私は先に行きます。私は不孝者です。

父母のことを思うと、胸を裂くような痛みが押し寄せてきて、サンウォンはしばらく頭を垂れたまま呆然としていた。と、すぐ横で窓枠から銃口を突き出していた李ヤンヒョンが、震え声で話しかけてきた。

「サンウォンさん、私たち、あの世でまた会いましょう」

李ヤンヒョンもサンウォンと同じように、悲痛な思いにふけっていたようだった。サンウォンは急に目頭が熱くなり、こみあげてくるような同志愛を感じて、震え声ではあったが、力強く答えた。

「そうしようよ。あの世で会ったら、もう一度、良い世の中をつくるために働こう。生まれ変わっても、この国の民主主義と民族統一、そして苦難を受けている民衆のために働こうよ。十日間の闘争中、俺たちは本当に幸せだった。いたわりあい、慈しみあい、食べ物を分け合い……、本当に幸せだったじゃないか。ここそ、人間が住む世界……」

サンウォンの言葉はここで途切れた。同志たちと共に過ごした抗争の一刻一刻が脳裏をよぎり、声をつまらせたのだ。

部屋に立て籠もる全員が、黙って窓の外を見つめた。夜明けが街路をほのかに浮かび上がらせ、窓の向こうの大きな樹木が一本ずつ輪郭を現しつつあった。

一瞬、自動小銃の激しい音が続けさまに起こり、一人の市民軍兵士が、道警察局に続く後部ドアを蹴って入って来ると「裏手は崩れたぞ!」と叫んだ。

慌てたサンウォンたちが体をひねり、ドアの方へ移動しようとした瞬間、激しい銃声が窓を突き破って室内に飛び込んだ。

ウッ……!

呻き声を上げたサンウォンは、カービン小銃を力なく手放してその場に崩れ落ちた。

「サンウォン、おいサンウォン!」「サンウォンさん、サンウォンさん!」

先輩の金ヨンチョルと後輩の李ヤンヒョンがサンウォンを抱きしめ、必死に名を呼んで頬をたたいたが、サンウォンは一度垂れた頭をもたげることはなかった。M16の銃弾が腹部を貫通しており、傷口からは熱い血がほとばしっていた。

ヨンチョルとヤンヒョンは、耳をつんざくような激しい空輸部隊の銃撃を避け、サンウォンを揺り起こすのをやめて部屋の中央に移り、サンウォンを布団に横たえた。どうか安らかに眠ってくれるように、と願う以外に、二人がサンウォンのためにしてやれることはなかった。彼らもすぐに、殺戮の坩堝《るつぼ》に投げ込まれるほかなかったのだ。

無等山(ムドゥンサン。光州北東、道庁の背後に位置する名山。標高一一八七メートル。風水上、光州に精気をもたらす鎮山とされる)の彼方から夜が明け始めたころ、「解放光州」の最後の砦であった全南道庁は、特別攻撃隊員の無慈悲な殺戮の末に、横たわる市民軍の遺体の列だけを残して完全に占領された。

尹サンウォンの遺体は戒厳軍部によって収容され、公開された。一体どういうことなのか、彼の遺体は上半身が焼け焦げていた。頭、顔、胸部は見分けがつかないほどだった。彼のズボンのポケットには「代弁人」の名札と十枚ほどの外国特派員の名刺が入っていた。内外の記者たちには、それが前日、記者会見で熱弁を振るっていた「スポークスマン・尹サンウォン」であることが、すぐに分かった。にもかかわらず、戒厳当局はその遺体を「姓名不詳者」として処理し、発表した。

二日経った二十九日になって、サンウォンの遺体は家族も知らないまま検案され、清掃車に積まれて望月洞(マンウォルトン）の市立墓域に運ばれ、戒厳当局が雇った人夫らによって仮埋葬された。彼の墓の前には、姓名不詳者に分類された「棺番号57　検案番号4-1　墓地番号111」という札が立ててあった。

ほぼ一ヵ月後の六月二十二日になって、サンウォンは目を閉じたまま、家族と再会した。当局によってガラクタのように仮埋葬された棺を開いた参会者は再度、怒りに身を震わせ、目を閉じざるを得なかった。銃創の痕を中心にひどい腐敗が始まっているばかりか、上半身が黒く焦げ、形さえ見分けがつかなかったからだ。

撃ち殺しただけでは足りず、焼いてしまうとは！（章末に訳注）

サンウォンの胸に再び土をかけ、土を小さく盛り上げた墓が新たにつくられたが、痛憤と悲嘆にくれる家族の涙は、尽きることがなかった。

「親が来たといって喜んでくれているのか。もう帰ってしまうのですか、と見送っているのか。サンウォンよ……」。先に逝ったわが子に対する思いに耐え切れず、号泣するサンウォンの父の姿に、集まった者たちの胸は張り裂けそうで、握り締めた拳《こぶし》で涙をぬぐった。

これが尹サンウォンとの別れの儀式だった。数えで三十一歳。前途に開かれた限りない青春を、その手にそっくり抱いたまま、遠い世界へ去って行った。何日か経って、サンウォンの墓域の前に、大学時代の友人らと家族によって、小ぶりな石碑が建てられた。

「海坡坡平尹公開源之墓、別名祥源」

（海坡〈ヘパ〉は大学時代にサンウォンが好んで使った号。京畿道の坡平〈パピョン〉は尹家発祥の本貫。開源〈ケウォン〉は戸籍名。高校一年のころ父が祥源と改めた）

尹祥源の死因　現場にいた李ヤンヒョンらの証言により、腹部貫通銃創によるものと推定されているが、遺体の上半身が相当に焼けており、「死因は火傷」との見方もある。火傷の原因についても、火炎放射器で焼かれたという以外にいくつかの説があり、断定はできないようだ。

第一部

農夫の子として

四季——秋

少年の夢

「コメつきバッタ」を捕まえるのにもあきて、学校帰りの二人の少年は黙って土手を歩いていた。太陽は西側に傾いたが、八月の日差しは相変らずジリジリと照りつけ、少年の坊主頭が光っていた。

村までは、まだかなりの道のりだった。

土手の下の広い野原の向こうが、二人が生まれ育ったチョンドン地区（当時、全羅南道光山郡林谷面新龍里。現在は光州広域市光山区新龍洞）だった。村から学校までは四キロもあり、少年の足では、やっと歩ける距離だったが、村の子らは苦にすることもなく、この道を歩いて学校に通った。

土手をおりて狭い畦道を歩きながら、先を行くサムスがふいに、振り返って聞いた。

「なあ、ケウォン（サンウォンの幼名）、お前は大きくなったら何になりたい？」

「サムス、お前が先に言えよ」

すると、暑さのせいでだらりとしていた肩をそびやかすようにして、サムスが言った。

「僕は大きくなったら飛行機の操縦士になるんだ。トンボみたいに空を飛び回れたら、すごいぜ」

本当にトンボになったように両腕を広げ、空を飛ぶ真似をして駆け出したサムスが、振り向いてケウォンに催促した。

「それで、お前は？」

「僕は大きくなったら、キリョンみたいな奴を、やっつける人になりたいよ」

ケウォンが答えると、ついさっき飛行機の操縦士になりたいと言ったばかりのサムスが、拳《こぶし》をギュッと握って相槌を打った。

「そうだ、お前の言うとおりだよ。キリョンみたいな奴はひどい目にあわせなくちゃ」

キリョンは同じクラスの子で、林谷面（イムゴクミョン）では町方《まちかた》にあたる、学校所在地域に住んでいた。家の暮らし向きがよく、同じ年ごろの子供たちに菓子の切れ端などを与えては、引き連れて歩いていた。ほかの子供たちは、別に屈辱など感じない様子でついて歩いていたが、ケウォンはそれが気に障ってならず、キリョンに対していつも腹を立てていた。それは、林谷面の奥地の貧しい農夫の子であるケウォンが、町方の余裕のある家庭の子供たちにまじって学校生活を送るにあたって、常に感じていた苛立ちのようなものだった。

ケウォンは、当時にしてはかなり広い土地を耕作していた尹家の長孫（初孫）として生まれた。農家にしては生活は楽な方で、貧しさが原因というわけではなかったが、幼い時から不当な行ないをする子らへの反抗心が、とりわけ強かった。「正しいかどうか」ということに特に敏感だっただけに、貧しい級友を「かわいそう」と思う気持ちも、年齢に似ず強かった。そのころの日記を読むと、少年・ケウォンの際立った心情が浮かび上がる。

「修学旅行に行けない子らがいるが、残念だ。幸いに僕は、すぐお金を払って教科書を買えるけれど、ほかの子たちはお金が払えず、泣きべそをかいている。世の中には僕より貧乏な子や、寒さをこらえている子たちがたくさんいる。気の毒で悲しい」

ケウォンが小学校六年生の時に書いた日記の一節だ。こうした、年齢不相応ともいえる鋭い感覚を、ケウォンは中学校、高校時代もそのまま持ち続けた。それが、現実に甘んじて生きるより、抱負を持って生きることを重んじる、彼の性格の土台になったようだ。

しかし、長男の誕生を待ちわびて、妻の大きくなったお腹をずっと見守った父・尹錫同（ユン・ソットン）さんの回想によれば、ケウォンは父の見た胎夢（妊娠または出産を告げる夢）の内容とは異なる成長過程を辿った。

「ケウォンが生まれる何日か前のことだったよ。夢の中で家内が『台所で子供を生む』というので走って行ってみたら、何たることか、赤ん坊じゃなくて、見たこともない子豚が部屋の中をうろついていたんだよ。数えてみたら七匹もいた」

ソットンさんは「これは、我が家に大きな財貨をもたらす子ではないか……」という期待が頭をかすめたという。しかし、成長していくケウォンを見ると、財貨をもたらすような几帳面な性格どころか、遊び好き、いたずら好き、友達好き、軍人ごっこ、巡査ごっこも好きで、うまく行けば大人物になるかも知れないが、まかり間違えば悪い星回りに陥るかもしれないと、それとなく心配もしたという。

しかし、父の見た「豚の胎夢」や息子の将来についての心配は、幼いケウォンの本来の姿の反映ではなく、むしろソットンさん自身の世の中に対する「夢と恐れ」のようなものだったのかも知れない。ケウォンが生まれたのは、韓国戦争（朝鮮戦争）の真っ最中の一九五〇年八月（陽暦では九月末。この年の六月に朝鮮戦争が勃発した）。この上なく世知辛い時代で、ソットンさんが将来に不安を感じたのも、当然といえる。

誰もが不遇な時代だったが、祖父と二人の祖母（一人は祖父の二人目の妻）、二人の叔父、そして父母が睦まじい大家族をつくって暮らしていた尹一家にとって、男子の誕生は大きな喜びだった。父は子をケウォン（開源）と名づけた。

赤ん坊の時からケウォンを特にかわいがったのは、祖父の二人目の妻になり、祖父と同じ広間に住む祖母だった。ケウォンは母の金仁淑（キム・インスク）さんの母乳を離れるとすぐ、この祖母の手で育てられるようになった。いずれにしてもケウォンは、当時まだ元気だった祖父、二人の祖母、そして両親の期待を一身に集めて愛情に包まれた幼時を過ごした。

今も昔も農村の現実は厳しいが、両親は教育に熱心だった。林谷のおかげでケウォンは小学校時代、常に優等生だった。林谷のような田舎はまだ教育水準が低かった当時、難しいと思われた光州市内の北中学（現・北星中学）に、難なく合格した。

しかし、こうしたケウォンの順調な成長ぶりの一方、一家の暮らし向きは徐々に傾き始めていた。亡くなった祖父の医療費、大学教育まで受けた二人の叔父の学費に加えて、ケウォンの三年後には妹が、その三年後には弟が生まれていた。借金の保証人を引き受けたことから、とんでもない誤解を受け、暮らしはますます苦しくなった。

傾き始めた暮らし向きは暗い「滓《おり》」となって、以後ずっとケウォンについて回った。家計が苦しくなればなるほど、長男であるケウォンに対する両親の期待は大きくなった。家計逼迫の中でも、ケウォンに不自由させまいとする両親の熱意は、がむしゃら、と言ってもよかった。

そのころ、光州市内の学校に入った同年輩の子供たちは、ほとんどが家から通った。学校までは、通学しようと思えばできる距離だったのに、ケウォンの両親は「勉強に差し支えるだろう」と、ケウォンを市内に下宿させた。しかし、一人で下宿したケウォンの中学生活は、寂しく苦しい日の連続だった。小学校の六年間を共に過ごした友だちと別れて暮らすことは、耐え難かった。光州で下宿するようになってからしばらくは、学校が終わると駅前やバス停に出かけ、林谷から通学している友だちと短時間でも話すのが、ケウォンの日課になった。

時折、両親が訪ねて来ると、わがままを言った。教育については厳格だった父親には言えなかったことも、母親にはぶちまけた。

「オモニ、僕も通学するよ」

「よその子たちは、下宿させてもらえないから勉強ができないとうるさいのに、お前は何を言ってるんだね。父さんが死にものぐるいで稼いでお前につぎ込むお金が、どれほどだと思ってるんだい。ちゃんと勉強もせずに何をやってんだね」

苦しい農村暮らしの中から、両親が血のにじむような苦労をして良い教育環境を作ってくれているという事実は、かえってケウォンを情緒不安定な状態に追い込んだ。都市の中学校に農村出身の子供が入るのは難しかった当時、ケウォンの進学は両親にとっては大変誇らしいことだったが、本人にとっては負担だった。

友情など二の次の、抜け目のない都会っ子に囲まれて、ケウォンの焦りは、ますます大きくなっていった。悪化した家計のせいで、級友だけでなく、教師にまで侮辱されることが重なると、ケウォンは次第に学校ぎらいになった。納付金が遅れ、こまごました費用を期日までに払えず、代わりに清掃作業をやらされる日が増えた。

自分の過去については余り語らなかったケウォンが、中学二年の秋に修学旅行の費用をもらうために実家に帰り、お金をもらえずに光州に戻った時の惨めな記憶については、大人になってからも親しい人たちに語ったという。それほどに暗く、心に刻みつけられた記憶だったのだろう。

その日は土曜日で、授業が終わるとケウォンは、数日後に迫った楽しい修学旅行を思い浮かべながら、林谷の実家へ急いだ。期待に胸を膨らませ、秋の陽がチョンドン地区のヨンシン山の後ろに沈むころ、ケウォンが着いた家は、空っぽだった。

何かがあったのだろうと思いながらも、寂しかった。痩せた、いつも同じ粗末な服を着た弟たちが、ケウォンを見つけて駆け寄って来た。暗くなってから、父が田んぼから帰ってきた。疲れ果てた感じの父は、ケウォンの姿を見ても、さほどうれしそうな顔をしなかった。

母はもっと遅くなって帰ってきた。小銭を稼ぐために市場へ野菜を売りに行っていたのだ。土曜日なので光州から帰って来る息子に、翌日、幾ばくかの金を持たせるためだった。

母はケウォンを見ると、口元に笑みを浮かべたが、深くへこんだ頬骨の溝をホコリまじりの汗が伝う、疲れきった姿を見て、ケウォンは物悲しい気持ちになった。

ケウォンは「修学旅行の費用を下さい」と言い出せないまま、翌朝早く光州へ戻った。胸を裂かれるようにつらく、厳しい現実に目を見開かされたケウォンは、その夜の日記に書いた。

「家では、コメの一粒も入っていない麦飯に、塩だけで漬けた白いキムチを食べていた。修学旅行のお金を下さいとは、言い出せなかった。帰り際にオモニが握らせてくれたお金も、それが林谷の市場まで行って野菜を売って得たものだと思うと、受け取りにくかった。悲しい。お金って、何だろう。なぜ人間はお金に拘束されるのか。お金がなければ生きていけないのか。それでも、惜しみなく私を支援してくれる父母に感謝する……」

ケウォンは貧しさに対して、そして百姓である父と母の血と汗のにじむような労苦に対して心を痛めはしたが、学習には熱中できなかった。むしろ、型にはまった学習を嫌い、同じ下宿の年上の大学生たちといろいろ話し合うほど、人生についての「早熟な苦悩」にのめりこんでいった。

長い彷徨《ほうこう》の始まりだった。陰鬱な気分で日々を送りながら中学を卒業し、どうにか高校へ進学はしたが、ケウォンの「彷徨の病」は次第に深まっていった。

思春期の森をかき分けて

ウォン神父は尹サンウォンを、温かい、物静かな目で見下ろしながら言った。

「尹サンウォン兄弟が先日の聖誕節《クリスマス》に洗礼を受けたと聞き、私、ウォン神父は心からうれしく思いました。サンウォン兄弟は神の愛する子となったのです。ウォン神父はこれから、サンウォン兄弟をヨハンと呼ぶことにします。さあ、みんなで祈りましょう」

ウォン神父はサンウォン、いや、ヨハンの頭にそっと手を置いた。サンウォンは恥ずかしくて何と言えばよいのか分からず、顔をほんのり赤らめたが、ウォン神父の心遣いのこもった手を振りほどくわけにはいかなかった。

恥ずかしそうに頭を下げたサンウォンの上の方から、オランダ人であるウォン神父（韓国名をウォン・ソノと名乗っていた）の篤実な祈祷の声が降りてきた。

「主よ、いま、道を見失った僕《しもべ》が一人、長い迷いから覚めて父なる神のもとへ帰って来ました。神はすでにこの幼い僕をヨハンとお呼びになりました。父なる神の子を常にお見守り下さり、二度と無底坑（ムジョゲン＝罰を受けた悪魔が、一度落ちると永遠に抜け出せない、深い坑＝原注）の世界をさまよわないよう、お助け下さい……」

サンウォンは顔をほてらせ、胸を熱くして、作法どおりに手を合わせていたが、ほとんど無我夢中で、神父の声は耳元をかすめて通り過ぎて行った。

神父は、サンウォンが洗礼を受けたことに、ことのほか満足していた。サンウォンが高校に入学した時から「教理教育」をずっと担当してきただけでなく、信仰について、個人的に何度も繰り返し話し合ってきた。神父はサンウォンの信仰の固さに疑いを持っており、注意深く見守ってもきたのだ。情の厚い「教理神父」は、当時のサレジオ高校の生徒たちの信望を集めていた。

神父と生徒たちが親しく付き合えた理由は、情に厚いというだけではなかった。彼は司祭服をまとった神父としての日常以外に、ピアノとアコーディオンで生徒たちの喜ぶジャズを上手に演奏した。時には不慣れな韓国語で、生徒たちの間で流行っているジョークの真似もしてみせた。

そのころのサンウォンの学校生活は、ウォン神父がその「迷える魂」を心配したような信仰問題は別にしても、常軌を逸したものになりつつあった。仲間を集めて酒とタバコに親しみ、成績も中位を維持するのがやっとだった。

二年生の夏休み前には、勉強より集団を組んで遊び歩くのに熱心な連中を集めて「エデン・クラブ」という大げさな名前のグループをつくった。このグループはタチがよくなく、サンウォンの脱線ぶりは、ますますひどくなっていった。それでも、むしろその無分別ぶりのせいで、当時、仲間うちでのサンウォンの人気はすごかった。

「サンウォンよ、お前がいなきゃ、われわれはアンコ抜きの蒸しパンみたいなもんだ」

取り巻き連中は、こんな言葉でサンウォンをけしかけた。いい加減な「おべっか」ではなかった。いつも財布がスッカラカンだった貧しい自炊下宿生のサンウォンが、仲間内で評判がよかったのは、彼の生まれつきの才覚と覇気によるものだった。サンウォンはいつも、新しいジョークや面白いネタを友人たちに広め、その年ごろの高校生が特に大切にする義理堅さや度胸の良さで、抜きん出ていた。

彼が高校に入ったころ、父のソットンさんは息子の名を開源（ケウォン）から祥源（サンウォン）に改めた。同時に弟たちも、ある作名家の意見に従って改めた。この時から家族と友人たちは、彼をサンウォンと呼ぶことになった（戸籍名は変えず、学校ではケウォンと呼んでいたので、二つの呼び方が混在し、高校、大学、軍隊時代の仲間の中には、彼を尹ケウォンだと思っている人もいる＝原注）。

高校入学と同時に跆拳道（テクォンド＝韓国の伝統的な格闘技）部に入り、練習を始めるとすぐに有段者になったことも、サンウォンがやる気満々の高校生活を送り始めた理由の一つだった。しかし、まじめに勉強することを求める学校生活とサンウォンの日常とは、両立し難かった。きちんと勉強することを期待していた林谷の両親とのいざこざは当然だった。だんだんひどくなる長男の不良ぶりに、父は困りぬき、小言の回数も次第に増えたが、効果はその場限りだった。

いたって気楽に友人と付き合っているように見えたサンウォンも、実家の苦しい家計や、自身の日常について「これでいいのか」と考え込まないわけではなかった。高校一年の冬の初めの日記には、サンウォンの沈痛な心の葛藤が綴られている。

「父と母は、今日も私を光州へ送り出す準備に忙しかった。母はキムチをオンギ（素焼きの器）に詰め、父はコメの袋を運びやすいように荷造りして下さった。私はまたも、お金が足りないと、わがままを言った。実家の実情は、誰よりもよく分かっているのに。母はお金を借りに、あちこち歩き回ってそろえてくれた。勉強のためだからといって、お金をもらってくる自分が恥ずかしくて仕方ない。学校へ通うことで、家中のものが苦労している。光州へ戻ってくる道中、やりきれない思いだった」

しかし、彼の内心の悲しみも、彼の日常を高校生らしい平凡な毎日に戻すことはできなかった。そのころサンウォンには、もう一つの悩みが生まれていたことが、同じころの日記に繰り返し書かれている。

「私のために、惜しみなく犠牲を払っている実家の父母のことを思うと、歯をくいしばって勉強しなければならないのに、なぜかできない。まず、学校が嫌いだ。一方的に、勉強だけしろという学校、優等生ばかり望む社会、出世することだけを望む親たち、みんな嫌いだ」

このような悩みは、サンウォンだけのものではなかった。そのころ高校に通っていたこの国の生徒すべてが感じ、絶望的になった共通の悩みだった。こうした現実はいまも改善されず、この国の教育の暗い一面になっている。開放的で自由主義的な天性の性格に加え、覇気に溢れていた高校生・サンウォンは、普通の高校生より少し鋭敏に、深刻に受け止めていたのだ。

いずれにしても、時には強く自分を責めながらも、サンウォンの日常は好転するどころか、「脱線病」がさらに悪化した。父母の失望も大きくなる一方で、両親との溝は修復されないまま広がって行った。二年生の夏ごろになると、ついに父から衝撃的な言葉が飛び出すほど深刻になった。偶然の機会に、サンウォンが酒を飲みタバコを吸っていることを知ってしまったのだ。

爆発しそうな怒りをこらえてサンウォンの帰りを待っていた父は、ずっと抑えてきた言葉を息子に浴びせかけた。

「高い金を払って光州の学校に送り出してやったが、勉強もせず、タバコを吸ったり酒を飲んだりするために学校に通っているのか？　お前のような奴に勉強する資格はない。金もないのに学校なんかやめてしまえ！」

サンウォンが生まれてこのかた、経験したことのない父の怒りだった。父は私を、教育を受ける資格がない奴だと言っているのか……サンウォンは刃《やいば》のように鋭い父の怒号にうなだれ、涙を流した。

教育にあれほど熱心だったソットンさんが、息子にこんな言葉を浴びせるのは、余程のことだったに違いない。ところがサンウォンは、父に厳しく叱責された当日の土曜日の午後さえ、金をせがむ思案ばかりしていた。父の失望は大きかった。

サンウォンは夏休みが近づくと、友達と海辺へ旅行することで、頭がいっぱいだった。しかし一九六七年は、どこもひどい旱魃《かんばつ》で、農民はみな、身を削られるように心を痛めていた。かなり大きな貯水池も干上がって底を見せ、亀の甲羅のようにひび割れができていた。秋の収穫期になっても、一粒のコメさえとれる保証はなかった。農民は無論のこと、さまざまな救援団体や学生たちが、炎暑の下で井戸掘りに懸命だった。よりによってこの時期に「海辺へ避暑に出かけたい」と打ち明けたのだから、父がすごい剣幕でサンウォンを怒鳴りつけたのも、当然だった。

夏の旅は断念せざるを得なかった。それだけでなく、サンウォンは今回のいきさつから、かなりのショックを受けた。何か違った生き方をしなければならない、と思うようにもなった。以後、仲間と会わず学習に身を入れようと努力した。だが、長らく気ままに日々を過ごしてきたサンウォンにとって、習慣をがらりと変えるのは簡単なことではなかった。

サンウォンの自炊部屋に、まるで自分の部屋のように出入りしていた仲間と疎遠になることも、つらかった。サンウォンの変わりようをいぶかる仲間を、いつまでも無視するわけにもいかず、ある日、いつものように部屋を訪ねてきた仲間たちと安酒を飲み、はじめて自分の内心を打ち明けた。

李ソンムン、カン・イリョン、崔スガプ、チョン・ジンパルら「エデン・クラブ」の仲間たちは、はじめてサンウォンの家の暮らし向きが楽ではないことを知った。彼らは、いつも快活なサンウォンの心の痛みを想像したこともなかった。

生活ぶりは変化したが、その重苦しさに耐えかねたサンウォンは、ウォン教理神父を訪ね、カトリック教会に通い始めた。カトリック系統の高校に通う生徒としては、遅すぎる信仰への帰依だった。サンウォンがカトリックの門をたたいたとき、すでにほとんどの同学年生は洗礼を受けていた。

いつも危なっかしさを感じていた尹サンウォンが洗礼を受けたことは、ウォン神父にとって大きな喜びだった。うなだれて「罪の告解」を幾度も繰り返した過去の日々のサンウォンの姿が、ウォン神父の脳裏をかすめた。

「酒を飲んで花札をやりました。エデン・クラブの仲間と大通りに出かけて大声でわめき散らし、女子生徒に抱きつき、男子生徒といっしょなら、そいつを死ぬほど殴りつけ……数限りない罪を犯しました。そして……」

「慈悲深い神は、サンウォンの罪をお許し下さるでしょう」

高校生らしからぬ、あきれるような行為の告解にサンウォンが訪れるたびに、ウォン神父は幾度も祈り続けてきたという。サンウォンの生活ぶりの変化に、ウォン神父は満足していたが、サンウォンの心中は平穏ではなかった。以前のように仲間と会って遊びほうけ、学校の授業をサボることはなかった。しかし、胸中に芽生え暴れ出しそうになる放縦な習癖と、常に闘わなければならなかった。

いまや洗礼を受けてヨハンと呼ばれるサンウォンではあったが、自己の習癖との闘いでは、信仰も味方してはくれなかった。サンウォンは、ある日の日記に書いた。

「教会に熱心に通っても、心は依然として遠い広野をさまよっている。本当に悲しいことだ」

絶望の中で出会った女生徒

「社会と関わりを持って生きる」と自覚はしたものの、人生の目標はなかなか定まらなかったが、それでもサンウォンは愚直に学習の努力を続けようとした。だが、「完璧な努力」というには遠かった。それも当然だった。

一九六四年～六五年は、屈辱的な韓日会談に反対する学生デモが高揚し、六六年には韓国軍のベトナム派遣反対、六七年には朴正熙政権の不正選挙・再執権を糾弾する学生デモが激化した。サンウォンの通っていた高校の近くにあった光州第一高等学校（章末に訳注）でもデモが激しくなり、無期休校令が出るほどだった。

政治的激動の中にあっても、当時のサンウォンの意識は朴正熙のカリスマ性を尊重し「共産党をたたき潰して、北の同胞を一日も早く救わなければならない」という、反共のレベルにとどまっていた。冷戦秩序を利用して体制維持を図る朴政権の「侍女《じじょ》」として、偏狭なイデオロギー教育を強要されたこの国の六〇年代の現実。その教育を受けて育った高校生・尹サンウォンとしては、きわめて当然な考え方だった。

しかし、このような愚かな教育環境の下にあっても、サンウォンは自分の「生」の根ざす貧しい農村の現実に、次第に意識の目を見開いていった。疲弊した農村の現実への嘆きが、ようやく学習に熱中し始めたころの日記には、かなり頻繁に現れる。

「農夫は牛を追って田を耕し、ツバメは空を飛ぶ、一見のどかな農村だが、現実は厳しい。貧困に疲れ果て、空き腹を抱えて切ない思いで働いている。麦の価格さえ、生産費に満たないようだ。いまや、農民には素朴さや純朴さよりも、不平・不満が渦巻いている。わが国の農民は、都市の富裕階級に限りなく利用されている。生きやすい社会にしようとするなら、こういう矛盾を取り除かなければならない」

社会全体の構造矛盾を見通すような域には達していなかったにしても、百姓の子としての階級的立場を、サンウォンが早い時期から意識していたことを、日記は物語っている。

社会の矛盾についての悩みは、サンウォンが遅ればせながらも学校生活にまじめに取り組むきっかけを作ったが、一方では心のゆとりを奪い、さまざまな苦しみを与えることにもなった。学習の成果が思ったほど上がらない時など、絶望的な気持ちになった。

二年余りも高校生活を無為に送ったあと、ねじり鉢巻でがんばったが、苦労したほどには成績は上がらなかった。大学入試は刻々と近づいていた。当時の日記によれば「地獄のような時間」だった。

三年の二学期も終わりかけ、冬が足早に訪れるころ、校内で実施された第三回と第四回の大学入試の模擬試験は、サンウォンを絶望の底に突き落とした。担任教師も首を横に振るほどだった。最終模試の成績も、落胆させるものだった。縁がないと思っていた「浪人生活」という言葉が、はじめて浮かんだ。苦労を重ね、疲れ果てた父母の姿が痛みを伴って胸に迫った。

初雪の降った日のことだった。

うっとうしさに耐え切れず、あてもなく下宿を出て街をうろついた。いつもなら、サンウォンの周囲を何人もの友人が取り巻いているのだが、この時は「心の痛みを共にするような奴は誰もいない」という、孤独な心境だった。

夜更けてますます強くなってきた雪にもかかわらず、街をさまよい歩いた。下宿の近くまで戻り、路地の入り口で焼酎をツマミも無しで飲んだ。しかし、気分が晴れるどころか、邪念がますます湧いて来た。下宿の門の前まで来たサンウォンは、雪の道を引き返すことにした。ふと浮かんだ顔に、会いたくなった。

趙賢淑（チョ・ヒョンスク）。

友人の紹介で少し前に知り合った女生徒の顔が、なぜ突然に浮かんだのか、サンウォンにもよく分からなかった。彼女は、サンウォンがよく訪ねていた友人の家に下宿していたので、すぐに親しくなったが、その夜のその瞬間までは特別な感情は持っていなかった。

酒とタバコ、仲間うちでカッコウよく振る舞うことが好きなサンウォンは、まだ異性に対して細やかな感情を抱いたことはなかった。だが、その夜だけは、何かに魅入られたように、彼女の顔が浮かんだ。

降りしきる雪の中をサンウォンは急いだ。ヒョンスクの姿が、暗い雪の向こうに浮かび、さらに足を速めた。幸か不幸か、ヒョンスクは家にいた。窓をそっとたたいて、ヒョンスクを呼んだ。だが、ヒョンスクが窓から顔を突き出すと、サンウォンは何も言えずにうつむいてしまった。恥ずかしくて、全身がすくんだ。いぶかしそうに口を開いたのは、ヒョンスクの方だった。

「何の用なの？　こんな雪の中を……」

サンウォンは返事ができなかった。自分がなぜここへ来たのかも、よく分からなかった。ヒョンスクがまた尋ねた。

「お家で、何かよくないことでもあったの？」

サンウォンは、「男子たる者、夜遅くに女子生徒の所へ来たのなら、堂々と話をしなければならないのに、このザマは……」と、恥ずかしさが全身を襲った。サンウォンが黙ったままなので、ヒョンスクは両親に不幸があったとでも思ったらしく、そのことがわれながら情けなかった。思いがけないヒョンスクの言葉に、サンウォンは闇の中で押し黙ったまま、首を強く横に振った。

「そのお……、雪が降って……」

小声で言ってはみたものの、消え入りたいような心境だった。が、その時、ヒョンスクの顔がさっと紅潮し、ホオズキでも噛んでいるような初々しい微笑が口元に浮かんだ。

ヒョンスクが外套にマフラー姿で外へ出てきた。二人は雪が積もった夜の道を並んで歩いた。雪だるまのようになるまで、しんしんと降る雪を受けながら、ヒョンスクの下宿近くの路地を回り続けた。異性と肩を並べて夜道を歩くのは、はじめてだった。最初はヒョンスクの質問にどぎまぎしていたが、結局は自分の胸の内を、時々声を震わせながら、全部打ち明けた。ヒョンスクは少し首を傾げて、心優しい姉のように、注意深く話を聞いてくれた。

その夜からサンウォンの胸に、趙ヒョンスクという名の女子生徒が住みついた。

「趙ヒョンスク。黒い瞳が印象的だ。一人でいると彼女のことを考えてしまう。向き合っていると自分の心を全部さらけ出したくなる。白い雪がしんしんと降る道をいっしょに歩いた。幸せな感じがした。世の中に、雪ほど美しく純粋なものはないだろう」

そのころ、サンウォンが書いた日記だ。絶望と孤独感の中で出会っただけに、胸を激しくゆさぶられたのだろう。

われわれはいま、遠い日の出来事を、尹サンウォンの初恋だったのでは、と推測するだけだ。サンウォン自身がその記憶をどれほど大切に、あるいはどれほど長く胸に保ち続けたのかは、分からない。生前、サンウォンが、打ち明けたことのない話だからだ。彼が生きていたら、自分が抱き続ける宝物のような記憶として、日記帳のページの間に、そっと忍ばせておいたかも知れない。

だが、初恋というには、余りにも過酷な時期に起きた出来事だった。大学入試を目前に、同級生が必死で勉強している時に、サンウォンは別の熱病にかかったのだ。だが、熱病の香気に酔いつつも、追われる者の不安から逃れることはできなかったようだ。

自分はいま、何をしているのだろう。いっそ、現実から完全に逃れて、ヒョンスクとどこか遠いところへ旅に出てしまいたい――この罪の意識に似た不安感が、サンウォンの彼女に対する情熱をいっそう燃え立たせたのかも知れない。しかしわれわれは、この出来事を初恋というよりは「彷徨」という、もう一つの言葉で語るべきなのかも知れない。サンウォンはこの直後に、大学入試失敗という苦杯をなめることになったのだから。

光州第一高等学校と学生独立運動　一九二〇年に光州高等普通学校（中学校）として設立され、解放後に光州第一高等学校になった。光州事件に登場する光州高等学校とは、別の学校である。一九二九年十月末、羅州駅で日本人中学生が光州女子高等普通学校（朝鮮人だけの女子中学）生徒をからかったことから乱闘になり「光州学生独立運動」に発展した。中学生が中心だった運動が、民族団体「新幹会」の指導で全国的な植民地政策反対運動に発展した。

　現在の光州第一高等学校は地下鉄・錦南路五街駅の近くにあり、隣に学生独立運動の碑と資料展示館がある。

「老」新入生・尹サンウォン

　一九七一年春、全南大学文理学部前の丘のツツジが、いつもの年と同じように見事に咲き誇っていた。大学一年生になったばかりの尹サンウォンにとっても、晴れやかな春であるはずだったが、彼はこの春を心から楽しむことができなかった。苦しみながら二年も浪人を重ねた疲れが抜け切れず、心が沈んでいた。自分と同じ新入生たちがはしゃいでいるのが、つまらないことのように思えた。

　唯一の楽しみは、やはり二浪して全南大の農学部に合格した高校以来の友人・金晳均（キム・ソッキュン。現在、農協勤務）と文理学部前のベンチに座って「昔話」に時を過ごすことで、新入生たちの活気に満ちた「春の気分」は、ただ眺めるだけだった。

　その日も講義のない時間をつぶすために、文理学部前のベンチに座ってソッキュンを待っていた。文理学部政治外交学科（章末に訳注）に入ったサンウォンと農学部のソッキュンが会うのに、もっとも都合のいい場所だった。遅れてきたソッキュンは、何か良いことを思いついたのか、いたずら小僧のように笑いながら、思いがけない質問をした。

「お前、どんなサークルに入るつもりだ？」

「俺はそんな必要ないよ。タダで酒を飲ませたりタバコをくれたりするところがあれば別だけど……クックックッ」

　サンウォンは気乗りしない様子で冗談を言った。それは当時の正直な気持ちだったかも知れない。毎日、各サークルのリーダーたちが教室にまで入ってきて、熱心に部員募集をしている最中だったが、サンウォンは関心がないばかりか、むしろ煩わしく思っていた。

「だけど、一つくらい入ってもいいんじゃないか」

　ソッキュンの様子だと、どうも目をつけているところがありそうで、サンウォンが逆に尋ねた。

「お前、俺に話をする前に、どこかにもう?」

「そうじゃないけど。演劇部だったら俺たちに合うんじゃないか?」

ものおじせず、口も達者な二人は、高校時代に友人から「俳優にでもなったら」と言われる程度の素質はあった。冗談に紛らせていたサンウォンも演劇という言葉を聞いて、乗り気になった。

「演劇部もあるのか?」

「だけど、サークルでも試験があるんだよ」

「それじゃ、おれたち三浪しなきゃな。……クックックッ」

サンウォンの冗談に、二人はしばらく腹を抱えて笑った。

何日か後に、二人は演劇部の「素質試験」を受け、入部を許された。簡単な動作と台本をちょっと読むだけの素質試験だったが、サンウォンは素晴らしい才能を示して金スンギュ、李ハンギュ(サレジオ高校の先輩、七八年に交通事故死)、金ジェヒョンらの先輩をびっくりさせ、金ソッキュンも野太い声で台詞を読む技量がずば抜けていて、大いに褒められた。

なんとも、気分のいいスタートだった。

演劇部はすでに、一学期の公演日程を六月の龍鳳祝祭(ヨンボンチュクチェ=大学祭。全南大の所在地は北区龍鳳洞)の期間中と決めて、新人を集めていた。二人は入部するとすぐ、自由な時間がなくなるほど厳しい、稽古漬けの毎日を迎えた。しかし、全く苦にならなかった。自分の中に、演劇的な潜在能力があることを確信できる毎日だった。

特にサンウォンは、完全に演劇にはまってしまった。日ごとに演技も上達した。公演の演目になった「オイディプス大王」(ソフォクレス原作、金スンギュ演出=原注)で、もっとも台詞が多い難役である預言者役を、新人のサンウォンが堂々と引き受けることになった。

六月、文理学部の講堂でサンウォンは初舞台に上がった。平素は肝の据わっているサンウォンも、初日の公演直前には震えた。扮装を終えて舞台の片袖で待機していると、覚えた台詞がみんな頭から消えてしまいそうな、目まいのするような気分に襲われた。幕が開くまでのわずかな時間、緊張を払いのけようと、タバコに火をつけて深々と吸った。

運悪く、扮装のもじゃもじゃの髭にマッチの火がつき、髭を燃やした火が顔面にまで届いた。ヤケドをするほどではなかったが、舞台裏は大騒ぎになった。赤くなった顔に軟膏を塗って、その上に髭をつけて……何秒間かでやり終えると、舞台に駆け上がった。

サンウォンは、つい先ほどの失敗など気にもかけず、何かにとりつかれたように役に没頭していった。鍛え磨かれた、特有の響きを持つ声が舞台を朗々と揺るがす度に、観客の学生たちの目が輝いた。だが、サンウォン自身は、その長い時間がどのように流れていったのか、覚えていなかった。

やがて、預言者が悪徳なテーベ市（古代エジプトの首都）の滅亡を預言する荘重な台詞を最後に、舞台の灯が消え、雷鳴のような拍手が続いた。公演は大成功だった。政治外交学科の同期生で学生新聞の記者だった李鉉祐（イ・ヒョヌ）は、学生新聞の批評で絶賛し、以後、サンウォンと親しくなった。

サンウォンは、さらに演劇に熱中するようになった。演劇部は直ちに九月公演を決め、稽古に入った。大学に入って最初の夏休みを、こうしてサンウォンは俳優修行に使い果たした。偏執症といってもよいほどのサンウォンの演劇への熱中は、十分な「自己実現」を果たすと共に、人間に対する深い理解を得させる大切な体験でもあった。しかし一方で、演劇への熱中が、大学の別の現実を知る妨げになったことも事実だ。

演劇公演に先立つ一九七一年四月二十七日の大統領選挙では、野党・新民党の金大中候補が伯仲した選挙戦を繰り広げたにもかかわらず落選した。（三選された朴正熙大統領側の）不正選挙があったかどうかが、世間はもちろん、大学街でも論議の的になった。

選挙の六日後の五月三日、民主守護学生連盟の代表十五人は「選挙を監視した学生の報告書を総合すれば、今回の選挙は類のない不正選挙、官権選挙であった」との声明を出した。続いて文人らによる選挙監視団も「4・27選挙はクーデターに等しい不正選挙であった」と発表した。同時に監視団の文人らは、朴正熙政権が再び不正選挙を画策しているとして、五月二十五日の国会議員選挙を拒否する運動を繰り広げることを決議した。政治情勢は不正選挙問題を中心に本格的に動き始めた。

ソウル大学法学部の約三十人が不正選挙を糾弾する無期限ハンストに入った。高麗大、延世大などでも糾弾デモが起きた。民主青年協議会は4・27大統領選挙そのものを認めず、再選挙を主張した。その上、国会議員選挙を前にして野党の連帯闘争が強まり、在野と学生の反政府闘争はさらに過熱した。

五月二十五日に実施された第八代国会議員選挙では、危機に追い込まれていた朴正熙政権の実態がそのまま再現され、野党・新民党の実質勝利といえる結果になった。与党・共和党の百十三議席に対し、新民党は八十九議席を確保して大幅に議席を伸ばした。大統領選挙同様、政府・与党の不正選挙画策があってなお、この結果であった。

大幅に勢力を伸ばした新民党が定期国会に臨み、大学が休み明けの二学期に入ると、大学での軍事教練撤廃要求などが再び持ち上がり、朴政権打倒を叫ぶ学生デモが激化した。

十月に入って、さらにデモが勢いを増すと、朴正熙も危機感を持ち始めた。勢力を伸ばした野党によって、この間《かん》の政局に強硬手段で対処して数多くの拘束者を出した呉致成（オ・チソン）内務部長官の不信任決議案が可決され、朴正煕は心穏やかでなかった。与党の共和党からも少なからぬ不信任賛成票が出た。この状況は、朴政権の「権力漏水」現象と見られた。

あれやこれやで怒り心頭の朴正煕は十月五日夜、首都警備司令部所属の約三十名の憲兵を高麗大に投入、幹部学生五人を連行した。しかしこの連行事件は、デモを沈静化させるどころか、全国の大学にデモが広がる種を蒔いただけだった。国会でもこの事件が政治問題化する兆しが見られ、高麗大、延世大などの学生は連日のデモで、鎮圧警察と激しい街頭闘争を繰り広げた。

全南大も例外ではなかった。ほとんど全学生が参加したデモが五日間以上も続き、鎮圧警察では抑えきれないほどの激しさだった。十月十三日には全国の大学の学生会長が集まって、大々的な反政府闘争を繰り広げる決意を明らかにした。しかし十月十五日、四面楚歌に陥った朴政権は「学園秩序確立のための特別談話」なるものを発表、超強硬手段で鎮圧に乗り出した。ソウル一円に衛戍令《えいじゅれい》（軍が一定の場所に長期駐屯して警備にあたること）が発動され、激しいデモが起きていた全南大などには、休校令が出された。厳しい学園弾圧の始まりだった。全南大ではデモを主導した宋浄民（ソン・ジョンミン。英文科四年。現在、全南大新聞放送学科教授）、高ジェドゥク（法学部二年。後にソウル市城北区の区庁長）ら九人が除籍処分、十七人が無期停学処分を受けた。

しかし、衛戍令も休校令も、沸き立つ政治・社会情勢を鎮めることはできず、むしろ知識人と在野勢力を刺激し、衛戍令が出た翌日の十月十六日、千寛宇（チョン・グァヌ）ら六十四人の知識人が学生の主張に同調する意志を明らかにし、政府糾弾に足並みをそろえた。このような雰囲気の中で、十一月に再開された大学は再び騒然となった。除籍処分の不当を訴えるビラが出回り、すぐに始まる予定の中間試験を全面拒否する動きも起きた。

全南大は、それまで運動を主導していた上級生が全員処分を受けたため、「十一月示威」に加わったのは、純粋な情熱を持った一年生がほとんどだった。再開したデモを主導した鄭相容（チョン・サンヨン。法学部一年。5・18関連。前国会議員）、金正吉（キム・ジョンギル。経営学科一年。民青学連事件、南民戦事件関連。現在、6・15共同委員会光州全南本部常任共同代表）、李梁賢（イ・ヤンヒョン。史学科一年。5・18関連。現在、会社員）、朴ヒョンソン（農学部一年。民青学連、5・18関連。現在、事業家）、文ドッキ（農学部一年。民青学連関連。現在、学園講師）ら七人が無期停学処分を受けた。

（民青学連事件については第二部五四ページの訳注、南民戦事件については第三部二二〇ページの訳注参照。6・15共同委は二〇〇〇年の南北共同声明の内容を推進するために作られた組織。なお「関連」とは、当該事件による逮捕、起訴、有罪判決、服役などに該当し、その後に復権、政府から民主有功者に認定された人たちを指す)。

当時、朴政権は永久執権への布石を打ちつつある時期で、絶えず政権の安全を脅かしてきた大学の民主化運動に対しては、特に過酷な鉄槌が下された。

演劇に熱中していたサンウォンは、実のところ、学内の騒動から一歩、身を引いていた。デモには熱心に参加し、何回かは一般学生として集会で演説をしたこともあったが、それは単純な正義感の表れに過ぎなかった。

演劇に没頭はしていたが、彼はいつも友人たちに囲まれていた。大学近くのマッコリ酒場、市街の音楽喫茶、それぞれの下宿部屋などで、大学新入生としての自由な、若者らしい会話を思う存分交わした。

文学、哲学、時には政治と、さまざまな分野が話題になった。サンウォンは仲間の潤滑油のような役割を果たしていた。そのころ彼は、自分の号を「海坡(ヘパ)」と名づけていた。広々とした水平線、海と空が接してどこまでも続く青く広い世界、その出発点であり終点でもある人間世界の丘の連なりを、総体的に表現して「海坡」と称したのだ。友人たちもそのころ、彼を「ヘパ」と呼んだ。

金ソッキュン、李ヒョヌ、さらに黄哲洪(ファン・チョロン。国文科三年。現在、会社員)、ヤン・スンヨン(政治外交学科一年。現在、会社員)、チョン・オヒョン(畜産科一年。現在、会社員)、成(ソン)セチョルらが特に親しい友人だったようだ。

一学年が終わると、サンウォンは軍に入隊するために休学届を出した。入隊前から演劇部の先輩の紹介で劇団「梨園(イウォン)」の公演に何回か出演した。わずか一年の演劇部活動だったが、得たものは多かった。

演劇は人生の一断片であり、人生の劇的瞬間を掴み出して人びとの心を捉える魔力を持っていた。彼が演劇にのめり込んだのは、この魔力のためだが、同時に、友人たちが振り返って語るように、彼に天賦の演劇的才能があったからだ。特に彼は、演劇部の先輩・李ハンギュに深く傾倒し、絶大な影響を受けた。

七二年六月十二日、サンウォンは軍の令状を受け取ると、未練も見せず入隊した。

大学と学部　韓国の大学は一般に単科大学の集まりの形をとるため、原著は「全南大文理大」とか「全南大農大」となっているが、訳文では単科大学を学部とみなして「文理学部」「農学部」とした。

　登場人物の所属学部が「文理学部」「人文学部」「自然科学部」と出てくるが、著者によれば、全南大の学部構成は、次のように改編された。尹サンウォンの時代(七八年以前)は「文理学部」の中に文系と理系があった。七八年から文系は「人文社会学部」に、理系は「自然科学部」となり、「人文社会学部」は八〇年代後半、さらに「人文学部」と「社会学部」に分かれた。

第二部

目覚めの苦しみ

尹祥源・光州文化神将

復学はしたけれど

一九七五年三月、三十三ヵ月の軍隊生活を終えて復学した尹サンウォンの目に映った世間は、以前とはまるで違っていた。七二年の「十月維新」(訳注①)以来、大学に対する束縛はますます厳しくなり、多くの学生が拘束され教室を離れていた。東亜日報に対する広告弾圧(訳注②)をはじめとする言論弾圧、正当な意見を述べてきた数多くの民主人士の大量投獄など、独裁の暗鬱な雲が国全体を覆っていた。

サンウォンは、兵営で話だけは聞いた民青学連事件(訳注③)の衝撃が残っており、復学した日から以前とは異なる緊張感を持って、学内への一歩を踏み出さなければならなかった。

新聞紙上で連日騒がれていた民青学連事件は、当時、慶尚北道の尚州(サンジュ)で一般下士(下士官の最下位)としての単純な兵営生活に慣れていたサンウォンには、大きな衝撃だった。その後、サンウォンが兵営生活を送っている間にも、政治情勢は非常に危険な方へと走り続けていた。

七二年十月、サンウォンの入隊から四ヵ月経った時、朴正熙政権は、冷戦意識と反共主義をより強めることだけを目指して、維新体制を船出させた。軍部ファシズムによる長期独裁を、より強固に築こうとしたのだ。民主化運動は、しばらく潜伏状態に陥ったが、このような歴史の休眠期にも、民衆の朴政権打倒の意志まで消えたのではなかった。全南大の「喊声(かんせい)紙」事件(訳注④)が、そのことを教えてくれる。

維新体制に最初に抵抗した学生運動として評価されているこの事件では、朴錫武(パク・ソンム。全南大法学部卒。前国会議員。檀国大理事長)、李鋼(イ・ガン。同法学部。民青学連、南民戦事件関連。現在、政府投資機関勤務)、金南柱(キム・ナムジュ。同英文科。南民戦事件関連。詩人。九四年死去)、金ジョンギル(前出)らが拘束された。

七三年十月二日、維新の非常体制突入からほぼ一年、ソウル大で再び反政府デモが起きた。非常体制下で沈静していた政情に一石を投じたこのデモは、ほとんどの参加学生が連行されたが、潜伏状態にあった民主化運動の水門を開ける「檄」となった。これを契機に、学園は再びざわめき始め、反維新の空気が社会全体に広がって行った。維新体制突入後、朴政権が直面した最初の危機だった。

年末が近づくにつれ、反維新の空気はさらに強まり、全国の大学が学期末休暇を繰り上げ実施するほどの混乱ぶりとなった。ついには民間からも維新憲法撤廃運動が起きた。

歳末まで幾日もない十二月二十四日、張俊河（チャン・ジュナ）、咸錫憲（ハム・ソッコン）、金壽煥（キム・スファン）、池学淳（チ・ハクスン）、洪南淳（ホン・ナムスン）、兪鎮午（ユ・ジノ）、金ジェジュン、朴トゥジン、金グァンソクら在野の三十人が発起人になり、維新憲法改正請願本部を作って百万人を目標に署名運動を始めることを宣言した。

学生の運動ではなく、各界の人士を網羅した改憲署名運動は、国内外の大きな反響を呼んだ。朴政権にとっては大きな打撃だった。野党、文人、聖職者など、各界から署名運動への支持が集まった。

運動開始一ヵ月後の七四年一月の集計では、改憲請願署名は三十万人にのぼった。反維新の空気が民間でも急速に広がって行くのを見た朴政権は、改憲署名を禁止する緊急措置一号を発動した。以後、二号、三号が相次いで出され、四月三日には、全国民主青年学生総連盟（民青学連）関連の活動を禁止する緊急措置四号を発動するに至った。緊急措置四号は、学生運動を根こそぎ抜き捨てる劇薬に等しかった。デモの指導者を死刑にすることもできる、途方もない項目が明文化され、有事にはいつでも軍を動員できるという内容も含まれていた。

以後、朴政権は緊急措置を根拠に、学園に対する粗暴な弾圧を開始し、「民青学連事件の全貌」という公安当局の作り上げたシナリオを発表した。反維新の学生・在野の運動と、成熟しつつあった大衆の反政府意識が結びつかないように、朴政権が歪曲し誇張した創作劇であった。

発表当時、公安当局は民青学連の背後勢力として、共産系の人民革命党組織、在日朝鮮総連系の人士、国内の左派革新系の人たちを前面に押し出したが、裁判の過程では、民青学連幹部との組織的連携を認めた被告人は、一人もいなかった。

しかし、民青学連は、当局の言うような伝統的な変革運動勢力との連携は図っていなかったが、軍部独裁の本質を見抜き、反維新運動の新しい方向を見通す進歩的性格を十分に持っていた。軍部ファシズムに反対する民主化運動の高まりにつれて、学生運動の理念も明らかに向上していたことを示した事件だった。

例えば、軍部独裁を支えている韓国社会の構造的な矛盾に着眼し、学生運動を、社会体制自体を変革する運動の延長線上に位置づけようとしたことだ。朴政権も、民青学連運動のこのような性格を憂慮し、伝統的な変革運動勢力と新しく成長した進歩的勢力の結合を恐れて、そこへ楔《くさび》を打ち込んだのだ。

民青学連の組織構造も、それまでの学生運動を越える水準に達していた。従来の学生運動は、個別大学単位で反政府デモを起こし、それが広がるにつれて自然に他大学と連合する形をとっていた。しかし民青学連指導部は、全国の大学が一斉に立ち上がるという、組織的な運動理念を確立しつつあった。

民青学連の構成員たちの進歩的な理念と組織は、学生運動の水準を一段階引き上げ、以後の社会運動の方向を指し示していた。「民青学連世代」といわれる人たちは、事件後も、大部分が在野の民主化運動に加わり、七〇年代後半に活発化した在野、学生、労働などの運動を有機的に結びつける重要な「輪」の役割を果たした。さまざまな社会運動に変革を持ち込み、民主化闘争の強固な「中間指導グループ」を形成し、社会運動が人的・思想的連続性を保ちながら根を広げるきっかけを作った（訳注⑤）。

七四年当時、サンウォンは制服軍人ではあったが、民青学連事件の話を聞いて怒りがこみ上げ、何日も眠れないほどだった。そのころ故郷の父に宛てた手紙には、その心境がよく表れている。

「さまざまな複雑で難しい社会問題に、現実的にどう適応するか、いつも考えています。真実と正義を守って生きて行くことが、ますます困難な世の中です。私の知っている若者たちの中にも、重い罪を着せられて獄舎にいる者が無数にいます。彼らは社会正義を守るために苦難を受けているのです。悲しいことです。私自身が祖国のために何をしなければならないのか、悩みながら何日間か沈鬱な気持ちで過ごしたこともあります。来年、復学したら、現在の歪んだ社会の現実と闘うつもりです」

復学したサンウォンは、このような意志と抱負を持っていた。しかし、入隊前の一年余を演劇に没頭して過ごしたため、自分の中で育んで来た考えを、学内で行動に移す適当な機会が得られない、閉鎖的な環境に置かれていた。

サンウォンに芽生えた意志は、しっかりした思想的土台があったわけではなく、それを育てる「触媒」も与えられなかったために、次第に薄れて行った。社会共同体の葛藤を理解しようとする意識の芽がしぼみ始めると、その隙間をついて、個人的な悩みがサンウォンを苦しめ始めた。

一家の暮らし向きはそのころ、さらに苦しくなっていた。実家にいた弟の廷源（ジョンウォン）と妹の慶姫（ギョンヒ）が、やっと高校に進学はしたものの、アルバイトをしながら夜間高校に通っていた。光州の一間《ひとま》だけの自炊部屋で、疲れた体で夜間高校に通う弟妹といっしょに暮らすのは、サンウォンには重圧で、悩みが多かった。

かつて、政治外交学科の学生として、ひそかに意欲を持っていた外交官試験の夢が、復学生サンウォンによみがえって来た。まず英語の勉強に力を注ごうと、英字新聞を購読し、「タイム誌」を買って真剣に取り組んだ。勉強していると、頭の片隅に職業外交官のカッコウのいい姿が浮かび、胸が大きくふくらんだ。しかし、外交官を夢見ただけで、さまざまな葛藤を抱えたまま始めた勉強は、思うように進まなかった。いつか、テニスにはまっていた。雑念が湧いてくると、コートに出てテニスをした。

サンウォンが社会の現実に対して関心を失っていたある日、長年の友人の黄哲洪（ファン・チョロン）が訪ねてきた。その日もサンウォンは、総合運動場脇のコートで熱心に汗を流していた。復学してから、ほとんど顔を合わせたことがなかったので、サンウォンはラケットを持ったまま駆け寄った。顔を合わせるなりチョロンは、ちょっと意外な話を始めた。

「お前、テニスばかりやって、ずっと過ごすつもりなのか？」

サンウォンは事情が呑み込めず、しばらく黙って立っていた。口元に笑みを浮かべてはいたが、チョロンの表情も真剣だった。二人は、テニスコートの金網の周りを何周もしながら話し合った。

チョロンは浪人せずに大学に入ったので、学内の状況についてサンウォンより詳しかった。彼は文学を愛好する、思慮深く物静かな性格の持ち主だったが、卒業を控え、就職準備で大変な時期だった。

チョロンは、開放的で楽天的なサンウォンの性格をよく理解していた。復学後、英語の学習に没頭していること、その一方でサルトルやキルケゴールなどの実存哲学の本を持ち歩いていること、テニスに熱中していることも知っていた。チョロンには、サンウォンの生き方が、どこか、フラフラしているように見えた。そこでこの、正義感と義侠心に富み、私心のない友人・尹サンウォンを、先輩の金相允（キム・サンユン。全南大国文科除籍。民青学連、5・18関連。地域文化交流財団常任理事をつとめる）に紹介したいと思ったのだ。

「サンウォンよ、金サンユン先輩に一度会ってみないか。二月に釈放されて、家にいるらしいから。会えばお前のためにもなると思うよ」

サンウォンも金サンユンという名前は、よく知っていた。彼が民青学連事件の全南大総責任者だということも知っていた。いつだったか、浪人時代にチョロンに紹介されたことがあったが、その時は挨拶をしただけだった。

「ずいぶん苦労されたんだろうなあ、体の具合は……」

金サンユンという名前は、サンウォンには衝撃的だった。チョロンとしては、文学に造詣が深く、哲学書も多く読破し、政治問題や現実認識に優れた金サンユン先輩に会えば、サンウォンの得るところが多いと信じていた。二人は金サンユン先輩を訪ねる約束をして別れた。

　六八年度に全南大に入学し、サンウォンより二歳上の金サンユンは、サンウォンが入学した七一年には軍に入隊していたため、同じ文理学部に籍があったが、会う機会はなかった。

　除隊後、金サンユンは金ナムジュ、李ガン、そして同じころに軍を除隊した尹漢琫（ユン・ハンボン。第三部一〇四ページの訳注参照。ハンボンの「ハン」は「漢」があてられているが、サンズイ偏ではなく「琫」と同じ王偏が正しい）らと全南大の学生運動を主導していた。七四年に民青学連事件に巻き込まれ、内乱罪と大統領緊急措置一号および四号違反容疑で十八人の同僚とともに拘束された。衛戍令下の軍法会議は、彼ら全南大学生運動の主力に途方もない量刑を科し、金サンユンは十五年を宣告された。サンウォンも、捏造《ねつぞう》というほかない裁判の経過を新聞で読む度に憤慨していた。

　民青学連事件という稀代の捏造劇は、その不合理性が度を超えており、内外の非難を浴びた。朴正熙政権は翌七五年に「2・15特赦措置」なるもので彼らを釈放した。サンウォンの復学の一ヵ月ほど前のことだった。

　こうした経験を経て、金サンユンは民主化運動への執念をさらに奮い立たせていたが、除籍された学内で活動を再開することはできなかった。獄内でのひどい拷問と殴打の後遺症が残り、その上、執拗な査察機関の監視のため、動きを封じられていた。それでもサンユンは、民主化運動が再び燃え上がるよう、ひそかに画策し、志《こころざし》を同じくする人びとと会うことが重要だと考えていた。黄チョロンも国文科の先輩でもある金サンユンと絶えず会っていた。

　何日か経って、チョロンといっしょに町はずれの無等山の麓、斗岩洞にあるサンユンの家を訪ねる道中で、サンウォンはなぜか胸がいっぱいになり、動悸が激しくなった。それまでに味わったことのない、不思議な気持ちだった。田舎道を斗岩洞目指して歩きながら、サンウォンはしきりに自問した。いったい自分は何をしに行こうとして、こんなに胸がいっぱいなのか。異性に会いに行く時、ラケットを手にコートへ急ぐ時などに感じるのとは、全く違う感覚だった。自身の人生の岐路を迎えようとしていることを、予感していたのかも知れない。

　サンウォンは金サンユンと向き合い、緊張気味に挨拶した。

「尹サンウォンといいます」

　黄チョロンから「本当にいい奴です」と度々聞いていたサンユンも、快くサンウォンを迎え入れた。サンユンは後に、サンウォンの印象をこう語っている。

「軍部独裁下で学生運動や社会運動をやろうとする青年は、知識人としての単純な苦悩を超えた、透徹した生き方が必要だ。サンウォンはもちろんまだ、それを身につけてはいなかったが、二十六歳にもなる老復学生とは思えないほど、清潔で純真な心の持ち主だと感じた」

サンユンは、サンウォンの中に、多くの可能性を見つけたに違いない。好感を持ったサンユンはこの日、サンウォンにさまざまな話をした。

社会変革と歴史発展の関係。その過程での人間の果たすべき役割について、サンユン自身がどのように目を開いてきたか。独裁下で抑圧され縛り付けられている民衆の惨状に関心を持つようになったこと。結局、運動に身を投じて民青学連事件を経験し、さらに闘うことの必要性を確信するようになったこと。サンユンは低い、しかし確信に満ちた声で語った。

サンウォンは、サンユンの話に引き込まれた。特にそれが、サンユン自身の体験からにじみ出たものであることが、心を捉えた。サンユンの信念、理路整然とした話は衝撃だった。自分の知らない世界、苦難と逆境の中を生きてきた金サンユンを尊敬した。

「自分は何のために大学に通い、何のために勉強して来たのか。自分は何者なのか。未来に向かって何ができるのか。何をもって祖国に仕えるのか。いま、鏡に映る自分の姿を見たくない」

帰り道、サンウォンは黙りこくっていた。心配したチョロンがサンユンの印象を聞くと、こう答えた。

「ああ、本当に来てよかった。だけど、頭が痛い……」

意識に目覚め始めたサンウォンの苦悩の始まりだった。平凡な大学生・尹サンウォンの金サンユンとの出会いは、サンウォンの人生に転換をもたらした。社会共同体の一員としてなすべきことと、現実の自己のありようとの間の、厳然たる壁を突き崩す痛み。その苦悩の解決が、サンウォンにとって最も大きな人生の課題になった。この課題の解決には、以後なお、長い時間がかかるのだが……。

運動に身を投じて、サンウォンと同じような苦悩の過程を経験ずみの先輩運動家・金サンユンは、「あの日からしばらく、晴れやかな明るい表情を陰らせた、苦悩に満ちたサンウォンの姿を見守りながら、私も人間的な痛みを感じていた」と、ずいぶん後になって親しい同志に打ち明けた。

①**十月維新**　一九七二年十月十七日、朴正熙大統領が特別宣言を発表し、国会を解散して全国に非常戒厳を宣布した。国会に代わる非常国務会議が憲法改正案を公告、国民投票で

九一・五パーセントの賛成により改憲が確定した。大統領選出は直接選挙によらず「統一主体国民会議」が選出することになり、十二月に朴正熙を第八代大統領に選出、永久執権を保証する体制がスタートした。

②**東亜日報への広告弾圧**　一九七四年十月、東亜日報の百八十人の記者が「自由言論実践宣言」を発表した。賛同する言論機関は三十五社に上った。朴正熙政権の圧力で東亜日報の広告が大量に解約され、紙面の広告枠部分は白紙のまま発行された。経営陣は翌年三月、運動の中心となった記者十八人を解雇した。系列の東亜放送や他のメディアでも、同様の事態が起きた。

③**民青学連事件**　一九七四年四月三日、ソウルの主要大学で一斉にデモが起こり、維新体制撤廃を求める「民衆・民族・民主宣言」などのビラが配られた。すべて「全国民主青年学生総連盟」の名義だった。朴政権は同夜、緊急措置四号を発動、民青学連自体の活動だけでなく、同調行為、連絡、便宜供与などをすべて禁じた。

朴政権は、人民革命党（六四年に中央情報部が摘発した架空の地下政党）再建委員会、国内左派人士、在日朝鮮総連と日本共産党が民青学連に関わっているとして、千二百余人を取り調べ、日本人二人を含む二百五十余人を逮捕した。逮捕者は前大統領・尹潽善、詩人・金芝河ら、政界、宗教界、学界、文芸・出版界など広範囲に及んだ。

非常軍法会議は金芝河ら十四人に死刑、十三人に無期懲役を宣告したが、内外の批判を浴びて十ヵ月後には大半を釈放した。しかし、人民革命党再建委をつくって民青学連を背後操作したとされた八人は、七五年四月に死刑判決が確定、全員がただちに処刑された。

なお、二〇〇五年に国家情報院の「過去事件の真相究明委」は、事件を権力側の捏造であったと、発表した。

④**全南大「喊声紙」事件**　七二年十二月、全南大など数ヵ所に維新批判の印刷物「喊声」がばら撒かれた。七三年三月には、「告発」と題する印刷物五百枚が見つかった。光州地検は朴錫武、李鋼、金南柱ら十五人を立件したが、控訴審は七三年末、朴に無罪、李と金に懲役二年執行猶予三年を宣告した後、釈放した。

「喊声」「告発」は、朴錫武らが七一年に作った地下新聞「緑豆」（甲午農民戦争の指導者の愛称に因む）をもとに李鋼と金南柱が作ったといわれる。

⑤**民青学連の評価**　著者の民青学連に対する高い評価は、理念的側面が強調されているため理解しにくい。国家情報院の「過去事件の真相究明委」は民青学連組織について、「反維新闘争のための学生ネットワーク程度の組織が、ビラに付した名称であった」として、強固な組織であったことを

否定している。著者の評価も組織に対するものというより、「民青学連世代」への評価と理解した方がよいだろう。

学んで前進

金相允（キム・サンユン）先輩と何度も会ううちに、サンウォンは自分が身を置いている時代の状況と、大学生として普通に生きることのギャップに悩み始めた。悩みは、それまで自分が過ごしてきた大学生活に対する、自嘲的な気分に基づいていた。

「自分が漠然と目指した外交官の道、いや、高給取りになる道が、本当の人生だろうか。サンユン兄の生き方を見れば、自分と同じ時代の青年でありながら、途方もない苦難に遭った上に、いまも茨の道を歩んでいるではないか。自分はどうだ。この暗い時代を生きる青年学生として、どうなのか。出世を目指し、楽しい人生を送ろうとしているだけではないのか」

サンウォンは、こうした悩みを先輩の金サンユンに率直に打ち明けた。サンユンもその度ごとに、サンウォンの新たな「開眼」に一面では満足しつつ、一面ではサンウォンの人間的な苦悩を感じ取っていたという。

「サンウォンも、人生について新たに目を見開いたようだ。彼は本当に素朴で純真な友人だ。その素朴な友人を、苦難が待ち受ける運動の道に進ませるのは、正しいことだろうか。私が不必要なことを強要しているのではないか。彼なりの道を、そのまま歩かせるのが正しくはなかったか」

サンウォンの変化に対して感じた内心の苦痛を、サンユンは、ある日の日記にそのまま書いた。

二人はそのころ、お互いの家を行き来し、昔からの知己のように親しく過ごしていた。サンウォンに対するサンユンの心遣いが赤裸々に書かれた日記を、偶然にサンウォンが読んだ。自分に対する先輩の細やかな温かい気持ちに感動したサンウォンは、いっそう強く、歴史と民族に恥じない生き方をしようと思った。

サンウォンの悩みについてサンユンは「自己に対する徹底的な認識」が足りないことを指摘し、社会科学的認識をしっかり持つための学習を勧めた。これはサンウォンに限ったことではなく、金サンユンは仲間に会うたびに学習を勧めていた。

2・15釈放措置の後、全国の民青学連関連拘束者の動きに合わせて、李ガン、尹ハンボンらの釈放者を中心に「全南拘束者協議会」（拘協）を結成した。拘協内部でもサンユンは常に、運動の力量を質的に高める必要があると言い、現実に対する科学的な判断能力を持って運動の前面に立たなければならない、と力説していた。

サンウォンに対してもサンユンは、社会科学の理論をよく学んで、現実と歴史を正しく理解しなければならないと、常に話していた。そして社会科学理論を学ぶために、学習会を開くことを勧めていた。

サンユンの勧めに応じ、サンウォンは軍を除隊したばかりの政治学科同期生の李ヒョヌを誘い、翌七六年初めから三人で学習会を始めた。当時は小規模な学習会でも査察機関の執拗な監視を受けており、三人は斗岩洞のサンユンの家と中興洞の全南大正門近くにあったサンウォンの自炊部屋で、かわるがわる学習会を開いた。

最初のころは、何を学習するかは主に金サンユンが決めた。まず「韓国の民主主義とは何か」という大きなテーマを設け、正義感にかられただけの単純な政治体制批判を超えて、韓国社会を構造的、民衆的な視角から理解することにつとめた。

当時は、ベトナムやカンボジアの事態（七五年四月、サイゴンが陥落してベトナムが統一され、翌七六年一月にはクメール・ルージュによる民主カンボジアが誕生した）とともに、朴正熙政権の維新独裁体制が最も強化された時期で、分断状況を利用した反共極右のマッカーシズム（一九五〇年代、米国のマッカーシー上院議員らが行なった、狂信的な共産主義者追放運動から名付けられた）と極端な冷戦の雰囲気が、国中を支配していた。そんな空気の中で、維新打破を目指す学生運動は「社会変革の主体は民衆である」という民衆史観に立ち、極右反共主義の克服を路線としていた。

学生の学習会では、当局が「禁書」とした書物がテキストに選ばれた。査察当局は学生たちの学習会はもちろん、「民衆」とか「労働者」という言葉すら「容共」として問題にした。しかしサンユンたちの学習会では、「民衆」や「労働者」「極右保守主義者」などの言葉も、自然に発せられた。

学習会の参加者は次第に増え、学習内容も体系的になり、密度も濃くなっていった。お互いにある程度、歴史を見る新たな視角を身につけたと判断した段階で、韓国の転換期である「近・現代史」に取り組み始めた。経済史についても専門的な学習を始めた。運動に携わるものとしての「闘魂」を養うために、幾多の先輩たちが血を流して闘った民族運動の歴史も、次々に読んだ。

一九二〇年代以降の社会主義運動の流れを探りながら、文学史に残る民族文学や民衆文学にあらわれた変革理論をたどり、作品群も熟読した。キリスト教の進歩的な理論書も読んだ。

学習成果がある程度の水準に達すると、金サンユンは除籍学生の身分で活動に制約があり、学外の運動においても役割を担わなければならなかったため、学習会はサンウォンが中心になって運営するようになった。

次第に仲間も増え、参加者は十六人になっていた。全南大生の金グメ（国史教育科）、金ウンギョン（師範部。後に光州YWCA監事。現在ソウル在住）、盧俊鉉（ノ・ジュニョン。工学部。6・29関連、5・18関連、二〇〇〇年に死去）、許スニ（国文科。現在、教師。朴ヒョソンの妻）、文スンフン（国史教育科。6・29関連。現在、学院講師）、韓ドンチョル（商学部。6・29関連。現在、会社員）、呉ジョンムク（英文科。前光州MBCプロデューサー）、チョ・スニョン（農学部。現在、農業）らだけでなく、当時はまだ浪人中だった金相集（キム・サンジプ。サンユンの弟。5・18関連。現在「参与自治21」共同代表）、朴モング（6・29関連、5・18関連、詩人）ら、学外の青年たちも加わっていた（「6・29関連」とは七八年六月の全南大民主教育指標事件に絡むデモ関係者）。

当局の執拗な監視にも関わらず、サンウォンを中心にした学習会は、粘り強く続けられた。他にもいくつかの読書サークルがあったが、際立った活動をしていたのは、キリスト教学生会系列の学習チームと李ヤンヒョン、鄭サンヨンらが中心になっていた「教養読書会」、それに大学の公式サークルとして登録された「読書チャンディ（芝）」などであった。

学習会が盛んだった七六年ごろ、全南大の学生運動は、実際はかなりの力量を備えていたが、活動はきわめて弱かった。三月一日に尹潽善（ユン・ボソン）、金大中（キム・デジュン）、咸錫憲（ハム・ソッコン）、咸世雄（ハム・セウン）神父ら民主化運動の指導者が「3・1民主救国宣言」を発表した後、連日のように検挙の嵐が吹き荒れる緊迫した状況の中でも、大学は不思議なほど静かな雰囲気だった。全南大でも四月にキリスト教学生会の金暎鍾（キム・ヨンジョン。農学部。現在、四季出版社代表）がキャンパスで単独デモを決行したほかは、これといった動きはなかった。

しかし、科学的認識を得ようとする学生の学習の熱気だけは、すごかった。あちこちのサークルで、よく読まれていたのは次のような書物だった。

▽李泳禧（リ・ヨンヒ）『転換時代の論理』
▽李英俠（イ・ヨンヒョプ）『一般経済史　要論』
▽金俊輔（キム・ジュンボ）『農業経済学　序説』
▽パウロ・フレイレ（ブラジルの教育学者）『ペダゴジー（教育学）』
▽宋健鎬（ソン・ゴンホ）『韓国　現代史論』
▽ハーバー・コックス『民族主義とは何か』

▽金洛中（キム・ナッチュン）『韓国労働運動史』
▽フランツ・ファノン『地に呪われたる者』

ほかにも黄晳暎（ファン・ソギョン）、李文求（イ・ムング）、高銀（コ・ウン）、趙泰一（チョ・テイル）、金廷漢（キム・ジョンハン）、金芝河（キム・ジハ）、白洛晴（ペク・ナッチョン）、廉武雄（ヨム・ムウン）らの詩人、小説家、評論家の民族文学系の作品も、よく読まれた。また、この時代の政治情勢を比較的正確に扱おうと努力した『月刊　対話』、『創作と批評』『シアル（種子）の声』などの雑誌もよく読まれた。

学習会の中心がサンユンからサンウォンに移ると、集まる場所も斗岩洞のサンユンの家から中興洞のサンウォンの一間《ひとま》だけの自炊部屋に移った。当時、サンウォンと親しく付き合っていた仲間は、このときのことを「中興洞時代（チュンフンドン・シジョル）」と呼んで、「甘美な」思いを込めて振り返る。それほどに、ほのぼのとした人間的な情が、互いをかりたてた時間を共有したのだ。

お陰でサンウォンの自炊部屋は、時ならぬ食糧飢饉？に苦しめられた。林谷（イムゴク）の実家から運んできた三、四斗の米は、一ヵ月ももたず底をついた。食べ盛りの若者たちが、夜昼となく出入りしたのだから、当然だった。

「いったい、どんな連中がこれほど食べるんだい？」

林谷の実家からコメを運び出す度に、事情の分かるはずのない母の金インスクさんが、首を傾げて聞いた。サンウォンは、頭をかきながら背を向け、こっそり笑った。

弟と妹が同居しているわずか一間の部屋をすっかり開け放して、青年学徒たちと学習に熱中する時間が積み重なるにつれ、サンウォンの生き方が定まり、自身の歩むべき道についての信念も固まっていった。運動家として、この国の歴史の発展のために献身しようという意志が、心の中にしっかりと位置を占めるようになった。

演劇に没頭していた、外交官試験の準備で浮ついていた、テニスにのめり込んでいた……過去のすっきりしないサンウォンの姿とは、大きな違いがあった。しばらく顔を見ずにいてサンウォンに会った人は、その変わりように驚いた。それはサンウォン自らが、主体的な、自分の思いにかなった姿になって、歴史の前にすっくと立ち、新たなスタートを切ったことを意味する。

労働者だった弟と妹

「あいつら、どうしてこんなに遅いんだ……」

サンウォンはしきりに時計を気にしながら弟たちを待っていた。

どうせ週末で授業はなく、自炊部屋に一日中いるのだが、土曜日はいつも早く帰る弟たちが、その日に限って遅いので心配になった。

準備した夕食の食卓を何度も見やりながら、しばらく待つと、廷源（ジョンウォン）と慶姫（ギョンヒ）がそろって帰って来た。サンウォンの心配をよそに、二人の表情は明るく、サンウォンがまごつくほどだった。

いつも疲れ果てた顔つきで帰ってくる二人だった。朝鮮大学の付属高校夜間部に通っている弟のジョンウォンは、昼間は卸売りの店に勤めて自転車で配達の仕事をしており、光州女子商業高校の夜間部に遅れて入学した妹のギョンヒも、工場で働いて学費を稼がなければならなかった。

夜遅く、夜間授業を終えて帰ってくるころには、二人とも疲れ果て、這うようにして部屋に入ってきた。それを見る度にサンウォンはつらかった。自分は両親の血と汗のにじむような苦労のお陰で大学に通っているのに、弟たちは自分で学費と生活費を稼がなければならない境遇にあることが、いつもサンウォンの心のしこりになっていた。幼いのに、仕事と勉強とで死ぬほどの苦労をしている二人を見て、サンウォンは何度も心の中で泣いた。

ところが、その土曜日の二人の表情はいつになく明るく、サンウォンは面食らった。そろって部屋に入ってきた弟と妹は、ケーキ屋のマークのついた袋を差し出した。高級店の値の張る生菓子で、彼らの懐具合ではめったに買えるようなものではなかった。

「これを買う金、どうしたんだ？」

問いただすサンウォンに二人が口々に答えた。

「兄さん、きょう給料が出たんで、僕らだけでチャジャン麺（肉ミソ麺）を一杯ずつ食べたんだよ。それで、申し訳なくて買ったんだ。だからこれは、兄さんの分だ。僕らを待ってたから、夕飯、まだだろう？」

サンウォンはグッと喉を詰まらせ、目頭が熱くなって、二人の顔をまともに見ることができなかった。給料といっても、配達をしているジョンウォンが月に一万三千ウォン、ギョンヒの場合はもっと少なくて一万ウォンそこそこだ。給料日だからと、一大決心で外食したといっても、たかがチャジャン麺一杯。その程度の贅沢でも、家にいる兄に申し訳ないと、高い生菓子を買って来たのだ。

「菓子なんか買わないで、もっといいものを食えば……」

サンウォンは言葉尻を濁して部屋の外に出た。その場にいると涙がこぼれそうだった。庭に出て暗い空を見上げ、ため息をついた。いつものような、切ない思いがこみ上げてきた。

「あいつらのために、いま、俺がやってやれることはなんだろうか」

自分の至らなさを責める気持ちは、いつもサンウォンを苦しめた。それでもサンウォンはそのころ、つらい労働をしている弟と妹から、小遣いをもらったりしていた。それを見たサンウォンの友人たちはジョンウォンに「財政参謀」と言う名を献上していた。

妹のギョンヒが菓子工場で働き始め、つらい仕事に体がついていかず高熱を出した時には、サンウォンは大学を含めてすべてを投げ出したいような気持ちになった。ジョンウォンも一日中、自転車のペダルを踏み、夜間授業を終えて帰ると全身が痛んでよく眠れなかった。サンウォンは、ジョンウォンが寝つくまで手足を揉んでやることもあった。

大学生のサンウォンをはじめ、三人が光州で暮らしながら学校に通うことで、田舎の両親の苦労は言葉に言い尽くせないほどだった。母が家の近くを開墾して作った野菜を市場に運んで売るのは、もう毎日の仕事のようになった。父は養蜂を始めたりタバコをやめたり、やれることは何でもやった。それでもたまにサンウォンが帰ってくると、母はいくらかの金を持たせてやるために、近所を「路地走り」して、お金を借りて回った。

実家の実情を察する度に、サンウォンは茨の道に踏み込むような思いがした。弟たちにしても両親にしても、長男であるサンウォンの面倒を見るために、どれほどの苦労をしていることか。

「お前たちに本当にすまない。もう少し、辛抱してくれ」

サンウォンはいつも、こう言って弟たちの肩をたたいて慰めるほかなかった。しかし、思索を重ねたサンウォンの意識はすでに、耐え難い現実の悪夢さえ突き放して見るほど、堅固なものになっていた。もし弟たちが読めば、その考え方の冷徹さを悲しむであろう言葉を、サンウォンはひそかにノートに記した。

「貧困に打ちひしがれた農村の息子や娘たちは、進学をあきらめ、全国の労働現場で苦しみ、汗を流している。弟たちより、もっとひどい現実の中で生きている幼い労働者も多い。弟たちもいま、血涙を流すような苦労をしている。彼らのために、今すぐにでもお金を稼ぎたいほど、心が痛む。しかし私は、弟たちが楽になるためだけの人間であってはならない。彼らをこんなに逼迫した状況に閉じ込めている矛盾と闘い、われわれのすべてが良く生きられるような社会をつくる仕事に、自分の人生を捧げるつもりだ」

もちろんサンウォンは、この考えを家族の前では一度も口にしなかった。というより、とても口には出せなかった。サンウォンはやはり、家族の世界では「希望の灯火」だった。父母、そして弟や妹……家族みんなの胸の内には、自分たちがいま味わっている苦難の先に、長兄サンウォンの輝かしい成功という「約束の地」があることを願う心が秘められていた。

サンウォンにとっては、一時《いっとき》も逃れることのできない、大きな心の負債だった。しかし彼は、その苦しみを、ほとんど表には出さず、顔をしかめることもなかった。

行動しなければ

ほぼ一年間、学習会に情熱を注いできたサンウォンも一九七七年、いつの間にか卒業年度を迎えていた。独裁の牙城を永遠に守るかに見えた維新体制もそのころ、再び在野の激しい抵抗を受け始めた。一年前、「3・1救国宣言」を契機に、学園と宗教界など在野の一角から、維新体制の不当と緊急措置の解除、維新憲法の撤廃を主張する声が沸き起こったが、七七年に入ると新年早々に制度圏野党（制度圏とは、体制側ないしは既成権威側のことで、制度圏メディア、制度圏学界などの使われ方をする。一方、体制に批判的で、改革運動を行なっている側を運動圏という）からも維新政権に挑戦する発言が次々に飛び出した。

野党の新民党と民主統一党は、反政府運動を禁じた緊急措置九号の解除と政治犯釈放を、記者会見などを通じて強く求めた。その上、独裁の後ろ盾であった米国のカーター政権も、年初に「駐韓米地上軍の撤収」を持ち出して朴政権の首根っこを締め付け、苦しい立場に追い込んでいた。

しかし、カーター政権が人権弾圧という朴政権の痛いところに触れて、駐韓米軍撤収を言い出したのは、後日になってみれば、単なる「みせかけ」に過ぎなかった。米国の真の狙いは、安全保障という、朴正煕独裁体制が政権を維持するための唯一の切り札を持ち出して、米国への従属体制を維持することであった。駐韓米軍の撤収を言い立てていたカーター米政権の実際の振る舞いを見れば、辻褄の合わないジェスチャーであったことが確認できる。

カーターは、米軍撤収論議の最中の七七年三月、米議会に対し、四千万ドルという途方もない規模の対韓軍事援助予算を承認するよう要求した。さらにそのころ、カーター政権のハロルド・ブラウン国防長官は、韓国戦争（朝鮮戦争）が再び起きる可能性を議会で正式証言した。このような米国の外交的欺瞞に対し、朴政権だけでなく、野党政治家までが滑稽にも振り回された。

結局、国民の血税を費やして莫大なロビー資金を米議会にばら撒き、朴正煕の右腕で独裁政権の亜流であった金鍾泌は、日本の朝日新聞のインタビューで「少なくとも七〇年代末まで、米地上軍は韓半島にとどまってほしい」旨、米国に丁重に訴えた。

李哲承（イ・チョルスン）が代表最高委員だった野党・新民党の対応は、さらに見苦しかった。米軍撤収問題での米側の欺瞞的な言動が目立ったころ、李チョルスンは新民党の国会議員らと共に米大使館前に出かけ、米軍撤収反対の示威行動をしたのだ。

朴政権の危機的な状況は、鳴りを潜めていた民主化運動を蘇らせるきっかけになった。

七七年三月十日には、キリスト教徒と労働者約千五百人がソウルの明洞聖堂に集まり「労働者人権宣言」を発表、三月二十三日には尹潽善、鄭求瑛（チョン・グヨン。共和党前議長。朴正煕と対立し離党）、池学淳・主教らが、「3・1救国宣言」の被告全員の有罪確定に抗議し、「民主救国憲章」を発表した。維新憲法の撤廃と、拷問・査察・暴圧などの〝情報政治〟の中止を求める「救国宣言」と同じ内容であった。

東亜日報の解職記者らが作った「東亜自由言論守護闘争委員会」の百三十人が、言論の自由のための闘いを継続することを表明、三月二十八日にはソウル大生約六百人が反政府集会を開き「民主救国宣言文」を採択した。

激しい言論統制のため、大学デモの情報や在野の動向は、放送や新聞ではほとんど報道されなかったが、全国の大学で大小のデモが連日のように噴き出し、活動家の口から口へと、各大学に伝わった。

サンウォンもソウルなどの学生決起の情報を聞いて胸が高鳴った。学習会を通じて運動が質的に成熟したとはいっても、長い間、実際に闘う姿を見せていない全南大の運動については、各地の情報を耳にする度に恥ずかしい思いをした。デモに火がつき始めた各大学の活動家に申し訳ないという気持ちもあった。しかし、当局の学内査察は非常に厳しくなっており、私服刑事が校内に居座って動静を監視し、学内に設けられた「相談指導官室」の要員も、あちこちに触手を伸ばして探っていた。

サンウォンは他地域のデモ情報に接する度に焦った。いまこそ、これまでの学習が実を結ばなければならない時なのに、と思った。「科学的認識は結局のところ、偉大な行動を生むための土台であるべきだ」と、日ごろからサンウォンは強調してきた。卒業を目前にした最高学年生として、何か組織的な大衆闘争をこの時点でやれば、民青学連事件以後、沈滞一途の全南大の学生運動に、新しい活力を吹き込むきっかけになるだろうとも考えた。

4・19革命（章末に訳注）十七周年記念日が目前に迫っていた。デモをやるには、もっともふさわしい時期だった。特に扇動しなくても、毎年この時期には大学はざわめくはずだった。実は一年前の4・19学生革命記念日のころにも、サンウォンは「維新体制を打倒しよう」という手書きのビラを作って学内に撒いたことがあった。自分で文案を書き、弟のジョンウォンと妹のギョンヒが数十枚ほどを書き写したものを配るという、小さな体験だった。

サンウォンは、本格的なデモをやることをひそかに決意した。そのためには、卒業を目前にした自分自身が、大きな決断をしなければならなかった。幾夜も悩んだ末に、自分自身の未来を労働運動に捧げるという結論を出して「背水の陣」を敷いた。その上で、仲間にデモ決行の意志を明かした。自分の生き方をきちんと示さなければ、仲間の積極的な同調は得られないと考えたからだ。

民青学連事件以後、維新独裁の徹底的な弾圧下においても、学内では「読書チャンディ（芝）」、「キリスト教学生会」、「RUSA」、「文友会」などのサークルが粘り強く活動を続け、学外ではサンウォンのような学習会を続けてきた活動家もいて、デモを決行できる力はあった。サンウォンはひそかに彼らと会い、デモの必要性と意義を力説した。

サンウォンは軍を除隊した「予備役学生」であり、彼が会った学生たちは四、五歳下の後輩だった。当時は「デモ主導者は即除籍・拘束」であり、彼らとの話し合いは緊張した雰囲気の中で進められた。

「民青学連事件の後、みんなも知っているように、全南大ではこれといった闘争の成果がない。昨年、キリスト教学生会の金ヨンジョンが単独デモをやり、趙峰勲（チョ・ボンフン）の復活祭・反維新礼拝事件（光州YWCAの復活祭礼拝で趙ボンフンらが「民主救国憲章」支持を訴え、連行された）はあったが、あれを組織的、大衆的な闘争と見ることはできない。いま、ソウルなどでは維新反対デモが燃え盛っているのに、われわれは何も行動していない。この全南地域だけは維新体制じゃないとでも言うのだろうか」

「いま、全国の学生大衆が独裁を拒否して体を張って立ち上がっているのに、全南大だけは静かだ。われわれも立ち上がって、暗い沈黙を破らなければならない。歴史と民族に対して恥ずかしくないように、われわれが学んできた民衆主体の歴史を切り開くために、われわれが身を投じなければならない」

サンウォンの長い説得に、全員がうなずいた。

それは一瞬のことだったが、うなずいた後輩たちにとっては、非常に重い決断だった。当時、学内運動を凍りつかせていた緊急措置九号という荒っぽい「法」に、からめとられるかも知れないという現実の恐怖を、克服しなければならなかったからだ。

後輩たちの同調を確認すると、サンウォンはデモを実行に移すための準備作業を、ほとんど一人で迅速・緻密にやった。デモの実行組織が整えられ決行が決まると、サンウォンが中心になってビラ印刷用の謄写機、いくらかの資金、動員計画、当日に配る闘争宣言文などを準備した。

「世界史に例のない、維新体制という名の軍部独裁を撃退し、民衆の真の自由を回復することは、まさに4・19学生革命の先輩たちの革命精神を受け継ぐ道である。そのために、われわれ学生が自ら立って維新独裁を拒否し、闘わなければならない」というのが宣言文の内容だった。

デモに賛同したサンウォンの後輩たちは、朴ピョンギ（全南大哲学科。6・29関連。現在、全南大哲学科教授）、シン・イルソプ（同社会学科。6・29関連。現在、湖南大教授）、呉ジヨンムク、安ギルジョン（同英文科。6・29関連、5・18関連）、李テク（同哲学科）、韓ドンチョル（同商学部）らであった。

決行前日、サンウォンは秘密が漏れるのを防ぐために、市内豊郷洞の旅館を借りて最終的な計画をチェックし、仲間たちといっしょに泊まることにして、翌日のデモで重要な役割を受け持つ何人かと旅館に入った。全員、緊張した顔つきだった。翌日になれば、お互いにどんな状況に陥っているのか、見当もつかなかった。

薄氷を踏むような緊張の中で、事前準備の最終点検を早めに終えたが、どうしたことか、合流すべき仲間たちが約束の時刻を過ぎても現れない。デモ計画を立て、各人の分担を決めたサンウォンは、焦った。あちこちに電話してみたが、全く連絡がつかないか、連絡がついた場合も話にもならないような言い訳をされ、サンウォンは気持ちが滅入った。

暗雲が立ち込め始めた。ビラや檄文、デモ中の行動のアイデアなどを山のように準備したが、参加する人間がいなければ、デモは不可能だ。連中の到着を長時間待った揚句、サンウォンたちは計画を放棄し、夜遅く旅館を離れた。準備した物は、旅館付近の人気《ひとけ》のない路地で、全部焼いた。旅館の部屋も丁寧に片付けた。

みんな目を充血させ、仲間への失望、敗北感、自らを恥じる気持ちなどが重なって、押し黙っていた。そのまま家へ帰るような気分ではなく、デモ計画を最初に持ちかけたサンウォンとしては、みんなをそのまま帰すわけにもいかなかった。一行は、しょぼくれて、近くのマッコリ屋に座り込んだ。平素、多くは飲まないサンウォンも、その夜は何度も杯を重ねた。

何日間か、心身に貼りついていた緊張と焦燥が一時に解けていく代わりに、酔いが強く襲ってきた。サンウォンは、はじめて仲間への怒りを、はばかることなく口にした。

「ひどい奴らだ。歴史と民衆に対する責任感のない奴らだ。そんなに怖いのなら、はじめから本心を話すべきだよ。口では民衆、民衆と叫び、理屈だけで歴史を語っても、何の役にも立たない。体を投げ出すことができなきゃ……」

その夜は、遅くから小雨がぱらつき始めた。サンウォンは濡れながら暗い夜道を自炊部屋へ帰った。もしかすると、サンウォンはこの夜、「自分だけはどんな時にも恐れずに、この国の民族民衆運動の最前線に、堂々と立ちたい」という決意を、いっそう固めたのかも知れない。

4・19学生革命　李承晩の長期独裁下、一九六〇年三月の大統領選挙（野党の大統領候補の急死により、実質は副大統領選挙になった）では政府側の組織的な不正が横行し、各地で抗議行動が激化した。馬山のデモで顔面に催涙弾の直撃を受けた高校生の遺体が発見され、学生らの糾弾デモが全国に広がった。四月十九日、ソウルで十万余の学生・市民のデモに警察が発砲、多数の死傷者が出た（血の火曜日）。二十五日には全国二十七大学の教授がソウルに集まって学生に同調するデモを決行、多数の市民が加わった。翌二十六日も大規模な民衆デモが続き、李承晩は辞任を余儀なくされた。

現実に押された就職

四月のデモ計画が不発に終わると同時に、卒業問題が身近に迫り、サンウォンは将来について本格的に悩み始めた。もう、大学の最後の学期が残っているだけだった。彼と親しかった大部分の同級生は、就職準備に余念がなかった。親友の金ソッキュン、ヤン・スンヨン、李ヒョヌらも同様だった。卒業を控えた学生としては当然のことだったが、サンウォンの悩みは、ちょっと違っていた。

そのころまでサンウォンが考えていた行動原則は、いかに歴史の現場に身を投じ、この国の民主主義の発展のために寄与するか、ということだった。しかし、サンウォンをとりまく家族の現実は、そんなサンウォンの夢が簡単に実現するような状態ではなかった。

夜間高校を卒業して軍入隊の準備をしている弟のジョンウォン、まだ工場で働きながら学業を続けている妹のギョンヒ、七七年の新学期から光州高校に進学した弟の泰源(テウォン)をはじめ、田舎の実家の家族たちは、サンウォンが卒業と同時にそれなりの職に就くことを待ちわびていた。両親は、サンウォンの卒業が近づくと「これで苦労も終わる」と、心が軽くなるほどだった。

日ごろからサンウォンの生活ぶりを見守ってきたジョンウォンとギョンヒは、ずっとサンウォンの進路が不安で、何度も尋ねた。

「兄さん、卒業したらどうするの?」

自身も悩み抜いていたが、弟たちにまで、もつれた心の内をさらすわけにはいかなかった。サンウォンは聞かれる度に、笑いながらはっきり答えた。

「就職しなきゃな。それでお前たちの苦労もなくなるさ」

サンウォンの内心の痛みを知る由もない弟たちは、素直に喜んだ。いっしょに笑うこともできず、サンウォンはいっそう心が沈んだ。

両親の催促も、急だった。

「卒業前に就職先を決めておかなければいけないが、お前、どこか決まってるのか?」

「お前が良いところに就職して、嫁をもらって暮らすのを見て死ねたら、本望だよ」

母の願いは、サンウォンの心を激しく揺さぶった。しかし、両親の言葉を聞く度に、もっともらしい返事で口を濁し、とりあえず安心させるほかなかった。

「オモニ、もうちょっとだけ辛抱して下さい。オモニの言うことは、きっとかなえるから。これからは弟たちの面倒も見ますよ」

「そうだよ。そうしておくれよね」

サンウォンも、もうそれ以上は引き延ばせず、二学期に入ってすぐ、重大な決心をした。家族の期待と願いに背くわけにはいかなかった。一時的にしても、両親に喜んでもらいたかった。しかし、たやすい決断ではなかった。表面上は家族の期待に完全に応え、不審を抱かせないように装っていたが、心はすでに遥かに遠いところを見ていた。

「いったんは就職しよう。ちゃんと就職して、きちんとスーツを着て職場へ通う姿をオモニに見せよう。オモニはそんな自分の姿をどれほど待っていたことか。それが、腰が曲がるほど苦労して自分を育て、大学にまで入れてくれた両親に少しでも恩返しする道だ。いま就職することが、二十余年の間、自分を育て教育してくれた両親への最後の孝行だ。だが、会社員としての生活は決して長くないだろう。必ず社会運動の道に戻ってくる。就職後も労働問題を続けて学び、結局はその分野で社会に尽くすだろう」

心を決めたサンウォンは、直ちに全南大の裏手に下宿していた友人のチョン・オヒョンの部屋に住まいを移し、就職準備に励んだ。サンウォンは親しくしてきた運動圏の先輩・後輩に対しては、自分の心境を率直に、淡々と話した。「就職＝最後の孝行」と言うことを強調した。心の整理をつけたサンウォンは、しばらく書いていなかった日記を二ヵ月ほど書き続けた。

サンウォンと絶えることのない交友を続けてきた金相允（キム・サンユン）も、そのころ、新たな変身を目論んでいた。書店の開設だ。新刊書を扱うことは資金面からもムリで、まず古書店を開き、うまく行けば社会科学関係の新刊書店に発展させて、社会運動の一助にもしようと考えた。

民青学連事件に巻き込まれてから、さまざまな制約を受けて正常な生活軌道に戻れずにいた金サンユンにとって、古書店の経営は、それほどの資金負担なしで生活問題を解決すると同時に、本を通して運動への意欲を社会に広げて行くことのできる仕事だった。

サンウォンが就職準備に熱を入れていた七七年九月、サンユンはついに、当時は古書店が軒を連ねていた光州市内鶏林洞の書店街に緑豆書店（ノクトゥ・ソジョム）という意味深長な名前の店を開いた（一八九四年、全羅道を舞台に農民が決起した東学農民戦争の指導者・全琫準〈チョン・ボンジュン〉は、小柄だったことから緑豆将軍と呼ばれた）。店に並べられた本は、サンユンが直接、ソウル、木浦（モッポ）などの書店を探し回って買い入れた。サンウォンも忙しい時間を割いて、わがことのように店開きを手伝った。

緑豆書店は単なる書店ではなく、当時の厳しい「禁書」措置のために購入しにくかった社会科学関係の書籍の秘密流通基地になった。同時に、共通の関心を持つ仲間たちが集まる、光州地域の青年運動圏の集合場所としての役割を果たした。

サンウォンは緑豆書店でいろいろな人たちと会うことができた。民青学連事件関連の被拘束者をはじめ、労働運動、農民運動などの社会運動家、黄晳暎（ファン・ソギョン）、文炳蘭（ムン・ビョンナン。詩人）、金準泰（キム・ジュンテ。詩人）らの進歩的文人、在野の人士と交友できた。

七八年一月中旬、サンウォンは非常な努力の末に、住宅銀行に入社できた。就職することだけを目指した平凡な学生なら、自慢できる立派な職場だった。家族はもちろん大喜びだったが、サンウォンは、ほろ苦い思いをかみしめた。二月、卒業式を終えた日の夜も、サンウォンは暗然たる思いをメモ帳に書き残している。

「卒業と就職。大学を終えれば誰もが進む平凡な道だが、自分の心は安らかでない。少なからぬ若者が、いまこの瞬間も投獄され、苦難にさらされている。学園を去る自分が受け取ったお祝いの花束と、それなりの職場に就職するということに、何の意味があるだろうか。独裁下の暗鬱な社会に、そのまま順応して生きて行こうということではないのか。そうだ、自分がいったん受け入れた道は、父母への最後の孝行なのだ。自分は必ず決心したことを実行する。やり遂げるぞ」

サンウォンは「百の言葉より実践が重要であり、思想が行動として具体化しない時は、観念の遊戯に過ぎない」（メモ帳）という覚悟のもとに、住み慣れた光州を離れ、任地のソウルへ向かった。しかし、すでに日記に書いたように、出発の第一歩は、光州へ戻ってくるための「逆説的」な一歩だったのではなかったか。当時は全く予感し得なかったとはいえ、光州の五月に戻って来るための……。

ソウル暮らし

銀行員。ソウルにやって来たホワイトカラー労働者・尹祥源の名前の前に、当たり前のようにつく肩書。勤務先は住宅銀行の奉天洞支店（市南部冠岳区）。サンウォンは近くに下宿した。

ただ平凡な日々が、これといった感慨もなくサンウォンの身辺をかすめて足早に過ぎていった。終日お金を数え、伝票を切り、勘定合わせをすると、もう夕方遅くになっていた。疲れた体を引きずって下宿に帰り、正体もなく寝入って目を覚ますと、朝になっていた。

職場での毎日は、この上なく単調で味気なかった。何か自分がやらなければならない大切な仕事が別にあるような気がして、なじめなかった。サンウォンの唯一の楽しみは、共にソウルへやって来た黄哲洪（ファン・チョロン。サンウォンに金サンユンを紹介した）、金皙均（キム・ソッキュン）、それに長くソウルに住んで弥阿里（ミアリ）で表具屋をやっている友人の高フンらと週末に会って、茶碗酒を酌み交わすことだった。

光州の緑豆書店に出入りして知り合った、光州出身のソウル大生・白サムチョル、朴スンホらとも、しばしば会った。彼らを通じてソウルの進歩的学生運動関係者とも交わり、学生運動や在野の社会運動の流れを現実感を持って知ることもできた。

見かけ上は、ソウルの暮らしにも慣れてきたように見えた。もともと人づきあいが良い方だったので、職場でも問題なく過ごしていた。特に下宿は、サンウォンが入ってからは専門下宿にありがちなよそよそしさが消えて、笑いが溢れるようになった。下宿の主人である、ちゃっかりした「ソウルおばさん」も、サンウォンには息子のように接してくれた。友人や後輩が寝泊まりして食事をすることも多かったが、一言も文句を言わなかった。

サンウォンは、たまに友人に会うと「銀行員はうんざりだ」と訴えたが、彼の内心を知らない友人たちは、勤め人にありがちな倦怠感のようなものだろうとしか、受け止めなかった。しかし、銀行員としてソウルでの一歩を踏み出した時から、サンウォンの胸には人知れぬ大きな穴が開いていた。その穴を、そのころの生活に対するモヤモヤとした懐疑が、冷たい風のように吹き抜けた。

自分でも予想していたことではあったが、銀行員という仕事がサンウォンには合わなかった。だが、自らソウル暮らしを清算する時まで、誰にも内心を明かそうとしなかったために、サンウォンの心が崩れていくのを、誰も感じ取ることができなかった。ただ、黄チョロンだけは、サンウォンの悩みが相当深刻なことを、ある日のサンウォンの突然の振る舞いを見て察知したという。

週末の午後のことだった。ソウル大学入り口にあたる奉天交差点の銀行前で会った二人は、いつものように居酒屋に入った。早くから飲み始めたため、夜が更ける前に二人とも相当に酔ってしまった。居酒屋を出て、そのまま帰ろうとしたチョロンをつかまえたサンウォンは、肩を組んで鼻歌を歌いながら下宿に向かった。二人は酔いに任せて下宿までの道を、かわるがわるに歌いながら歩いた。

下宿へ向かう路地の入り口の児童公園まで来た時だった。ふと足を止めたサンウォンは、上着を脱いでチョロンに持たせ、暗くなった公園の真ん中まで、つかつかと入っていった。真っ暗な空を見上げて立ち止まると、突然、声を上げてタルチュム（仮面劇）の所作を演じ始めた。

「さあ、やるぞ！　クンタッグイ　クンタッ　オルス！　クンクン　タッグイ　クンタッ　オルス！」

タルチュムはサンウォンの就職が決まったあと、卒業年度の最終学期の冬休みに、光州で身につけたものだった。当時、光州ＹＭＣＡで開かれた民族劇教室で、韓国文化運動の第一世代である崔ヒワン、柳インテクらを講師とし招き、尹マンシク（全南大農学部。後に光州民族芸術人総連合＝

ミネチョン＝の事務処長）、金ジョンヒ（同商学部。劇団「クァンデ」出身）、金ユンギ（同法学部。6・29関連、5・18関連。現在、事業経営）、金ソンチュル（同社会学科。6・29関連、5・18関連。現在、光州情報文化振興院勤務）、チョ・ギルレ（同師範部。現在、全南大教授）ら、のちに全南大タルチュム部を作る者たちと尹サンウォン、チョン・オヒョンらが参加した。

当時、全羅南道の海南（ヘナム）に住んでいた作家の黄晳暎（ファン・ソギョン）らが、文化運動の土壌を肥やすために計画したこの民族劇教室を経て、翌年に全南大タルチュム部が作られ、教室参加者は光州文化運動の第一世代に属することになった。サンウォンはこの教室でも、演者としての天性の才能を発揮した。黄ソギョンも、タルチュムを習い始めたばかりのサンウォンの進歩の速さに「生まれついてのクァンデ気質《かたぎ》」と感嘆したほどだった。

児童公園の暗がりで繰り広げられたサンウォンの一場タルチュムは、所作を繰り返しながら続いた。と、サンウォンの口から、突拍子もない辭説（ソルサ＝歌唱の合間の語り）がほとばしり始めた。

「おお！汚れたこの世よ、あらゆる鬼神どもがうろつくこの世よ、さっさと消え去れ。独裁鬼、維新鬼、みんな消え去れ、さっさと消え去れ！あまたの苦悩と葛藤も、すべて消え去れ！」

サンウォンは、暗がりに向かってわめき続けた。

手をたたいて、いっしょに楽しんでいたチョロンも、サンウォンが大声でわめくようになると、心配になってきた。暗がりを震わせるサンウォンの「語り」は、興に乗って自然に声になるというよりは、自身に対する嘆きを込めた、苦痛の独白のように聞こえた。

チョロンは持っていた上着をサンウォンに着せかけ「もう帰ろう」と、語りをやめさせた。サンウォンも仕方なく、上着を受け取って児童公園を出た。タルチュムを演じているうちにストレスが発散したのか、荒い息遣いで意味深長な笑みを浮かべた。

その夜、チョロンはサンウォンの暮らしぶりを思いやり、心配でならなかったという。以前から、サンウォンに会うと、「こんなこと、もうやってられない」と、うんざりした様子でもらす愚痴が、尋常ではないと感じていたからだ。チョロンは、サンウォンの学生時代の生活や彼が日ごろ何を考えているかについて、ある程度は理解していたので、いっそう心配したのだ。しかし、その夜の突然の振る舞いを除けば、他人の目に映るサンウォンのソウル暮らしは、なにごともなく過ぎていった。

七八年当時の社会情勢は、サンウォンの「無風」ぶりとは違って、維新末期のすさんだ兆候が荒れ狂っていた。「東一（トンイル）紡織事件」や「咸平（ハムピョン）サツマイモ事件」（前者は七八年二月、仁川の東一紡織女性労働者らの組合大会会場に暴力団員らが乗り込んで暴れ、汚物を投げつけた事件。後者は醸造用サツマイモの買い取り補償をめぐって、カトリック系農民と当局が対立、断食闘争に発展した）など、骨太な反体制民衆生存権闘争が噴出し始めた。これに対して朴政権の末期的弾圧も極限に達し、闘いに立ち上がった数多くの良心的人士、学生、労働者、農民が続々と監獄に送られた。

公式に報じられた事件だけでなく、報道統制の網にかかって浮上しなかった民主勢力の闘争や労働運動、農民運動の現場の状況を、サンウォンはかなり詳しくつかんでいた。サンウォンの下宿は、出張でソウルに来た光州の地域運動関係者の拠点のようになっており、さらには金サンユンを通じて知り合ったソウルの運動従事者たちとも、親しくしていたからだ。こうして得た情報の中には、顔や名前をよく知っている仲間の苦難の情報もまじっていた。

他人の目に映った平凡な日常とは異なり、サンウォンは急変する内外情勢や朴政権のあくどいやり方に対して、それなりに深く観察し、考えをめぐらせていた。情勢を観察しながら、平穏無事な職場にいて仲間たちと共に闘いの現場に立てず、実際活動ができない苦しさは耐え難かった。いつかは職場をやめて労働運動に献身するという、当初の覚悟に変わりはなく、その時期が次第に迫ってきたという予感が、何とか保ってきた生活の均衡を壊し始めた。誰にも口外してはいなかったが、サンウォンは考え込むことが多くなった。

サンウォンが危なっかしい「心の綱引き」を続けているころ、光州の全南大では、予期せぬ大事件が起きた。一九七〇年代の民主化運動の中でも、画期的な事件として記録される、いわゆる「6・27教育指標事件」だ。

七八年六月二十七日、全南大キャンパスで十一人の現職教授が連帯署名した「われわれの教育指標」という声明を発表した。「指標」として採択された内容は、維新独裁治下の非民主的で奇形的な教育の現実を、正面から批判したものだった（章末に訳注）。弾圧の激しかった当時にしてみれば、とんでもない事件であった。公安当局も慌てふためいて強硬措置をとり、発表直後に十一人の教授全員が連行された。

いつも講義室で顔を合わせている教授たちの連行に直面した学生たちは、立ち上がった。波紋は瞬く間に広がり、二十九日から全南大のほぼ全学生が参加した大規模なデモが繰り広げられた。民青学連事件以後、沈黙を守ってきた全南大で、維新打破を叫ぶ最初の組織的対応が起きたのだ。

「民主学生宣言」を採択して突入した全南大のデモは、以前とは全く違った激しさだった。直ちに「休校令」が出されたが、学生たちは闘いを中止するどころか、さらに二日間にわたって激しいデモを繰り広げた。

学生の激しい闘いに対して、当局も超強硬手段で報復した。宋基淑（ソン・ギスク。国文科教授。小説家。5・18関連。後に光州文化中心都市造成委員長）、明魯勤（ミョン・ノグン。英文科教授。5・18関連。二〇〇〇年に死去）、安晋吾（アン・ジノ。哲学科教授。退任）ら、声明書に署名した十一人は全員、教授職を剥奪され、主導した宋ギスク教授は特に、緊急措置九号違反容疑で即刻、拘束された。

6・29デモを主導した学生にも鉄槌が下された。三日間のデモで約百人が連行され、鄭龍和（チョン・ヨンファ。5・18関連。ヨルリンウリ党光州市支部副委員長、野火烈士記念事業会理事長を歴任）、趙ボンフン、盧ジュニョン、安ギルチョン、朴モング、朴ビョンギ、金ユンギ、金ソンチュルら十五人が除籍処分を受け、申榮日（シン・ヨンイル。国史教育科二年。後に全南民主主義青年連合で活動。八八年死去）ら九人が無期停学となった。これらの学生のうち十二人は、緊急措置九号違反罪で拘束された。

「民主教育指標事件」は、一九六〇年の4・19学生革命以来初めて、教授たちが組織的に独裁政権に反対の立場を表明した画期的な事件として記録された。さらに、民青学連事件以後、鳴りを潜めていた光州・全南地域の民主化運動が、再び闘いの隊列に戻ったという点でも、重要な事件であった。それほどに多数の学生が、独裁に抗して立ち上がった大規模なデモだった。

ソウルで光州の6・29デモの報に接したサンウォンは、痛快に思う半面、心が痛んだ。事件で大学を追われたり拘束されたりした学生は、ほとんどがサンウォンと学習会を開いた仲間であり、失敗したとはいえ、前年四月にデモを計画して意気投合した親しい後輩たちだったからだ。

その日からサンウォンは、職場にいても下宿に帰っても、落ち着かなかった。デモの結果、苦難に直面している光州の運動圏の先輩や後輩の姿が夢に現れるほどだった。

数日後、思いがけず何人かの後輩がサンウォンの目の前に現れた。事件で手配されていた趙ボンフン、朴モング、金ユンギ、金ソンチュルらが検挙網をすり抜けてソウルに潜入、真っ先にサンウォンのところにやって来たのだ。

サンウォンはまず驚き、次にうれしくて鼓動が激しくなった。彼らの姿を見つめ、こみ上げてくる気持ちを抑えるのに苦労した。後輩たちは憔悴しきっていた。あちこちに隠れながら何日も過ごし、着替えはもちろん、散髪やヒゲ剃りもできず、食事も十分取れなかった彼らの姿は、ひどくみすぼらしかった。

サンウォンは目頭が熱くなるのを感じながら、しばらく彼らと見つめ合うばかりだった。銀行員である自分のこざっぱりした服装、きちんと散髪しヒゲを剃った姿が恥ずかしかった。彼らをまず銭湯に連れて行った。衣服を脱ぐと、下着はもっとひどかった。お互いの姿を見ながら、彼らはくすくす笑った。何しろ、乞食同然の姿だった。

彼らが身を隠す場所を探さなければならなかった。サンウォンの下宿も適当とはいえなかった。後輩たちと夕飯をとりながら、弥阿里で表具屋をしている高フンに電話して、彼らの当分の隠れ家に決めた。毎日必ず連絡するように約束し、いくらかの金を準備して彼らを弥阿里へ送った。趙ボンフンらは、それからしばらく高フンの世話になった。

後輩たちの突然の訪問を受け、一日中、われを忘れてあちこち走り回ったサンウォンは、夜更けになってようやく下宿に帰り着いた。体はひどく疲れていたが、意識は鋭い刃のように敏感になっていた。部屋の長い鏡の前に立った。

ネクタイまで締めた自分の姿に重なるように、いましがた別れたばかりの後輩たちの、みすぼらしく、怯えたような疲れ切った姿が浮かんだ。自分を恥じる気持ちが、強く迫ってきた。サンウォンは鏡に映る自分の姿を拭い去り、その瞬間を胸に刻印するように、ゆっくり服を脱いだ。

横になったが、意識が冴えて眠れなかった。「いまこそ、重要な決断を下さなければならない」という緊張感のためだった。ドアの外から夜明けのかすかな光が差し込むころになって、いくつかの内心の言葉が口をついて出た。

「ここでいま、自分は何を得るために暮らし続けているのか。支店長代理になって、支店長になって、頭取になって……。それが、自分が本当に望んだ人生なのか。そうでなければ、いま自分がこの場を離れずに戦々恐々としているのはなぜか。どこへ行って何をしようが、飢えはしない。光州でもようやく民主化運動に火がついた。誰か他人に期待するのではなく、自分が直接その火種を守り育てなければならない。この国にいま何が起きているかを見れば、もう躊躇は許されない」

数日後、サンウォンは親友の金ソッキュンに会って自分の気持ちを打ち明けた。当然、ソッキュンは反対した。

「おい、お前!世の中の誰かが、自分に適性があると思ってサラリーマンをやってるとでも思っているのか。お前は一人じゃないんだ。田舎で苦労されている両親、弟や妹をどうするか、考えなきゃだめだろう? いまの仕事を辞めるか辞めないかは、何か代わりの仕事を考えた上で決めることじゃないのか。ちゃんとした別の働き口でもあるのか!」

社会運動に身を投じたい、という以外に何か代案があるわけではなかった。家族のことを考えろ、という忠告には、返す言葉もなかった。辞職を決意してからも、ずっと心を痛め続けてきたことだった。だが、ソッキュンの忠告も、サンウォンの決心を覆すことはできなかった。むしろ、サンウォンは「この痛みを乗り越えなければ、新しく生まれ変わることはできない」と、決意を固めた。息子全員を革命戦線に捧げたラテンアメリカのある革命家の家族の伝記を、思い浮かべたりもした。

サンウォンは身辺整理を少しずつ進め、林谷の実家の父に長い手紙を書いた。


不肖小生、ご両親の意に背き、職場を辞することにしました。この間、わたしを育て、面倒を見て下さったご恩を思えば、一生をかけて努力しても報いきれませんが、不正と不義がまかり通るこの国の現実を座視できず、辞職します。どうかご了解下さい。

男子として生を受け、もっと意義と生き甲斐のある仕事をしたいと思います。どんな苦難と逆境に遭っても決してひるまず、屈せず、ご両親の自慢の息子らしく、耐え抜きたいと思います。

民族の置かれた困難な現実の中に飛び込み、誤りを正すために、微力ながら私も力添えしたいと思います。どうか、不肖の子の志をお認め下さり、むしろ、この道を行くことが本当の孝行であると、お思い下さい。


しかしサンウォンは、この手紙をどうしても実家へ出すことができず、長らく懐に入れたままでいた。

ソウルで暮らし始めて六ヵ月が経った七月十日、ついにサンウォンは住宅銀行に辞職届を出した。みんなが思いとどまらせようとしたが、サンウォンの決心を覆すことはできなかった。その夜、サンウォンはメモ帳に書き残した。

「人生の重要な岐路に立って、余りにも簡単に決めてしまったのかも知れない。結局、生きるとは、どういうことなのか。むしろ、いまは気持ちが楽だ。あれこれ考えて、ためらえばためらうほど、自分の人生は生気を失う。私は自分の人生をもう一度、取り戻すのだと信じる」

「終わり」は常に、新たな「始まり」でもある。ソウル暮らしの最後の日、サンウォンは、新たに始まった長い道のりを予感していた。

教育指標　教授らは政府の「国民教育憲章」を民主主義に反す

るとして批判し、教育指標として次のような項目を掲げた（要旨）

①真実を学び教える教育が正しくなされるために、教育者の日常生活と学園が、共に人間化され民主化されなければならない②まず教育者自身が人間的良心と民主主義に対する現実的情熱で学生を教え、共に学ばなければならない③真実を学び教えることに対する外部の干渉を排除し、干渉にともなう大学人の犠牲に抗議する④3・1（独立宣言および民主救国宣言）精神と4・19（学生革命）精神を忠実に継承し、自主平和統一のための民族の力量を養う教育をする。

第三部

闘いのために

「たいまつ聖行進」

労働の現場へ

「高卒だって？　うーん……」

人事課長だという男は、サンウォンが差し出した履歴書の学歴欄をじっくり眺め、深刻な顔つきで言った。高卒でも、この仕事には学歴が高すぎた。深刻そうな男の表情を見て、サンウォンは笑い出しそうになるのをこらえるのに苦労した。

中卒くらいにしておけばよかった。これでは計画がダメになるかもしれないと、急に不安になって、サンウォンは男に冗談を言った。

「高校を出たというだけで、そのあと、何もできなかったんですよ」

男は、分かったということなのか、にやりと笑いながら首を縦に振った。

「いいよ。三日後のこの時間に、身元証明書を一通もって来てくれ」

サンウォンの「仕掛け」が成功した。

ついに、韓南プラスチック工場の日雇い労働者になることが決まった。サンウォンはまず金サンユンに知らせたくて、光川工業団地から鶏林洞の緑豆書店へ向かった。市内バスに乗ったサンウォンの脳裏に、さまざまな思いが浮かんだ。この何ヵ月かの間に自分の身に起きたことは、まるで他人事に感じられるほど、変化が多かった。

ほんの数ヵ月前には、スーツを着こんでオフィスに座り、安定した生活を送っていたサンウォンが、光川工業団地の零細な工場の日雇い労働者に「人生の衣服」を着替えたのだ。自分でも面食らうほどの変身だった。両親の怒りは相当なものだった。光州に戻って、緑豆書店の近くで自炊部屋を借り、時には、光州高校に通っている末弟のテウォンのところで食事したりしていたが、林谷の実家には帰らなかっただけでなく、連絡もしなかった。

両親の気落ちした姿は、会わなくてもありありと目に浮かび、顔を合わせる自信がなかった。ときたま妹のギョンヒが緑豆書店へ立ち寄り、実家の様子を知らせてくれた。彼女はそのころ、女子商業高校の夜間部を卒業して林谷農協に勤めていた。ギョンヒが伝えてくれる林谷の様子を聞く度に、サンウォンは胸を引き裂かれる思いがした。

父はもう、サンウォンを自分の息子とは思わないようにしているらしく、母は、父の苛立ちが極まると、ただ泣いているとのことだった。妹からそんな話を聞くと、すぐにでも林谷へ走って帰って両親に話をしたかったが、どうしても足を向けることができなかった。三ヵ月以上も、そんな時間が経っていた。

サンウォンは金サンユンが経営する緑豆書店で働きながら、彼なりに苦しんで進路を探っていた。労働運動をやりたいという当初の考えに変わりはなかったが、どこから踏み出せばよいのか、分からなかった。

当時、光州の労働運動の場は非常に狭く、サンウォンが見つけた唯一の合法労働団体「カトリック労働青年会全南連合会」も、サンウォンが所属するのに適当な団体ではなかった。労働運動の経験者や理論家も周辺にはおらず、最初から自分の力で進路を決め、運動の糸口を探り出さなければならなかった。

このことについて、多少とも相談できる相手は、全南大の学生運動出身の李梁賢（イ・ヤンヒョン）だけだった。彼は一時、ソウルの清渓川（チョンゲチョン）平和市場の労働教室運営に携わったことがあった。

二人はいろいろ話し合ったが、「光州地域の労働運動はまだ萌芽状態で、志を持った人間が自ら現場に飛び込み、活動家としての分野を開拓しなければならない」というのが結論だった。どんなに優れた理論を持っていても、現場経験がなければ組織運動家としての役割を果たせない、という点でも一致した。

結局、サンウォンは労働現場に入ることを最初の課題とし、就業先を探した。韓南プラスチック工場への就業には、こうした経過があり、サンウォンの新しい人生の意義深い出発でもあった。就業を決めた後、彼は新しい日記帳を買い求めた。覚悟を新たにして、一日一日、手を抜かずに暮らして行こうという心構えだった。日記は五ヵ月間、とびとびだが、続いた。

七八年十月二十五日、彼は、初仕事に就いた。韓南プラスチック工場の日雇い労働者として、工場長の指示で配置された仕事場は切断部、つまり切断機の前に立って、機械の中から引き抜いた白い発泡スチロールを適当な大きさに切る仕事だった。

きつい仕事ではなかったが、肉体労働に不慣れなサンウォンにとっては、地獄のような日々だった。労働運動について学ぶ場所として、現場に身を投じることを選んだわけだが、そのころのサンウォンの日記には、仕事で疲れ果てた毎日が記録されている。きっちり朝八時から夕方の七時まで、昼食時間を除いて毎日、まる十時間働かなければならなかった。

機械の前に立って切断する仕事だけしていればよいというわけではなかった。一日に数回、出庫トラックがくると、機械に取り付いていた労働者たちは全員、手をとめて発泡スチロールをトラックに積み込む作業に動員された。積み込み作業は、サンウォンにとっては切断機の前に立ってやる仕事の二倍の力が必要だった。

がむしゃらに働かされるにしては、給料は常識外の安さだった。事前に賃金のことまでは聞けなかったが、一ヵ月後に給料を受け取って、サンウォンはたまげた。休日もなしで働いた対価が一ヵ月で三万六千ウォン（当時のレートで数千円）。一時間当たり百二十ウォン、一日では千二百ウォンだった。想像を絶する安さだったため、サンウォンといっしょに入社した労働者の半数以上が、最初の給料日の翌日から出て来なくなった。出勤した者も、ふてくされていた。みんな、少なくとも五万ウォンにはなると思っていたのだ。

賃金のひどさにあきれて、サンウォンはひそかに、一日に出庫される製品の金額を調べてみた。トラック一台に二十五万ウォン分の製品を積んで、八回運び出せば、毎日二百万ウォンの売り上げになるではないか。その内、賃金として払っているのは十二万ウォンほど。悪辣な労働搾取だった。

それなのに、毎週月曜日に労働者を集めて朝会を開き、大風呂敷を広げる黄社長（当時、在郷軍人会の光州支部委員長）の訓示たるや、まさに「一聞」に値した。従業員は無条件に会社を大切に思う心を養わなければならず、そのためには早朝出勤は無論のこと、雑用は休憩時間を利用してこなさなければならない、というのだった。

休み時間といっても、昼飯に割り当てた一時間しかなかったな……話の途中でそのことに気づいた黄社長は、「昼飯を食ってじっとしていたら消化に悪いから、昼飯の時間に消化促進を兼ねて、工場の掃除でもしたらよかろう」などと、えんえんと訓示を続けるのだった。

こんなことを経験しながらサンウォンは、貴重な現場感覚を身につけた。光川工業団地で事業を営む大部分の経営者が、黄社長とほぼ同じ意識の持ち主であるという現実。それなら、労働者が権利や利益を獲得するためには、その程度の意識の雇い主と話し合うより、力を結集して闘うことこそ正しい方法であるという、労働者らしい理解であった。

労働者らしい考え方。これはサンウォンが学びとった、重要な点だった。表面的に頭で理解してきた論理や、労働者に対する「憐れみ」だけでは、現場活動家としての役割を十分果たせないという事実に気づいた。

まず個々人が、労働者という不利な立場に立っているという認識を共有すること。さらに、階級的な連帯感による粘り強い団結力が必要だ。しかし、労働者が真の労働者らしさを身につけるためには、自身の苦しい生活実態を改善する意志を持ち、生活の疲弊をもたらしている原因を分析しなければならない。サンウォンの考えは「労働者は、労働者としての意識を持たなければならない」ということに行き着いた。

精根尽きるほど疲れ果てる毎日だったが、サンウォンの周辺には、思いがけない同志たちがいた。野火夜学（トゥルブルヤハク）の教師と学生だ。彼が工場就労を決心したころに、野火夜学との出会いがあった。労働者向けの夜学である野火夜学。新しい出会いがサンウォンの人生にまた一つの転換をもたらす。

共に野火になって

朴琪順（パク・キスン。全南大師範部三年。七八年十二月に死去）は、七八年の6・29教育指標デモ事件で強制休学になると、七月には野火夜学をつくって運営を始め、十月には学歴を隠して光川工業団地内の東新鋼建社（自動車用の溶接部品を作っていたらしい）に労働者として就業した。独裁当局や当時の制度言論（既成の体制寄りメディア）の表現に従えば、尹サンウォンと朴キスンは光州・全南地域で最初の「偽装就業者」だった。

朴キスンが工場労働者になったのは、サンウォンと同じような意志によるものだった。しかし、そのころのキスンは、現場運動の「場」を作ることにも、並々ならぬ努力を傾けていた。野火夜学の開設は、その努力の最も大きな成果だった。

野火夜学の元々のねらいは、労働運動の経験や基盤が全くない光州・全南地域に、労働運動を根付かせるための土台を用意しよう、ということだった。朴キスンら全南大を中心にした学生運動関係者の共通の思いから出発したが、初期にはソウルに学籍のある光州出身の学生たちの力も大きかった。

ちょうど、カトリック農民会が主導した「咸平サツマイモ事件」や仁川の東一紡織労組の「汚物投げ事件」（第二部七一ページ参照）などが相次ぎ、学生たちも民衆の生存権闘争を社会運動としてとらえ、労働者の闘いへの関心が次第に高まった時期だった。現実に起きている問題への対応を、運動の具体的な目標とする運動関係者も増えつつあった。

光州でも労働夜学を作る動きが起きたが、まず声を上げたのは崔ギヒョク（韓国外国語大休学中。現在、事業家）、チョン・ボッキル（ソウル大休学中。現在、教師）、金ヨンチョル（ソウル大除籍生。現在、ブラジル在住）ら、光州出身のソウルの学生たちだった。彼らはソウル市西南部の九老（クロ）工業団地周辺の貧民街・シルリム洞で「キョレト（同胞）夜学」を開いた経験があった。

さまざまな事情で光州にとどまっていた彼らは、光州地域の労働運動の芽を育てるには、まず夜学を開くことが必要と考え、朴キスンに会って考えを伝えた。平素から「民衆の生活現場に実際に接近しない運動は観念に過ぎない」と、突き詰めて考えていた朴キスンは、彼らの提案を喜んで受け入れ、直ちに夜学開設に取り組む同志集めに乗り出した。

キスンは連日、全南大学内の意識の高いサークルのメンバーと会って、「夜学運動こそ、学生運動がまず取り組むべき課題です」と、熱心に説いて回った。キスンの熱意で、一人、二人と同志が増えていった。申ヨンイル、羅サンジン（全南大土木科二年。現在、水資源公社勤務）、李ギョンオク（同教育学科二年。現在、教育公務員）、林洛平（イム・ナッピョン。同人文学部一年。本書の著者）らがキスンの運動に加わった。

七月、ようやく光川工業団地の近くにあった光川天主教会の教理室を教室として、希望に溢れた野火夜学の旗が掲げられた。全く経験のないメンバーではあったが、彼らは夜学に熱心に取り組んだ。しかし、開校当初、光州にとどまって力になってくれたソウル勢が軍に入隊すると、力量と経験のある新しい講学（野火夜学では教師を講学と呼んだ）が必要になった。

朴キスンらは有力な講学を探して駆けずり回った。キスンはある日、思いがけない情報に胸が躍った。ソウルの職場を振り捨てて光州に戻り、現場運動に身を投じようとしているという先輩、尹サンウォンの存在を緑豆書店を通じて知ったのだ。すぐにサンウォンに会った。野火夜学の現状とこれからの計画などを詳しく話し、夜学に加わってくれるよう、懸命に頼んだ。

サンウォンは戸惑った。キスンは、サンウォンが大学在学中の七六年冬、中興洞の自炊部屋で開いていた学習会に出席しており、彼女のことはよく知っていた。しかし自分は彼らより七、八歳上の卒業生であり、彼らと呼吸《いき》を合わせてやっていけるのか、不安だった。さらに、自分のかねての意思どおりに労働現場で働きながら、夜学のこともやり遂げられるのかどうかも、心配だった。結局、サンウォンはその日、光州へ戻って来る時に固く決意したとおり、労働運動の第一線で活動したいという気持ちを打ち明け、キスンの申し出を断った。

その日は引き下がったキスンも、簡単にはあきらめなかった。「第一線の労働運動も大事ですが、光州地域の労働運動の現状を見れば、まず、運動の土台になる夜学をつくることが大切です」と、会うたびに話した。サンウォンも、次第に気持ちが揺らぎ始めた。キスンの熱意もさることながら、現実に足場を置いたキスンの運動論に、説得力があるように思えたからだ。

夜学参加問題に悩みぬいたサンウォンは、金サンユン、李ヤンヒョンに相談してみた。二人とも、夜学に加わることを勧めた。サンウォンとしては断り続ける名分がなくなり、キスンもさらに粘ったので、ついに野火夜学の講学になることを受け入れた。

サンウォンが初めて野火の仲間と顔を合わせたのは、七八年十月中旬だった。ちょうど待機講学（研修中の講学）のオリエンテーションの日だった。キスンら発足以来の講学のほかに、サンウォンと同じころ待機講学を志願した裵（ぺ）ファンジュン（チョン・ヨンホ。同商学部一年。5・18関連。小説死去）、田龍浩（全南大師範部一年。5・18関連。交通事故で家）、金ヨンジュン（同商学部一年。現在、事業家）ら全南大の在学生六、七人が参加していた。

集まった後輩たちは、サンウォンの夜学参加を大きな拍手で迎えた。キスンから、すばらしい先輩だと聞かされていただけでなく、サンウォンが年齢差など全く感じさせないほど気安く彼らと接したからだ。

「芳年とって二十九歳。尹サンウォンです。光山郡の林谷出身。両親と家族が住んでいます」

サンウォンは自己紹介し、家族関係、夜学へ来ることになったいきさつなどをしゃべり始めたが、「芳年二十九歳」などと、みんなを笑わせた。作業服のジャンパーに帽子をかぶった労働者風の気取らない格好、気さくな口ぶりが後輩たちの信頼を集めた。

サンウォンの合流を、強い援軍を迎えたように心から喜んだ講学たちは、この日の行事の後、マッコリで乾杯した。そして講学メンバーきっての才人、申ヨンイルが作った「野火夜学の歌」をみんなで歌い、あすからの努力を誓った。

初めて夜学の歌を歌うサンウォンは、初めのうちは低く途切れがちに、だがすぐに声を張り上げて力強く歌った。彼もついに、野火になったのだ。歌っている他の講学たちの目も、野火のように燃えていた。

君らは夜明けだ　明け渡る
君らは泉だ　湧き上がる
ランプの灯ともし、前進しよう
民族の　新しい朝が明け渡る
汗と涙は見せずに走ろう
友よ、愛する友よ
野火になって

風雨の中　咲く社会運動の花

野火夜学参加と同時に、労働者と夜学の講学と、二つをこなさなければならなくなったサンウォンの毎日は、疲れ果てるほど忙しくなった。だが、どちらももう放棄できない人生の拠り所になっていた。

時間のすべてを工場労働と夜学に投入しなければならないサンウォンは、何よりもまず安定した寝場所が欲しかった。それまでは鶏林洞の弟の自炊部屋や、まだ在学中の友人のチョン・オヒョンの自炊部屋を転々としていたが、工場に通い始めてからは、通勤や食事など、日々の暮らしの上で不便なことが多くなっていた。

ちょうど、野火夜学に近い光川洞の市民アパートに住んで住民運動をしていた金永哲（キム・ヨンチョル。光州第一高等学校卒業。5・18関連。収監中に精神に異常をきたす。九八年死去）が、アパートに移ってくるように勧めた。市民アパートは、名前はアパートだが、零細民救護のために光州市が建てたものだった。部屋は十坪もなく、建てた後も全く管理をしていないため、スラム同然になっていた。

金ヨンチョルはここに住み込み、住民運動によって住民の住居環境を改善し、定住意識を持たせようとしていた。ヨンチョルの地域社会開発運動（住民運動）については、ヨンチョルと高校同期生の金サンユンや野火の講学たちから聞いていたので、サンウォンがヨンチョルの誘いを断る理由はなかった。野火夜学にとっても、サンウォンが市民アパートに移ることは都合がよかった。夜学を実質的にまとめていく人間が必要であったし、ヨンチョルの住民運動との一体感をもたせるには、重みのある講学が必要だった。

孤独な貧民運動を続けてきた金ヨンチョルは、近くに野火夜学ができることを聞いて、友軍に会えたように喜んだ。重量感のあるサンウォンが、ヨンチョルの計画している貧民運動に加わってくれれば、もっと成果が上がるだろうと、サンウォンを市民アパートに誘ったのだ。

冬が足早に近づいていた七八年十一月、サンウォンは光川洞市民アパートの一間《ひとま》だけの月払い家賃の部屋に、野火夜学の学生・白チェイン（光州魚網の労働者）と同居する巣を構えた。本当に鳥の巣のような小さい部屋だったが、サンウォンにとっては、かつてないほど貴重な生活空間だった。引っ越しと同時に、部屋は野火夜学の講学と学生の新しい集会所になった。光川天主教会の教理室を教室として使っていた野火夜学との距離も、手の届くほどの近さだった。

サンウォンはためらいもなく、狭い自分の部屋に相当な数の本を備え、夜学のメンバーが誰でも訪れることができる場所として提供した。集めた本がうずたかく積まれ、部屋は図書室と呼ばれるようになった。メンバーは昼夜を問わず出入りして、部屋は全員の「共同の場所」になった。

こうしてメンバーが集まる機会が増えると、夜学も自然に活気づいてきた。みんなの信頼を得ただけでなく、講学たちの会合を設営することが多くなったサンウォンが、自然に夜学の先導役になった。しかし、自分の生活空間をそっくり「共同の場」にしたサンウォンの現実の生活は、厳しいものにならざるを得なかった。そのころのサンウォンの日記には、言葉には出せない悩みが書き記されていて、痛々しい。

「いくらかの金をさらに充当しなければ、この部屋を維持できない。生活が維持できない限り、成し遂げられることなど何もない。しなければならないことは山のようにたまっているのに、何から手をつければよいのか分からない。自信がだんだんなくなり、虚無感が私を苦しめる」

年末が近づいて、夜学も処理しなければならない仕事が山積していた。講学の人数が増えた上に、一月に第二期生を募集するための、教具や教材を用意しなければならなかった。さらに、光川天主教会の教理室を続けて使うにしても、第二期生を募集するためには、もう一部屋が必要だった。

十二月中旬に、これらの懸案を話し合うための「講学・待機講学全体会議」が、夜学としては異例の午前十時に開かれることになった。サンウォンは工場出勤をあきらめ、十時に教会の教室へ行った。ところが二、三人の講学が集まっているだけで、十一時になっても会議を開けるだけの人数は集まらなかった。いらいらしながら待っていた講学たちは、まだ来ない連中をののしり始めた。サンウォンも腹が立ってきた。

「あいつら、何を考えてるんだ！　こんな大事な会議に出て来ないなんて、どういうことだ。休んだ奴らを引っ張り出して来い！」

険悪な雰囲気になった。

十二時を過ぎて、やっと大部分の講学が集まった。遅れてやって来た連中は、サンウォンのアパートに集まっていた。彼らと先着組がひともめした後、席が定まると、サンウォンが断固とした口調で言った。

「まず、われわれは夜学に遊びに来ているのか、民衆が主人公になる歴史の発展に尽くすために来ているのか、はっきりさせよう。夜学運動は遊びではない。お互いに確認したように、これは民衆と歴史に対して交わした峻厳な約束なんだ。ところが、われわれの今の姿勢はどうだ。こんな姿勢で、何をしようというんだ……」

サンウォンの高い声が後輩講学、待機講学たちにぶつけられた。彼は「もう一度、覚悟を新たにしよう」と言って口を閉じた。

重苦しい空気の中で、自己批判しようと言う者、相互批判しようと言う者が続き、遅れてきた講学の中には、涙を流して謝る者もいた。誰かが「この席で、それぞれが自分の覚悟を最も真実味のある言葉、血で誓約しよう」と提案した。サンウォンも同意した。白紙とカミソリが用意された。サンウォンは「みんな水道の冷たい水で頭を洗おう」と言って、最初に席を立った。張り詰めた雰囲気の中で、一人ずつ自分の覚悟を血書した。サンウォンの順番が来て、彼は指を切って書いた。

「死ぬために生きよう」

悲壮な、断固とした表情だった。誰一人、言葉はなかった。申ヨンイルの番が来ると、彼は

「生きるために死のう」

と書いた。

生と死の弁証法的統一を内包した、二人の覚悟だった。二人は実際に「死ぬために」「生きるために」最善を尽くして生きたが、一人は5・18の現場で、もう一人は八年後の五月に、民主の祭壇に身を捧げた。血で示した覚悟の通り、いまも二人は「永遠の生」を生きているのだろう。

このことがあってから、野火夜学の講学たちは毎日のように会合し、目が回るほど忙しい年末を過ごした。ほとんどの講学が、サンウォンの狭苦しい部屋で寝食を共にした。

さまざまな意見を取り入れ、野火夜学の新しい事業が構想された。まず、金ヨンチョルが粘り強く活動している地域住民運動に、夜学として、もっと熱心に取り組むことになった。長期的には、野火夜学を光川（クァンチョン）アパートの住民のものとして育てていくことになった。また「光川工業団地の労働者の置かれている現実を、より客観的な資料として示すことが、労働運動を成熟させる上でぜひとも必要だ」という意見がまとまった。

工業団地の労働者が受けている搾取と抑圧の実態を、正確につかむための「労働者実態調査」を実施することになった。労働運動の障害になっている壁を崩すには、壁の実態を知る必要があった。

実態調査には、別の理由もあった。6・29事件（全南大教授らの民主教育指標弾圧に対する抗議デモ）以後、影を潜めたこの地域の学生運動を活性化するきっかけにしよう、というねらいだった。知識人運動としての学生運動が持っている観念性と抽象的な要素を、民衆の生活現場を体験することによって克服しようとした。七八年十二月末、実態調

査班が正式に発足した。

李セチョン(全南大国文科三年。現在、光州市教育公務員)、チャン・ソグン(同国史学科三年。後に全教組全南支部長。教師)、朴ピョンソプ(同国史学科三年)、魏(ウィ)スンニャン(朝鮮大政治外交学科三年)らの学内運動幹部と、朴寛賢(パク・クァニョン。全南大法学部一年。後に総学生会会長。八二年十月、獄中死亡)、朴ヨンアン(同法学部一年。5.18関連。現在、国策研究所研究員)、崔クムピョ(同農学部一年。現在、会社員)、安ジン(同社会学科二年。現在、光州光信大教授、光州女性民友会代表)、金ジョンヒ(同英語教育科二年。故申ヨンイルの妻。現在、教師)ら、夜学からは申ヨンイルが加わった。

調査班の活動は、野火夜学とは無関係に、独自の組織として行なわれたが、サンウォンは物心両面の支援を惜しまなかった。当時、光州・全南圏の労働運動はまだ過渡的な状態にとどまっていた。従って、野火夜学のメンバーの仕事は、夜学本来の仕事を忠実にこなすほかに、住民運動との連帯を図り、絶えず小さな集会を開いて労働運動の手がかりを得ることも含まれていた。


一方、野火の仕事が広がるにつれ、サンウォンの現実の暮らしは、どうしようもないほど困窮の度を増していった。コメやおかずは、講学や学生たちが持ってきてくれ、特に困った時は、しばしば、みんなのポケットをはたいて金を出し合ったりしたが、生活の苦しさは改善されなかった。

野火夜学での役割が大きくなり、リーダーの立場になってしまったサンウォンの、実生活と夜学の仕事のバランスも、大きな問題だった。何か、根本的な対策が必要になっていた。サンウォンは、夜学の面倒を見ながら、同時に基本的な生計問題も解決できる働き場所を探し始めた。

年の瀬も押し詰まったころ、望みがかなった。何ヵ月かソウルの金融機関で働いたことが役に立って、良洞市場(ヤンドンシジャン)の中にある、光州で一番大きい「良洞信用協同組合」に採用されたのだ。

サンウォンの就職は、金サンユン、李ガン、張斗錫(チャン・ドゥソク。在野人士。当時、信協の道支部副支部長。5・18関連)らの助言に負うところが大きかったが、当時、良洞信協の副理事長だった革新系人士の金セウォン(死去)が直接、手助けした。生計問題を解決するという以上に、社会運動の中心的役割を担うサンウォンが、さらに活動に身を入れられるように、という配慮だった。

大晦日が迫った十二月二十六日、サンウォンは良洞信協に初出勤した。まさにこの日……、初めて顔を合わせた職員たちとの挨拶も終わらぬうちに、サンウォンは思いもかけなかった悲報に接する。サンウォンの死後、ずっと後になって、自身の新婦となる野火夜学の同志・朴キスンが、言葉一つ残すことなく、暗く遠い世界へ旅立ったのだ。

われらの永遠の姉・朴キスン

「サンウォン、大変だ。キスンが死んだよ……」

七八年十二月二十六日、最初に知らせてきた尹ハンボン（当時、全南拘束者協議会会長）の電話は、泣き声だった。サンウォンも動顛した。そんなことが、あるはずがない！

前日、朴キスンといっしょに、教室のストーブの燃料にする松笠を拾いに、光州少年院近くの里山に行ったばかりなのに……。ようやく気を取り直したサンウォンは、キスンの遺体が安置された全南大病院へ急いだ。

十二月の雪まじりの冷たい風が顔を打つのも忘れて走りながら、サンウォンはまだ、キスンの死が信じられなかった。霊安室へ行ったら、キスンは生前一度もパーマをかけたことのない髪をちょっと持ち上げながら、いつものように澄んだ微笑を口元に浮かべて、サンウォンが来たことを喜んでくれるだろう。

すれ違う街の風景も人びとの姿も目に入らず、キスンの姿だけがサンウォンの網膜いっぱいに浮かんだ。

初めて訪ねて来て、夜学をいっしょにやって下さいと頼み込んだ時の、熱意に満ちた目。彼女が以前、大学に通っていたとは誰も信じられないような粗末な服を着て、油の染み付いた手のまま、工業団地の労働者と兄妹のように気さくに付き合っていた姿。誰よりも強い「講学精神」を発揮して、教室をより良くするために共に苦労した日々。徹夜しても、朝が来れば必ず働きに出かけていった姿……まだ手のひらに温かく残る記憶を必死でとどめようとするサンウォンの頬を、涙が伝った。

霊安室に着くと、遺体の前に、無念を抑え切れない家族と同志たちが集まって泣いていた。血の気の失せた顔でサンウォンもキスンを見下ろした。口と鼻に白い綿をいっぱいに詰め、キスンは言葉もなく横たわっていた。遺体を見ても、サンウォンはまだ、彼女の死が実感できなかった。生と死の距離が、こんなに近いはずがない……。突然の悲報に動顛しているのはサンウォンだけではなかった。新学期の準備で、前日まで何日間かをいっしょに過ごした講学全員が、立ちつくしていた。

キスンは前夜十一時に教室を出て、久しぶりに市内の珠月洞に住む兄の家へ行った。何日も背中をエビのように丸めて寝る日が続いて疲れ、温かい布団が恋しくなった。その日も教室の暖房燃料を確保するため、講学たちと一日中、周辺の里山を歩き回った。兄の家で遅い夜食をとると、倒れるように寝入った。その彼女が、明け方には冷たい躯《むくろ》となっていた。練炭ガス中毒だった。

二日間にわたる葬儀の間、サンウォンはキスンの遺体に黙って寄り添い、見守った。告別式には、かつて学生運動に加わり、女性労働者として働きながら、先駆的な女性運動家の役割を果たした故・朴キスンを悼む人びとが、多数集まった。

作家の黄ソギョンが弔辞を述べ、詩人の文ビョンナンが弔詩を詠み、遠路を駆けつけたパンソリの名手・金敏基（キム・ミンギ）が「あの野原の緑の松葉になって」という永訣歌を捧げ、会場の全員が涙した。

葬儀の終わった日の夜、悲しみに浸る野火夜学のメンバーは、キスンがまだそこにいるような教室に集まり、追慕の思いを語り合った。葬儀場を出る時、「キスンの死に対してはもう涙を流さない」と自らに念押ししたはずのサンウォンは、後輩の講学や学生たちの前で、また泣いてしまった。サンウォンの涙が誘ったように、みんな肩を震わせて泣いた。サンウォンは、みんなに心の底から話しかけた。

「同志・朴キスンの死を、絶対に無駄にすまい。道がどんなに険しくても、闘い抜こう」

その夜、講学たちは沈んだ心を抱いて、それぞれの家に帰った。疲れきったサンウォンを一人にするためだった。みんなの帰った後の寂寞とした部屋で、眠れずに起きていたサンウォンは、夜が白むころになって日記帳に一編の詩を書きつけると、倒れるように横になった。

朴キスンの死への、無念この上ない追慕の詩が書かれた七八年十二月二十七日のサンウォンの日記帳のページには、何ヵ所か染みがにじんでいる。

火花のように生きた妹よ
なぜ黙って目を閉じているのか
バラ色に輝く両の頬
いつも侘しげに美しかった
お前は死んで、私に何を語りかけるのか
見つめれば見つめるほど、お前は生きている
死ぬはずがない
白い綿がお前の鼻を塞ぎ
白い綿がお前の開いた口を塞いだとき
私は心で叫んでいた
こんなことをしてはいけない…
これではキスンが本当に死んでしまうと
お前は本当に死んだのか

信じられない死を、みなが悲しみ、泣いた
茶毘《だび》の火が燃え
キスンの肉体も燃える
燃え盛る火の中でキスンの魂は一輪の花になり
私たちの心によみがえる

しかし、二人が、生きている人間が行くことのできない、寂しくも静かなあの世で結ばれることは、この時まだ、誰も予感していなかった。

悲しみを礎に

七八年の年末、「野火家族」はみんな、朴キスンの死の悲しみに心塞ぐ日々を過ごした。サンウォンにとっても、非常につらい年になった。しかし歳月は、悲しみに打ちひしがれた彼らにお構いなしに過ぎ、小さな川でも飛び越えるようにして、一九七九年が明けた。

やるべきことは山ほどあった。新学期が目の前に迫っており、悲しみに浸ってはいられなかった。サンウォンは決然と立ち上がり、教室の仲間を励ました。目が回るほど忙しい毎日が、再び始まった。

新しく使う教材を、自分たちの手で編集して謄写版印刷する一方、新学期に初めて公開する「野火文集」の制作も進めた。年末に「一日喫茶店」を開いて稼いだお金と朴キスンの遺族の寄付、その他の支援金などで集まった六十万ウォンで、市民アパートの一部屋を傳貰（チョンセ。まとまった金額を家主に預けて部屋を借りる。家主はそれを元手に利息を稼ぐ）で借りて、やっと新しい教室を確保した。

教室の設備を新しく買うゆとりはなかったので、講学と学生が材木を買ってきて、机や椅子を作った。せいぜい十人ほどの講学で、これらの仕事をこなすのは大変だったが、みんな徹夜で働いた。

良洞信協に勤めていたサンウォンは、特に負担が重かった。引き受けた夜学の仕事を夜のうちにやり終え、翌朝は徹夜で疲れた顔のまま、出勤しなければならなかった。それでもサンウォンは笑顔と快活さを保とうと努め、暗い表情を見せたことはなかった。

七九年一月二十三日。ついに野火夜学は新入生の入学式に漕ぎつけた。半年前に初めて夜学生を受け入れた時とは、また違った感慨が湧いた。入学式の行事も、当時とは比べものにならないほど盛大だった。四十人にのぼる新入生と十五人の講学、父兄や市民アパートの住人を加え百五十人もの人が集まった。広い場所が必要になり、光川天主教会教理室の講堂を使った。サンウォンも久しぶりに、こざっぱりしたスーツにネクタイまで結んで入学式の進行役をつとめた。

「日ごろ大変な仕事をされているのに、学習するために当夜学に来て下さった皆さんを、歓迎します。私たちも最善を尽くして夜学に臨みます」

サンウォンの丁重な挨拶に始まり、中身の濃い入学式が進行した。光川天主教会の神父の祝辞、アパート住民代表の金ヨンチョルと、教育現場で働いた経験のある田ヨンホの父が、激励の言葉を述べた。学生と父兄の謝辞もあった。式が終わると簡単な茶話会に移り、野火夜学の校歌が力強く響いた。

野火夜学第二期の出帆だ。途中参加のため、規定により「待機講学」にとどまっていた全南大生たちも正式に講学になり、野火家族にはいっそう豊かな人材がそろった。サンウォンのほかに、正式に講学になったのは、裵(ペ)フンウォン、田ヨンホ、金ヨンジュン、高ヒスク(英語教育科二年。現在、教師)、裵チュンジン(工学部一年。現在、社会福祉専門家)、崔ヨンヒ(師範部一年。現在、教師)、朴ヨンアン(法学部一年)、金ホジュン(人文学部一年)、玄(ヒョン)スジョン(師範部一年)らだった。

また、市民アパートの金ヨンチョルと朴勇準(パク・ヨンジュン。当時、金ヨンチョルと共に地域運動に従事。八〇年五月二十七日、YWCAで戒厳軍に撃たれ落命)が特別講学になり、林ナッピョンと羅サンジンは、これまでどおり講学として残った。発足以来六ヵ月の試練の末の成果ともいえる、新しい陣容であった。

講学になったサンウォンは、翌日から週に二回、第一期の学生たちに「一般社会」を教えた。ほとんどが貧しい労働者である夜学の学生の相手をするのは、サンウォンにとって、わくわくするような体験であった。最初の授業の日の朝は、日ごろに似合わず、結婚式に臨む恥ずかしがり屋の新夫のように、髪を洗ったり髭を剃ったりで、ひと騒動だった。

野火夜学の第二期が順調にスタートしてからというもの、夕方になると、光川天主教会と市民アパートC棟の二つの教室で、講学と労働者学生たちの本を読む声が、周囲を明るく照らした。

夜学の第二期が軌道に乗って活気を帯び始め、一方、前年末に結成された「工団労働者実態調査班」も独自に、張り切って計画を進めていた。調査班は当初、金ヨンチョルの助力により、光川三和信用協同組合(金ヨンチョルが地域住民運動の一環として設立した)で合宿していたが、夜学の市民アパート教室が開設されるとすぐ、そちらへ移った。教室は夜だけなので、空いた時間は調査班が借りて使った。

チャン・ソグン、李セチョンらの全南大学生運動幹部を中心に、学内の進歩的サークルから派遣されてきたメンバーによる調査班は、新年に入るとすぐ、徹夜合宿をした。彼らは査察当局の目を避けるための秘密保持に、もっとも気をつかった。サンウォンと一部の講学以外には、野火夜学メンバーにも調査班に誰が入っているのか、どんな調査をしているのかは知らされなかった。

サンウォンは毎夜、調査班メンバーと会って、なにかと支援したが、彼らの中にいた朴寛賢（パク・クァニョン）という学生の献身的な姿勢が、特に目についた。まだ一学年で、調査班の指導的グループには入っていなかったが、もっとも模範的な仕事ぶりを見せていた。

軍を除隊して大学に入った朴クァニョンは、人と会って難しいデータを取ってくる能力に秀でていた。作業日程が厳しくて大部分の調査班員が手抜きをする時も、彼だけは割り当てられた仕事をきちんとこなした。他人が怠けてやり残した仕事の後始末を、嫌な顔もせずに引き受けることもあった。

尹サンウォンと朴クァニョン。二人が特に親密になったわけではなく、落ち着いて中身の濃い話をしたわけでもなかったが、サンウォンは、クァニョンに対して非常によい印象をもっていることを、周囲にもらしていた。

「使える奴だ。怪力の持ち主だよ。朴クァニョンには確かに能力がある。ああいう仲間が、運動戦線には必ず必要なんだ」

サンウォンの予感と期待は、その後の朴クァニョンの実績を見れば、ピタリと的中したわけだ。しかしこれは、二人が5・18民衆抗争の道程で、運命の軛《くびき》に縛りつけられることを、まだ誰も予感できなかったころの話だ。

クァニョンらの献身的な努力の結果、調査班は七九年二月末、「光州工業団地労働者実態調査報告書」の草案を、みんなで書き上げた。それまで誰も、いかなる研究組織も手をつけなかった、途方もない仕事をやり遂げたのだ。七十二万坪の敷地にある六十三の企業の労働実態を、すべて調べ上げた報告書だった。

大きな成果を上げた調査班は、二月末に解散した。調査に加わった学生たちも、光川洞を去って全南大に帰った。しかし彼らは、この冬の調査体験を生かして学内に「全南大社会調査研究会」というサークルをつくり、活動を続けた。

夜学の第二期が順調にスタートし、工業団地調査が一段落すると、例年になく厳しい寒波が襲った。だが、その年の冬さえ、サンウォンにはむしろ暖かく感じられた。キスンを失った悲しみを礎《いしずえ》に、がんばって得た成果を前にして、温かな心地だった。

再び光州暮らしを始めて半年。短い間にさまざまなことがあった。気がつけばサンウォンは、歴史の主人公である民衆と肩を並べ、青年・学生と共に行動し、まさに自分が望んだとおりの場所に、しっかりと立つ存在になっていた。個人としての生活を全面的に放棄し、つらい労働の対価も丸ごと夜学に注ぎ込んだことを、全く悔いていなかった。

旧正月の前夜、野火一家の講学たちは、それぞれの故郷に帰る前に、林ナッピョンの自炊部屋に集まって酒を飲んだ。忙しい毎日を送っている彼らにとって、心を寄せ合うそんな席は貴重だった。野火の仲間こそ、サンウォンの人生ですれ違った誰よりも、貴重な存在に思えた。住民運動に取り組む金ヨンチョル、彼の忠実なる義弟であり夜学の同志でもある朴ヨンジュン……そして、思い浮かべただけでも心が温かくなるような講学たち……。

その夜はみんな、久しぶりに心を開き、気持ちよく酌み交わした。そして興に乗って、手を取り合って歌った。

何も持たない俺たちだけど
手を取り合って涙を流す
行く手は遠く険しいが
わが道進んで最後は勝つぞ

翌日、サンウォンは林谷行きの最終バスに乗った。光州からすぐ近くなのに、遥かに遠く感じていた故郷だった。ソウルから光州に戻って、初めて帰る実家だった。だが、心は重かった。父と母への手土産一つない、侘しい帰郷だった。

夜学に迫る北風

発足最初の年に朴キスンを失い、悔いを残した野火夜学ではあったが、第二期の発足を機に振り返ってみれば、その成果はなかなかのものだった。

最も大きな成果は、夜学に参加している労働者と同じ光川洞（クァンチョンドン）市民アパート一帯の零細住民と、野火の講学たちが気軽に付き合うようになったことだ。野火夜学が、七〇年代の中・後半に各地で活発に活動した夜学と違うのは、住民の中に根をおろしたという点だ。六〇年代以後、ＧＮＰの拡大だけをしゃにむに目指す朴正熙政権の産業化政策は、量産された労働者階級を最悪の生存条件に追い込み、七〇年十一月に労働者・全泰壹（チョン・テイル）が「私の死をムダにするな」という痛烈な遺言を残して焼身自殺するという、衝撃的な事件を生んだ（ソウル清渓川の平和市場の縫製工場で裁断工として働いていた全テイルは、「勤労基準法」の冊子を手に、労働条件の改善を叫びながら焼身を遂げた。二十二歳だった）。

この事件は、一人の労働者の死というにとどまらず、資本主義的階級矛盾を痛烈に告発し、民主化運動という政治闘争の中にとどまっていた学生運動と社会運動に、質的な変化をもたらす契機になった。それまでの反ファシズム民主化運動では、軍部独裁政権を民間政府に代える闘争が、資本主義的階級矛盾に対応するものとされてきた。しかし、全テイルの事件以後、学生運動と社会運動は、労働階級の実態と労働運動に関心を持ち、支援する闘いを重要な目標とするようになった。

しかも、全テイルが書き残した日記には次のような、学生たちが心を痛めざるをえない一節があった。

「大学生の友達が一人でもいたら、労働法を読むのを助けてくれただろうに……」

学生たちによる本当の意味の夜学開設は、ここから始ったということができる。もちろん、日帝支配の時代から、夜学は絶えることなく続いて来た。沈熏（シム・フン）の「常緑樹」や尹奉吉（ユン・ボンギル）義士が郷里で開いた「農村夜学」のように、日本の占領時代にも多様な夜学が存在した。しかし、経済開発と産業化が進み、教育条件も現代化された七〇年代に再び夜学が誕生し始めたのは、この国の経済構造の歪みの現れだった。

基層階級の人びとの「友人」としての夜学、社会改革の同伴者である、疎外された民衆との出会いの場としての夜学が七〇年代に生まれたのは、全テイルの死が残した教訓によるものであった。

このような夜学の目的を守り通すために、野火のメンバーには、大変な努力が求められた。身振りと話し方、服装にまで神経を使い、ほんのわずかでも「階級の壁」を感じさせないように最善を尽くした。一年余りの努力の結果は、満足できるものだった。講義時間はもちろん、他の時間もサンウォンのアパートは満員だった。講学たちも義務的に授業をするのではなく、できる限り家庭を訪ね、実際の暮らしの中で、学生たちと心を開いて付き合う努力を惜しまなかった。

なかでも、光川洞市民アパートで熱心に住民運動に取り組んでいた金ヨンチョルとの連携は、夜学と住民の一体化に大いに寄与した。アパートの近くに住む夜学のメンバーは、金ヨンチョルと朴ヨンジュンの提案で、毎朝、住民といっしょに周辺の掃除をするなど、さまざまな共同作業に熱心に参加して、住民と自然に付き合うようになった。

若者たちと意気投合する機会も多かった。講学たちは付き合いを深めるために、金ヨンチョルと相談していろいろな行事を計画した。簡単な食べ物や飲み物付きの体育大会を開き、大学で民衆文化運動をやっている朴暁善（パク・ヒョソン）らの仮面劇チームを招いて陽気なお祭り気分を共に味わった。こうして野火夜学は、一年も経たないうちに住民にすっかりとけこみ、彼らの生活の中に自然に根をおろした。

順調に七九年の第二期がスタートして、春の気配が濃くなり始めた三月のある日の夕方、突然、年輩の男たちが夜学に現れた。市の教育庁から来たと言って、夜学の目的、開設の動機、学生数、授業の内容、講学の名前まで根掘り葉掘り聞き出そうとした。講学たちが不審に思って問い質すと「私設講習所についての定期調査だ」と、ごまかした。調査員たちが帰った後の講学の話し合いでは、査察当局の要請による調査に違いない、という結論になった。ついに、弾圧の手が伸び始めたのだ。

七四年の民青学連事件を頂点とする学生の政治闘争は、七五年春の緊急措置九号発令以後、運動理論を進化させて、大衆闘争を目指す「現場活動」が主流になった。それ以来、当局は学生の現場活動に大きな関心を示して来た。さらに、七〇年代後半に労働者の労働条件改善を求める「生存権闘争」が組織的に展開され始めると、当局は「労学連帯」を目指す活動家たちの動きにいっそう神経を尖らせるようになった。学生たちの現場闘争の一環である労働夜学に、当局が足枷をはめようとするのは、当然のことではあった。

調査員たちが帰った後、危険を感じたサンウォンは、急いで疑いをもたれそうな資料をすべて整理した。しかし査察当局は、いち早く野火夜学に手を付け始めていた。

大部分が全南大生であった講学たちは、指導教授と学内に常駐して学生の活動を監視する「相談指導官室」職員の呼び出しを受け、情報査察当局の意向だとして、夜学活動をやめるように言われた。大学は親にも連絡をとり、「不純な」夜学に行かせないよう、強く迫った。

まず「撤退」に追い込まれたのは玄スジョン講学だった。調査員が夜学にやって来た数日後の夜、いつもどおり授業を終えた玄スジョンは、学生たちに向かっていきなり話し出した。「個人的な理由で今後、夜学の授業は続けられません」。急な話に驚いた学生たちに問い詰められ、スジョンは学生たちを近所のラーメン屋へ連れて行った。しかしスジョンは、教育界にいる父の所へ当局の連中が押しかけて脅迫したため、講学を続けられなくなったという自分の「弱み」は告白できず、もどかしく重苦しい空気が続いた。

スジョンはその夜、惨めな思いに耐えかねて、日ごろは飲めない焼酎を飲んだ。一人で二本もがぶ飲みして、ほとんど酔いつぶれたスジョンは「最後の挨拶に行かなきゃ」と、サンウォンを探し始めた。学生たちに両脇を抱えられてサンウォンのアパートにやって来たスジョンは、泣き出しそうな顔で、胸の内にわだかまる思いを告げる代わりに、ただ「ごめんなさい」とだけ言った。

「私は辞めます。サンウォン兄さん、ごめんなさい」

飲んだ酒も全部吐いて、苦しそうなスジョンをなんとか寝かしつけると、サンウォンは切なさに耐えかねるように、近くにあった林ナッピョンの自炊部屋へ歩いて行った。ナッピョンは当時、野火夜学の仕事を統括する総務のような仕事をしていたので、何か難しい問題が起きる度にサンウォンと相談していた。その夜遅くまで、二人は野火の今後について話し合った。二人とも、スジョンに降りかかったような試練が、今後、もっとひどくなることを恐れた。

「ここで夜学をやめてしまうのなら別ですが、しゃにむに前進するのなら、講学メンバーがもっとしっかりする以外にないでしょう?」

講学がもっと力をつけなければ、というナッピョンの言葉にサンウォンもうなずいた。その夜の試練が序曲に過ぎないことを、サンウォンも感じ取っていた。ナッピョンが続けた。

「これから、きょうのような事態を克服していくためには、もっと力のある講学に参加してもらい、いっしょにやらないと……」

サンウォンの頭に、ふと、ある顔が浮かんだ。冬に工業団地の実態調査をした時、最も模範的な仕事をした朴クァニョンを思い出したのだ。ナッピョンの言葉が終わるか終わらないうちに、サンウォンが大きな声を出した。

「朴クァニョンはいま、何をしてる? 朴クァニョンみたいな仲間をつかまえなきゃ。あしたすぐ大学へ行って、朴クァニョンに会ってくれよ」

ナッピョンも、ゆっくりうなずいた。

数日後、林ナッピョンはサンウォンに言われたとおり、朴クァニョンに会った。しかしクァニョンは、夜学参加を即答しなかった。当時、クァニョンは自分の進路を決め、すでにそこへ向かって一歩を踏み出していたからだ。法学部二学年だったクァニョンは、高試館(コシグァン。司法試験、外交官試験などの国家試験を受けるため、大学などに設けられた専門施設)に登録して司法試験の勉強中だった。

それでもナッピョンはクァニョンに何度も会い、会う度に夜学に誘った。なかなか確答しないクァニョンと会うのに疲れた時は、サンウォンに弱音を吐いた。だがサンウォンは、何が何でもクァニョンを夜学に連れて来るべきだと、ナッピョンを励ました。サンウォンは直接クァニョンから話は聞いていなかったが、その葛藤と悩みはある程度、想像できた。彼もまた、ソウルの職場を放り出して運動の現場へ身を投じた時、全く同じ苦悩を経験したからだ。とにかく、サンウォンの強い意向をうけて、ナッピョンもクァニョンに食らいついた。

夜学への当局の締め付けは次第に強くなっていた。講学たちも次第に気力を失い始めた。脅迫じみた当局の通報を受けた親が心配するだけでなく、学内でもあちこちに呼び出され、まともに講義が受けられないほどだった。彼らは「問題学生」、「不純学生」とされた。

四月下旬になると、弾圧はさらに激しくなった。全南大に査察要員として出入りしていた光州西警察署の刑事たちが、それぞれ一人の野火講学に張り付くほどだった。刑事たちは一対一の密着監視を10・26事件（朴大統領殺害）まで続けた。弾圧の続く中でサンウォンは、いっそうクァニョンに執着した。林ナッピョンも粘り強く説得を続け、ついにクァニョンも野火夜学参加を決意した。

四月末、野火夜学講学の緊急総会が、全南大商学部裏のラーメン屋で開かれた。議題は夜学弾圧に対する対策を立てること、朴クァニョン参加についての意見を聞くことだった。クァニョンは夜学参加の経緯を率直に語った。講学たちもクァニョンの参加を歓迎した。全員が結束して野火を守ることを決議し、この国の民衆との約束、歴史に対する約束を守るためにも、吹き荒れる試練に立ち向かうことを誓った。

野火の試練

七九年春、野火夜学と同じような、さまざまな現場運動が各地で成長し、政治家を含む在野人士、一般民衆の闘いも勢いづいて、維新独裁は最後のあがきを見せていた。

前年の十二月に行なわれた第十代総選挙で、共和党のでたらめな不正官権選挙にも関わらず、民衆は野党・新民党を熱烈に支持し、共和党の得票率を一・一パーセント上回る結果を出した。その後の流れから見れば、第十代総選挙で見せた民衆の行動は、独裁者・朴正熙に対する最後の警告だった。

民衆の警告を無視して、朴政権は弾圧の手綱をさらに引き締めた。しかし、七九年の年初から、いっそう勢いを増した民主化運動の熱風は、もう抑え込むことはできなかった。三月一日、尹潽善、咸錫憲、金大中らの在野政治家が「民主主義と民族統一のための国民連合」を結成して、先の総選挙で確認された民衆の支持を背に、維新政権との対決を宣言した。

朴正熙の維新政権は、あらゆる面で苦境に立った。まず、維新独裁の唯一の根拠として宣伝していた経済開発が、オイルショックなどで「中東景気」が去ると、急激に下降し始めた。国内経済が、財閥主体の対外依存型の買弁経済構造（自国の利益を図るより、外国資本に仕えて利益を得ようとする経済構造）に完全に組み込まれていたため、海外市場の動きに敏感に反応したのだ。

さらに、国内・国外収支の不安と同時に、失業率増加と物価の上昇が民衆の生活を極度に圧迫した。こうして民衆が、長期化した「一人独裁」に飽き飽きしていたことが、十二月総選挙の数字を生んだといえる。

政権に就いて以来ずっと、対米従属路線をとってきた朴政権は、外交面でも四面楚歌に陥っていた。人権外交を掲げ、駐韓米地上軍の撤退をちらつかせて朴政権を悩ませてきたカーター米大統領は、七九年二月になると米軍撤収をいったん保留、「実質撤回」を表明して朴正熙に一息つかせた。しかしカーターは、朴正熙の政敵であった在野の尹潽善や金大中に対しては「韓国の人権問題に関心を持っている」との親書を送って接触を保ち、朴正熙の不安をかきたてた。

朴正熙は不安から逃れようと、歴代の独裁者同様、さらにあくどい弾圧に乗り出し、かえって維新体制の崩壊を早めた。第十代国会議員選挙での惨敗についても、物価高と税負担に対する国民の一時的な不満だとして、意に介さぬ態度をとった。さらに「すでに確保した与党票と、任命式議員である維新政友会の親与党系無所属票を合わせれば、十分政局をリードできる」と、議会主義を無視した発言をした。

朴政権の荒っぽいやり方は、全国の矯導所（刑務所）を良心囚で満たすことになった。すでに政権の「侍女」となっていた司法部が、体制維持のためにつくった超法規的な「下位法」は、李泳禧（リ・ヨンヒ）教授（言論人。七六年に反共法違反容疑で漢陽大教授を解職され、七八年に服役。その後も復職、解職を繰り返した）らの良心的な学者と数多くの文人に実刑を言い渡し、続々と拘束させた。良心囚の人権を蹂躙する矯導所内での暴力行為も公然と行なわれ、民衆は歯ぎしりする思いだった。

しかし民衆も、いつまでも踏みつけにされたままの民草《たみくさ》ではなかった。文人は「自由実践文人協会」を作って闘い、解職記者たちも闘いに立ち上がった。カトリックとプロテスタントの人権運動神父・牧師ら聖職者の政府との闘いも熾烈になった。「拘束者家族協議会」が中心となって矯導所内の人権蹂躙について連日、政府を糾弾した。大学でも朴政権を正面から攻撃するビラが撒れ、維新体制を批判する民衆劇が盛んに演じられて、査察当局は取り締まりに忙殺された。

尹サンウォンのいる光州でも、全国的な動きにあわせて日に日に運動の熱気が高まりつつあった。七九年二月には、錦南路のYWCA講堂で金芝河（訳注①）、宋基淑（ソン・ギスク）、文益煥（ムン・イックァン）、梁性佑（ヤン・ソンウ）らの拘束文人の釈放を求める会合が開かれ、法曹、学者、民衆文化運動や社会運動関係者、農民運動関係者など多数の在野人士と民主化を求める市民が、維新打破を目指して共闘し始めた。

当時、光州の民主化運動関係者の舎廊房（サランバン。本来は伝統家屋の主人の書斎兼客間を指す。ここでは集会所、サロン）になっていたのが金サンユンの経営する緑豆書店（ノクトゥ・ソジョム）だった。書店は七七年秋の開店以来、光州・全南地域では入手が困難だった社会科学関係の書籍を供給してきただけでなく、民衆運動に必要な資料を提供し、運動に携わる者同士を結びつける連絡事務所の役割も果たした。他地域の運動関係者も光州へ来れば緑豆書店に立ち寄ったので、書店には他地域の闘争ニュースや印刷物がもっとも早く集まり、書店を起点に光州・全南地域に広まって行った。

書店が大学生たちの溜まり場になると、店主のサンユンは、手の空いた時間には、自分の経験や資料を通じて知り得た運動情報をもとに、学生たちに意見を述べ、助言した。

緑豆書店にもっとも頻繁に出入りしたのは、尹サンウォンだった。ソウルにいた半年ほどを除いて、サンウォンはサンユンとほとんど同じ所にいるようなものだった。良洞信協に勤めてからも、昼食の時間になると自転車で書店へ来て、サンユンといっしょに昼食をとった。夜遅くまで話に熱中して通行禁止時間を過ぎてしまうと、結婚したばかりのサンユンと妻の鄭ヒョネの間に挟まって寝ることも、何度もあった。二人はそれほどに、日常生活でも親密に過ごした（訳注②）。

服役経験のあるサンユンは当局の監視対象になっており、行動範囲が限られていたが、サンウォンはまだ「目を付けられていない人間」として、かなり自由に行動できた。そこでサンユンは、サンウォンに野火夜学参加を勧め、表に出ない形でサンウォンを支援した。

当時サンユンは「開かれた運動」を目指しており、光州・全南地域の民衆民主運動の連携を図る一方、他地域の運動上層部とも交流し、運動勢力が団結して政治闘争に当たることに力を入れていた。近くにいたサンウォンも、サンユンの目指す運動に深く関わる素地は十分にあったわけだが、サンウォンはできるだけ、野火夜学にだけ力を注ぐようにした。

当時の光州での運動に関連して、どうしても取り上げておかなければならないのが、ハプス（糞の全南方言=原注）のあだ名で呼ばれていた尹ハンボンが作った「現代文化研究所」だ。あいまいな名前をつけてはいたが、研究所は当時の光州・全南地域のあらゆる民主化運動に関わり、外部に向かって社会運動を行なっていることを明らかにした唯一の組織だった。

尹ハンボンは研究所を中心に、すばらしい活動ぶりを見せた。あだ名そのままに、いつも古びた服を着て、黒いカバンを後生大事に抱えた彼は、光州圏で関わりを持たない運動はないといっていいほどで、忙しい毎日を送っていた。

拘束者への差し入れ、労働者、農民、女性運動の支援、市民人権運動や宗教系民主化運動との連帯、さらには地域の運動団体同士の連帯のために、休む間もなく走り回っていた。彼は当時、査察当局から最も狙われている人間だっただろう（訳注③）。

ほかにも「カトリック農民会全南連合会」組織部長の李ガンが、農民運動分野で活発に動いていた。特に彼は七八年春、有名な「咸平サツマイモ事件」（第二部七一ページ参照）を勝利に導くなど、重要な役割を果たしていた。

これらが当時の光州・全南の青年運動を代表するものだが、サンウォンは彼らと緊密な連携を図りながらも、野火夜学という自分の領域を守り、そこに力を集中しようとしていた。これは、自分の運動が「現場重視論」に根差しているためであったが、絶えず査察当局の監視を受けている民青学連世代と目立った連帯活動をすれば、当局の野火夜学弾圧の口実になりかねないことを恐れたのかも知れない。

一方、全南大の学内でも、野火夜学の講学だった申ヨンイルと冬の工業団地実態調査に加わったチャン・ソグン、李セチョンらを中心に、6・29教育指標デモ事件後、勢いを失った学内運動の拠点再建を進めていた。

維新体制崩壊の兆しがあちこちで噴出し始め、民衆の民主化への熱気が高まると、政権側の弾圧もさらに激しくなった。維新末期の寒風は、民衆が主人となる社会を目指す野火にも吹き寄せ、実際に弾圧の手が迫っていた。

五月初めのある夜、尹サンウォンと朴クァニョン、林ナッピョンは落胆の余りうなだれたまま、サンウォンの狭いアパートの部屋に座り込んでいた。講学全体会議を招集したが、一時間経っても誰も出てこなかった。この日は、大学当局から各講学に送られて来た通告について話し合うはずだった。

「決断しなければならないな」

サンウォンが重い口を開いた。クァニョンとナッピョンもうなずいた。そのころ講学たちは、査察当局の「立体工作」とでもいうべきものに包囲され、身動きの取れない状態に陥っていた。両親や指導教授、相談指導官室の要員、学生課長、情報係の刑事らが共同作戦のように、一斉に講学たちに野火脱退を迫っていた。

五月中旬になると、学校当局はついに講学たちに最後通牒を送って来た。「数日以内に野火を脱退しなければ、総長職権により強制休学させる」というものだった。通牒は親の所へも送られた。突然の通告を受け、ほとんどの講学は動揺し、決断を迫られた。この最後通牒を受けた日の夜の対策会議も、集まったのはサンウォン、クァニョンとナッピョンだけという、深刻な事態だった。大学二年生がほとんどの講学たちが、親に足止めされてしまったのだ。

三人は翌日午前九時から全南大で講学の全体会議を開くことにして、以後の対策について少し話し合っただけで別れた。翌日、大学食堂に集まった講学たちは、額を集めて話し合った結果、学校当局に対して彼ら全員の意思を表明する決議文を採択した。

関係機関の野火夜学に対する理由のない査察、学校当局の無条件閉鎖要求を、われわれは理解できない。中学校さえ卒業できず、今夜も夜学に通って来る貧しい学生たちに、たとえ一語でも一行でも身につけさせようとするわれわれ大学生を、援助するどころか抹殺しようとする大学当局の措置は、教育機関としての道理に反する。

われわれは、総長職権によってわれわれを休学させようとする大学当局の決定に対し、断固として、夜学閉鎖はできないというわれわれの意思を明らかにし、次の通り決議する。

1　四月以来、講学たちに夜学脱退の圧力をかけ、講学相互間、講学と父兄、講学と教授の間の不信感と離反を助長してきた学校当局の非教育的措置について、釈明せよ。

2　問題集団、不穏グループ、外部に操られた組織などと、野火夜学に加えた根拠のない非難を中止するよう要求し、釈明を求める。

3　学生の活動について、学校当局は学生を保護する義務がある。野火夜学への関係当局の査察を中止するよう、われわれに代わって申し入れよ。

4　四月以来、講学たちは苦痛と苦悩のため、学習もできない状態である。「問題学生」の汚名をそそぎ、学問に取り組める雰囲気を作れ。

5　最後に、われわれは今後も夜学の講学としての任務を果たす。総長職権による休学を取り消せ。

講学全員の決然とした意思が盛られた決議文は学校当局に渡された。

そのころ、タイミング良く、全南大の学内で夜学弾圧に抗議するビラが撒かれ始めた。「夜学弾圧のような独裁当局の民主運動弾圧に対し、全学生が強く抗議しなければならない」というビラは、野火夜学の講学出身の申ヨンイルが作ったものだった。これも折良く、夜学講学や朴クァニヨンが参加した光川工業団地の実態調査結果が「全南大社会調査研究会」の名で全南大新聞に掲載され、学生たちの関心を引いただけでなく、光州の一般紙が転載して波紋を広げた。

大学当局と情報当局は、野火夜学をめぐる事態に神経を尖らせ、全南大では久しぶりに緊張が高まった。光川洞市民アパートの班長（韓国の最小行政単位の責任者）でもあった住民運動家の金ヨンチョルが、「光川洞貧民地域開発計画書」を持って大学と警察署を訪れ、当局に夜学の必要性を訴えたが、彼らは耳を貸そうとはしなかった。

警察は五月中旬になって、田ヨンホ、林ナッピョン、朴ヨンアン、高ヒスクらの講学と全南大の社会調査研究会員を連行した。非常事態を迎え、サンウォンはあちこち駆けずり回って捜査の拡大に備え、夜学の書類などを整理したが、連行された仲間の安否が心配でならなかった。

意外なことに、彼らは翌日、釈放された。警察は、夜学の運営や労働者実態調査が不純な動機から、不純な勢力の指導を受けて行なわれているのではないかと、夜通し追及したが、これといった容疑を見つけることができず、釈放したということだった。サンウォンは、彼らを迎えるための豆腐を買うのに大忙しだった（韓国では出所するとまず豆腐を食べさせる。純白の豆腐を食べて再出発するということらしい）。

その後も弾圧は続いた。講学たちはサンウォンに励まされながら、信念を曲げずに通したが、夜学は満身創痍のヨロヨロ状態に陥った。五月は講学の人数がそろわず、正常な授業ができなかった。親に足止めされ、出て来られない講学が多かった。

夜学に通って来る労働者学生も、うんざり顔で愚痴をこぼした。授業も満足にできない夜学に通って何になるんだ、というわけだ。二期生のほとんどが脱落するという、深刻な危機が訪れた。サンウォンは残った講学たちと必死でがんばった。アパートに住む貧しい青年たちを集めては、熱心に話し合った。サンウォンの部屋は彼らの舍廊房のようになった。

「サンウォン兄さん！　おい、クァニョン！　ナッピョン！」

夕方になると、講学を呼ぶ声が必ず聞こえ、サンウォンの狭い部屋は、アパートの青年たちでいっぱいになった。金ヨンチョルの住民運動に講学たちも参加して来たので、みんな家族同然の顔なじみだった。現場の肉体労働者のような青年たちは、野火家族とすぐにうちとけて気安く付き合うようになり、サンウォン以外は呼び捨てだった。

先天的に人づきあいのうまいサンウォンのおおらかさが、良い結果を生んだ。部屋にやって来た初対面の青年も、すぐに以前からの知り合いのように心を開いた。その面では、クァニョンも相当なものだった。偉ぶらない、礼儀正しい態度に加え、話が面白かった。いつも古びた服を着て黒いゴム靴を履いたクァニョンのことが、青年たちは大好きだった。

七九年五月が過ぎると、夜学の試練もようやく峠を越えたかに見えた。結局、野火夜学は査察当局や情報機関から「要監視団体」の、講学たちは「不純学生」の烙印を押されたわけだが、六月になると大学当局は、夜学を閉鎖しろとは言わなくなった。あちこち傷跡だらけではあったが、野火号は再び航海を始めることになった。

①金芝河（キム・ジハ）一九四一年、全羅南道木浦生まれ。ソウル大学入学後、李承晩政権を倒した4・19学生革命に参加。七〇年、朴政権下で権力の腐敗を痛烈に風刺した長編詩『五賊』を発表し、反共法違反で逮捕される。同年末、詩集『黄土』を刊行。七二年、譚詩『蜚語』で再び逮捕、投獄。七四年、民青学連事件で学生の蜂起を指導したとして死刑宣告を受け、通算八年間、獄中生活を送った。

その後、消費者運動、環境問題などにも活動の幅を広げる一方、独自の生命観を展開。九一年には、明知大生の姜慶大（カン・ギョンデ）の殴打致死事件に続いて起こった一連の抗議の焼身自殺に対して、朝鮮日報に「死の儀式を止めよ」との一文を寄せたことから、学生運動勢力の反発を受けた。

②尹サンウォンの印象　金相允（キム・サンユン）さんは

二〇〇九年三月末、訳者の問いに答えて「尹サンウォンは革命家というより〝廣大気質（クァンデかたぎ）〟そのものだった。一般の人は、しかめっ面の堅苦しい人間を想像するかもしれないが、私は、彼のいつもおどけたような姿が、強く印象に残っている」と語った。

③尹ハンボンの亡命　八〇年五月、光州抗争の首謀者として手配された尹ハンボンは、一年近く各地を転々としながら潜伏、八一年四月末、同士の手引きで馬山近海から貨物船で米国に密航、亡命した。

米国では民族学校を開設するなどの活動を続けたが、九三年に至って手配が解除され、帰国した。5・18記念事業会を作るなど、さまざまな活動に携わったが、二〇〇七年、病死した。

愛と信念

苦難の季節がようやく過ぎると、いつの間にか、夏がそこまでやって来ていた。

市民アパートの夏はひどい。世帯当たりの面積をこれ以上はムリというところまで削ってあるため、洗面や洗濯は共同の水場を使わなければならず、汲み取り式の便所の臭いが猛威を振るった。だが、サンウォンはもう、そんなことは苦にならなかった。共同生活というものに対する覚悟が、できあがっていた。

七月のある日、高校・大学を通して同期の成（ソン）セチョルが、いきなり訪ねてきた。光川洞に引っ越してからは、ほとんど付き合いのない友人の意外な来訪だったが、サンウォンは先入観を持たずに良洞信協近くの喫茶店に案内した。席についてしばらく黙っていたセチョルは、思いがけない話を始めた。

「お前、いつまでこんな生活をする気なんだ？　お前くらいの力があれば、いますぐにでも良い仕事について、楽な暮らしができる。前に勤めていた住宅銀行も、辞表を出して一年以内なら復職できるそうだ。運動を続けるにしても、結婚して生活基盤を整えてからやるべきじゃないのか。父上や母上の気持ちも、一度考えてみろ。実は父上が俺に、ぜひお前と会って話してくれないかと言われ、俺がやってきたというわけだ」

サンウォンはただ黙ってうなずきながら聞いていた。心の痛む話だった。友人の忠告をありがたいとも思った。家族のことについていえば、セチョルに返す言葉がなかった。ソウルから戻ってからも、一銭の金も送っていなかった。せいぜい十万ウォンの信協の給料を夜学の経費に割くと、家族に送るどころか、あれこれ「つけ」で買った物の借金が増える一方の状態だった。

しかし、サンウォンの気持ちは揺るがなかった。落ち着いた口ぶりでセチョルを説得にかかった。ちょうど二人が座っていた喫茶店の前で、露店にわずかばかりの青物を並べて売っている連中がいた。彼らのように、一日一日をやっと生きている人たちの暮らしぶりや、光川洞市民アパートの都市貧民の生活について、詳しく話した。

「矛盾だらけの資本主義の現実が、われわれの目の前にあるんだよ。われわれ青年が、こんなことをなくすための社会変革運動に関心を持たなくて、誰がやるんだ?」

サンウォンの問い返しに、セチョルの方が言葉につまった。だが、サンウォンの心も、安らかではなかった。

セチョルを見送って市場の真ん中にある信協に戻りながら、サンウォンはそっと、いつもの「虹の愛」を口ずさんだ

風吹く丘を越えて行こう
雨降る野を駆けて行こう
雲より高い空の上には
海より深い虹の愛

童謡風のこの歌は、大学時代の親友・李鉉祐(イ・ヒョヌ)に教わったのだが、サンウォンはそのころ、いつもこの歌を口ずさみながら歩いていた。美しい社会を夢見て苦難に耐える人びとの心を映したようなこの歌を、サンウォンは、くじけそうになる度に歌った。歌の一節を何度か繰り返していると、心が晴れた。

家族とのつながりを断ち、年齢相応の結婚をして温かい家庭を持つこともなく、貧しい毎日を送りながら、疲れを忘れたように現場でがんばるサンウォンの活力は、いったいどこから湧いていたのだろうか。

まず、サンウォンは頭でっかちの子供っぽい運動論ではなく、民衆とのつながりの中で育つ、まっとうな物の見方で歴史や社会を評価するという、人間味のある信念を持っていた。そして彼は、歴史に対する楽観的な展望を持つことで自らを励ますだけでなく、周囲の仲間も巻き込んで、前向きに仕事に立ち向かう雰囲気を作った。こうしたサンウォンの力量は、困難な時代であればあるほど、光を放った。

野火夜学のメンバーは、サンウォンといっしょにいる限り、どんなに困難な状況に置かれても力づけられ、笑いを忘れず元気を出して仕事に熱中することができた。そんな

彼を、仲間は「革命的ロマン主義者」「天賦のクァンデ」「優れた（パンソリの）唱い手」「当代きっての歌客」等々の名で呼んだ。それほどに、場を盛り上げる才能の持ち主だった（章末に訳注）。

大学の演劇部時代の傑出した演技、いつも周りの人びとの心をとらえる話術などの日常的な才能に加えて、特に、パンソリをマスターして並外れた才能で演じてみせた。

サンウォンが韓国独自の音調であるパンソリに初めて出あったのは、七七年五月のことだった。その日はちょうど、全南大の講堂で金東振（キム・ドンジン。著名な作曲家。パンソリの題材である「沈清歌」をオペラ化した。二〇〇九年死去）のパンソリ公演があった。金サンユン先輩といっしょに公演を聞いたサンウォンは帰り道で、パンソリを口を極めて褒め、感嘆の言葉を連発した。それまで、このすばらしい自国の芸能の存在を知らなかったようだ。サンウォンは、公演で耳にしたばかりのパンソリの一節を真似てみせた。そのパンソリ独特の高低長短の節回しは、サンユンの耳にも、なかなかのものに聞こえた。

芸能気質を持ち合わせていたサンウォンは、七七年冬、光州ＹＭＣＡで開かれた民族劇教室に参加した。プク（太鼓）とチャング（長鼓）、クェンガリ（鉦《かね》）の基本的なリズムを習得し、タルチュム（仮面劇）の所作を習って民族民衆文化の重要性を痛感した。

サンウォンが現代版パンソリの「ソリネリョク」（音の由来）を知ったのも、そのころだった。「ソリネリョク」は、伝統劇専門家の林賑澤（イム・ジンテク。演劇演出家。現在、韓国民族芸術人総連合副處長）が金芝河の譚詩《たんし》（物語詩）を現代版パンソリとして唱《うた》ったものの一つだ。サンウォンは録音テープを買い求め、林ジンテクを真似て、必死で覚えた。根気強く練習した結果、金芝河の「蜚語」の中の百七十二行で構成された「ソリネリョク」を完唱できるようになった。

七八年の大晦日の夜、ＹＷＣＡ講堂で開かれた光州地域の民族民主運動関係者の忘年会でサンウォンは、「ソリネリョク」の本家である林ジンテクを客席に座らせ、その才能を披露したことがあった。サンウォンの腕前を知る仲間が、林ジンテクが出席しているのをこれ幸いと、サンウォンを舞台に上げたのだ。

サンウォンは、林ジンテクだけでなく有名な横笛演奏家の金永東（キム・ヨンドン）や国楽の演奏家が席にいるのを知ってたじろいだが、口元に恥ずかしそうな笑みを浮かべて舞台に上がった。

「きょうは私が、孔子さまの前で、文字を書いてみます」

サンウォンは謙虚に挨拶してそっと目を閉じ、喉の調子を整えた。やがて、ずっと箸で拍子をとりながら練習してきたソリを「公式舞台」で唱い始めた。

ソウルの都でしばらく前から
おかしな音が、しきりに聞こえ
その音を聞けばヤマナラシ（註＊）が揺れるように震えあがり
冷や汗タラタラの連中がいるとは奇怪千万
それが大概、金持ちだったり、権力者を後ろ盾にした連中だったりというのだから、なおさら奇怪
ドシン！
そう、あの音だ
（中略）
これは一体、どういうことなんだ
ボロを着て腹をすかせ、寝入ることもできなかったのに
おいおい、これは一体、どういう仕打ちなんだ
俺が何か、死罪になるほどのことをやったのか
だからこんなにむごい罰を受けるのか
空を渡る雁よ
お前は、俺の気持ちが分かるだろう
トウキビが長い影を落とす、夕暮れの新路の辺り
オモニは俺を待って、ずっとそこに立っているだろうか
季節外れの服を着て何度も何度も
遥かソウルに向かって声もなく泣いているだろうか
オモニ！
ふるさとに帰りたい
死んでも帰るから（後略）

＊ヤナギ科の落葉高木＝ポプラ。風によく揺れ、葉が擦れ合う音がするところからヤマナラシと呼ばれる。

彼がきっちり完唱すると、場内から歓呼の声があがった。林ジンテクも拍手した。ジンテクは後日、舞台で「ソリネリョク」を唱う度に尹サンウォンを思い起こして、「光州5・18の尹サンウォン烈士に捧げます。これは尹サンウォンのソリです」と語った。

現代版「ソリネリョク」は、サンウォンのオハコだった。余興には、居酒屋でも結婚式の披露宴でも、よく唱った。サンウォンを知る人で、彼の「ソリネリョク」を聞いたことがないという人は、まずいないだろう。光川洞の野火の仲間も、興が乗れば必ず所望し、サンウォンも必ず応じた。

だが、サンウォンの芸達者ぶりは、タルチュムの所作やパンソリの音調を習得した才能もさることながら、多くの

人びとがいっしょに楽しめるように座を盛り上げる場合にこそ、真価を発揮した。

野火共同体に試練が重なった時も、試練が多ければ多いほど、サンウォンはメンバーが集まって楽しく過ごせるような場を設ける努力をした。自分はせいぜい一、二杯のマッコリで酔うほどなのに、しょっちゅう酒を飲む機会を作った。夜学の授業が終わる十時ごろに始まるそんな席で、野火家族は、つい先刻までのあれこれ憂鬱だった気持ちをさっと洗い流し、こころゆくまで談笑した。

斗酒なお辞せず、といった風に杯を重ねると、必ず歌曲の「明太（ミョンテ＝タラ）」や「放浪　金笠（キム・サッカ）」（李朝末の放浪風刺詩人）を、座を盛り上げようと歌った朴クァニョン。生豆腐にキムチを添えただけのサカナをあちこちに配りながら「青い糸　紅い糸」を、仕方なく、という風に慎ましく歌った金ヨンチョル夫人の金スンジャ。「去り行く船」「先駆者」「待つ」などを、思いっきり気分を出して歌ったアパートの青年・朴ヨンジュン。古い流行歌の歌詞をいつも持ち歩いて歌い、一座を魅了した朴ヒョソン。そしてサンウォンはパンソリ「ソリネリョク」でみんなをひきつけたり、目を閉じて「虹の愛」を歌ったりした。

こうして楽しく盛り上がった翌日は、それまでの苦しかった記憶をみんな洗い流し、新たな気持ちで仕事に励むことができた。

「苦難の中にあっても、常に自由な精神を持ち続けようとする」

「茨の道を行くときも、心を楽しく保てばトゲも痛くない」

サンウォンは、このような仕事と遊びについての原則を体得していたようだ。それ故なのかサンウォンは、当時、大学を卒業して教職についており、文化の世界に精通した朴ヒョソンを第三期夜学の文化の授業の講学として、強く推した。現場運動の経験から、共同体の結束を強めるための「遊び」の重要性を早い時期から認識していたのだ。

信念と、ゆとりと、試練と……この三つは、サンウォンにとっては篩《ふるい》の丸い枠に乗せられたリスのように、いつも生活の中の同じ所に同時に存在し、回っていた。

われわれにとって、いまなお残念なことがあるとすれば、それは烈士・尹サンウォンには、苦難の多かった生前、凍りついた心を少しは温めることができたはずの、パートナーがいなかったということだ。

色白で艶やかな顔、はっきりした目鼻立ち、カッコウよい縮れ毛、健康体のサンウォンは、どうみても好男子だった。彼からは貧困の臭いも苦悩の影も感じとれなかった。

付き合えば人情味に溢れ、多情多感、人の心を安らかにする顔つきの、好感のもてる人物だった。

そんなサンウォンだったが、大学時代にロマンスはなく、社会に出てからも彼の心を占めたのは、もっぱら民族運動の理念だけだった。両親にせかされて一、二回は見合いの席にも出たが、元々が消極的なせいで、付き合いにまでは発展しなかった。

サンウォンが三十歳になった七九年、両親は焦っていた。父は林谷の田舎から光州に出てきて緑豆書店に立ち寄り、金サンユンに「サンウォンの結婚のことが心配だ」と話して帰ることもあった。「息子を説得してほしい」という気持ちを遠回しに言ったのだ。周辺の人間も結婚を勧めないわけではなかった。彼を慕う後輩たちまでが、先輩の結婚の心配をし始めた。

しかし、お相手探しについては、サンウォンは全く関心を示さなかった。特に禁欲的とか童貞主義とかいう訳ではなく、もともと豪放で自由を好む性格だった。ただ、誰かが結婚を勧めると、彼の女性観をきちんと語っていた。

「私が結婚する相手は、容姿とか家柄、学歴はどうでもよい。私のやっている仕事を積極的に手伝ってくれる、物欲の少ない女性ならいいです。オモニのような女性なら、結婚します。ご飯の茶椀と汁椀、箸と匙くらいの簡単な道具さえあれば、嫁入り道具は要りません」

社会運動を続けるからには、経済的な基盤が整うことはとても望めず、当分は結婚を避けるつもりだったのかも知れない。しかし、建前としては「よい女性が現れたら結婚するぞ」と公言していた。

七九年春のある日、夜学一期生だった朴ヨンスクが、自分の働いている工場の班長をサンウォンに紹介したことがあった。一、二度、工業団地近くの喫茶店で彼女と会ったが、ありきたりの話をする以上には進まなかった。光川洞（クァンチョンドン）の夜学へ遊びに来る約束ができ、実際に彼女は何度かやってきたのだが、その都度サンウォンは不在で、彼女とのことはウヤムヤになってしまった。

もう一つ思いつくのは、全南大で女性活動家として運動に打ち込んでいた後輩との、かなり長い付き合いだ。後輩講学たちの紹介だったが、彼女は教育学科の学生として卒業論文に「民衆教育論」を書くため、野火夜学を取材対象にしていたから、サンウォンとの付き合いは自然に続いた。

夜学に出入りしてサンウォンと会うようになって、彼女は大学内の活動にも献身的になった。十月、彼女は「相談指導官室放火事件」（後出）に連座して逮捕され、矯導所に送られたが、10・26朴大統領射殺事件の後、釈放された。その後もサンウォンとは会っており、翌年の光州五月抗争でサンウォンが散華するまで、ただ一人、付き合いの続いた異性ということになる。もしも尹サンウォンが五月抗争で倒れていなかったら……、それは生き残った者たちの余計な想像かも知れない。

烈士・尹サンウォンは、結局、妻をもたぬまま、あの世へ去った。「ソリネリョク」の主人公の安道（アンド）という青年のように凄絶に死に、ソリ＝声だけを残して旅立った。

パンソリとクァンデ　パンソリは十六世紀後半から十七世紀にかけて、全羅道を中心に発達した語り節。パンは「場」で、ソリは「音または声」。一人の唱者が、一人の鼓手の小太鼓の調子に合わせた唱と語りと身振りによって、長い物語をアドリブをまじえて繰り広げる。口伝のため、多くは散逸し「春香歌」「沈清歌」など数演目のみが残る。
クァンデ（廣大）は人形劇や仮面劇、綱渡りなどで庶民を楽しませた職業的芸能人のことだが、特にパンソリの唱者を指す場合もある。

坂道を転げ落ちる独裁

七九年六月、夏が始まった一ヵ月間、サンウォンはかなり忙しい毎日を送った。光州高校三年の弟・泰源（テウォン）の大学受験を控え、一人で住む自炊部屋を見つけてやらなければならなかった。ほとんど共同部屋のようになっているサンウォンの部屋に、弟もいっしょに住むことはできなかった。かといって、部屋を借りてやるだけの金を、サンウォンがすぐに出せるはずもなかった。

思いあぐねた末、光川洞市民アパートの部屋を弟に譲り、自分は同じアパートのA棟にある、金ヨンチョルの部屋に転がり込むことにした。

金ヨンチョルのところも、サンウォンが安心して住めるような部屋ではなかった。ベニヤ板で仕切った二部屋だけ。その一部屋にヨンチョル夫妻と子供二人が、もう一部屋には朴ヨンジュンが住んでいた。そこへサンウォンが加わることになったのだ。どう見ても無理な話だが、彼らは家族のようにうちとけて暮らした。サンウォンが移って来れば当然、夜学関係の文書なども移ることになり、今度はここが、野火の共同部屋になった。

金ヨンチョルの妻の金スンジャは、まるで祭事のお膳のように大きな食膳を用意しなければならないことが増えた。サンウォンとヨンジュンは同じ釜の飯を食べる家族だとしても、野火夜学の林ナッピョン、朴クァニョン、徐大錫（ソ・デソク。全南大人文学部一年。5・18関連。後に青瓦台秘書官）らまでが「固定居候《いそうろう》」のようになっていた。

もちろん金ヨンチョルも、居候たちを負担なしで抱え込んだわけではなかった。当時、光州YWCA信用協同組合に勤めていたヨンチョルの給料は、一家四人が食べて行くだけでやっとだった。サンウォンは毎月、自分の食費を負担し、ほぼ定期的にヨンチョル家に出入りする連中には一ヵ月に一斗ほどのコメを持って来させることにした。

ヨンチョル一家の暮らし向きを知っているサンウォンは、ヨンチョルの妻のスンジャに、アパート近くで商売をやってみないかと勧め、実際に緑豆書店の金サンユン先輩から金を借りて、スンジャが店を開くのを助けた。やがて「同じ名前の人たちの店」という、愉快な名をつけた洋品店がアパート近くに店開きした。まさに、共同体的生活が始まったわけだ。

当時の政治情勢は、六月末のカーター米大統領訪韓を前に、再び騒然となりつつあった。カーターは、人権外交のジェスチャーを見せていたが、路線を変更して駐韓米軍の撤収を一時保留、実質的に撤回して朴政権を将来にわたって支持する姿勢を示した。狡猾な外交的術数を最大限に発揮して、対米従属的な朴政権の首根っこをしっかりと押さえたのだ。六月末のカーター訪韓は、こうした対韓政策変更のデモンストレーションの性格を帯びていた。予定されていたカーター・朴正熙会談も、韓国の人権弾圧を黙認する内容になることが、はっきりしていた。

カーターのこうした手口は、朴正熙の十月維新以来、何度も繰り返されており、カーター政権の初期に掲げられた人権外交的な政策に多少は期待した韓国の人びとも、公憤を感じるようになっていた。訪韓を一週間後に控えた六月二十三日には尹潽善、芮春浩（イェ・チュノ）、朴泰洵（パク・テスン）ら二十人の在野人士が「民主主義なくして安保なし」と書かれたプラカードを掲げてカーター訪韓反対デモをし、学生たちはカーター歓迎のアーチに火をつけた。

カトリック農民会に対する弾圧を注視してきた「正義具現全国司祭団」も、「民衆が民衆の運命を自ら決定できるようになる日まで、民衆と共に闘い続ける」との「民衆福音宣言」を発表して衝撃を与えた。ソウルの高麗大では約千人が参加した反維新デモが起きた。

各地の情勢が緊迫する中で、光州の査察当局も大学内の動きにアンテナを張り巡らせていた。当局は、「不純学生」

として目をつけてきた運動圏の学生たちを、カーター訪韓が終わるまでの一週間、登校停止にするという奇怪な措置によって足止めした。野火夜学の中心になっていた講学たちにも「独裁の足鎖」が巻きつけられた。

幸いにも、サンウォンはまだ収監されたことがなく、平凡な職業人を装っており、当局の査察対象から外れていた。朴クァニョンも「忠実な」法学部学生であり、外部に対しては夜学で活動していることは隠してあったので、ブラックリストに載っていなかった。二人の夜学での役割は、大きくならざるを得なかった。

七月に入ると、夜学も新学期の準備を始めるため、三日に講学の研修会と総会を開くことにして、全員に知らせた。総会は特に、五月弾圧以後、傷だらけになっていた夜学の態勢を立て直す重要な集まりだった。場所は松汀里（ソンジョンニ）のソンサン橋近くの民家とし、各自が分担して持ち寄るものまで決めていた。問題は、勤め人のサンウォンが平日に参加できるかどうかだった。サンウォンとクァニョンが一計を案じた。

当日朝、サンウォンはクァニョンに目配せすると、いつもと同じように出勤した。二人は第一次集合場所になっているバスターミナルまで来て、講学たちが集まりつつあるのを確認したあと、何度も時計を覗き込んでいたクァニョンが電話ボックスに向かった。

「良洞信協ですか。私、尹サンウォンの叔父なんですが、急用がありますので、ちょっとサンウォンを呼んでもらえませんか？」

喉の調子を整えたクァニョンが作り話を始めた。サンウォンが席にいるはずがなかった。

「いませんか。困ったな。緊急に伝えたいことがあるんですが……。じゃあ、出勤したら伝えて下さい。実はサンウォンの母親がすごく具合が悪く、いますぐ入院しなければならないんです。すぐに林谷の実家へ帰るようにお伝え下さい。よろしくお願いします」

クァニョンは、ヒュー、と一息ついて電話を切った。まことに親不孝なやり方だとは思いながら「特効薬」を使ったサンウォンが、間もなく笑顔でターミナルに入って来た。クァニョンをはじめ、待っていた講学たちから歓声が上がった。

ソンサン橋で講学たちは、夜学の将来について夜通し熱心に話し合った。明け方になってようやく何項目かの合意ができた。

いまや、夜学を存続させるには合法化が必要で、大学内の公式サークルとして登録する案と、ＹＷＣＡのような社会団体に加入して合法的な教育プログラムを整える案を検討する。そのために第三期の入学式を八月まで一ヵ月延ばして準備する（韓国は二学期制で、三月と九月に授業が始まるが、野火夜学は一月と七月に、早めの入学式をしていたようだ）。第二期生は脱落者が多く、きちんとした教育ができていないので、第二期は最初からなかったことにして、第三期生といっしょに教育を受ける機会を与える――などの結論を出した。

日程をすべて終えて解散する直前に、サンウォンは、全メンバーが同志愛に基づいた新たな出発をするために、「宣誓」をしようと提案した。

1　われわれは、われわれに付与された歴史的召命（原義は、神から伝道者に与えられた使命）に背くことはできない。

2　われわれは、心身をなげうち、われわれの前に立ちはだかる桎梏《しっこく》（行動の自由を束縛する手かせ・足かせ）の歴史を突き抜けて前進することを約束する。

3　われわれは、野火同人として最後まで、民族民衆解放と人間解放の新しい日のために闘うことを宣誓する。

この誓いには、サンウォンの野火に対する愛と情熱の一断面が示されていると言えるだろう。

研修会以後、野火は再び忙しくなった。第三期の入学式を延ばしたとはいえ、一ヵ月以内に新学期の準備をすべて終えなければならなかった。破産状態からの復旧に、みんなが息つく間もなく駈けずり回った。待機講学の確保も難題だった。教材の準備も大変だった。野火家族は、ほとんど合宿しているような状態で、光川洞付近から離れることができなかった。

一方、カーター訪韓後、しばらく静かだった社会が再び竜巻に巻き込まれるような事件が勃発する。火種は、六月二十九日に調印されたカーター・朴正熙会談の合意事項に潜んでいた。カーターは同日「韓国の場合は、経済発展に見合った人権の実現が望まれる」との、まことに珍妙な人権概念を示して、朴正熙政権の人権弾圧に免罪符を与えた。それだけではなく、カーター発言は、朴政権が将来にわたって暴圧的な政局運営を続ける方向に舵を切ってやったようなものだった。

韓米共同声明に対して、在野指導者の金大中は直ちに反駁した。「カーター声明は維新政権の抑圧政治を鼓舞し、民主勢力に大きな打撃を与える恐れがある」というものだった。

こうした憂慮は、いくらも経たぬうちに現実のものになった。カトリック農民会の呉元春（オ・ウォンチュン）の拉致事件（五月五日に、安東の農民運動指導者・呉元春が情報部員に拉致されたことが発端。これを暴露したカトリック農民会が弾圧を受けた）とＹＨ貿易の女工殺傷鎮圧事件がそれだ。カツラを輸出していたＹＨ貿易は、四月以来、いつかは爆発する火種を抱えていた。偽装廃業の後、労働者に対する義務を履行しないまま社長が行方をくらまして、五百人の女工が路頭に迷った。

生活の糧を失った彼女たちは、手をこまぬいているわけにはいかなかった。生存権と労働権の保障、閉業公告の撤回、銀行負債の返済期間延長、会社を競売にかけた場合の現場労働者の全員採用――などの要求を掲げて籠城に入った。まだ幼い女工たちの正当な要求を黙殺したまま、当局は直ちに機動警察を投入して鎮圧にかかった。四月十三日の最初の衝突で、すでに百五十人の女工が負傷していた。

「通りに放り出された私たちに、どこへ行けと言うのですか。空腹と恐怖から抜け出す方法は全くないというのですか。私たちの会社は六六年に往十里（ワンシムニ。ソウル市城東区）で十人ほどの従業員で始まったものが、七〇年には四千人に増えました。国の発展のために、私たちは一生懸命に働いてきました。こんなに熱心に働いた対価が、食べ物はもちろん、寝る場所まで奪われて通りに追い出されるということなら、誰が安心して熱心に働くでしょうか？」

「産業戦士」「輸出戦士」とおだてあげられ、「たくさん儲けたら分け前を与える」という言葉を信じて汗を流して働いた対価が、がらんどうの工場と空腹と怒りだけだった。女工たちは各界に悲痛な訴えを伝え、長期籠城に入った。

しかし、当局と会社側は女工たちの要求を無視し、暴力で鎮圧にかかった。体制側に立つ御用メディアを総動員し、力の弱い労働者たちを助けてきた宗教勢力への復讐として、都市産業宣教会を「不純団体」ときめつけ、連日攻撃させた。ＹＨ貿易の廃業が、まるで宣教会及び宣教会と結びついた労働者のせいであるかのように宣伝し、国民の目をごまかそうとした（都市産業宣教会は、キリスト教の宗派を超えた社会活動団体。七〇年代に育ち始めた労働運動の支援、組織化に大きな役割を果たした）。

女工たちも、決死の覚悟で立ち向かった。闘いの中で、問題の本質が使用者側と朴正熙独裁政権の結託にあることを理解した彼女たちが八月、当時、唯一の野党であった新民党の本部建物内で籠城を決行する事態になった。

5・30新民党全党大会で、金泳三が「鮮明野党」を掲げて総裁に選ばれると、在野の金大中がこれを支持し、国民の目が新民党に注がれている時だけに、新民党本部での籠城は、政局の焦点となった。

籠城二日目の七九年八月十一日。

この日は韓国労働運動史上、常に思い起こされるべき日であろう。明け方、武装警察が新民党本部に乱入、か弱い女工たちだけでなく、取材中の記者、野党議員らに暴行を加えて引きずり出し、わずか十分ほどで籠城を鎮圧した。世間が寝入っている時刻に、自制を失った維新独裁の野蛮な暴力が、遺憾なく発揮された。凶暴な暴力に抵抗する悲鳴が渦巻く中で、七〇年代の韓国経済を黙々と担ってきた十九歳の純情ないのち……光州出身の金景淑（キム・ギョンスク）が、一輪の花のように散った。

ああ十九歳の純情が踏みにじられ
すべてが闇の中に埋められても
夜の次には朝が来るから
あなたが歌い切れなかった悲しい歌を
大地をたたいて歌うよ、可愛い娘さん
（「大地をたたく」は激しい無念の思いを表すしぐさ）

金ギョンスクの無念の死を悼み、詩人の申庚林（シン・ギョンニム）が捧げた追慕の詩の一節だ。全国の民主運動に関わる人たちが、女性労働者・金ギョンスクの死を聞き、悲嘆に暮れた（金ギョンスクについては「殺された」との記述もあるが、暴力的な鎮圧の最中に、籠城中の四階から飛び降りたようだ）。

いわゆるＹＨ事件は、勢いを増した民衆運動の流れに乗ることをためらっていた野党を、汎民主勢力の共同闘争の場に引き込んだ。それは、高まりつつあった社会経済的危機を、維新独裁を崩壊させる政治的危機に転化させる契機を作った。一女性労働者の死は、この国に生きる人びとに、覚醒の鋭い匕首《あいくち》を突きつけ、朴正熙ファッショ政権打倒への怒りをかき立てた。

八月十一日以後、全国の民主勢力からの糾弾の声が溢れ、これまで権力の周辺でどっち付かずの態度をとってきた野党議員も籠城闘争に突入した。

こんな情勢の中で八月十八日、野火夜学は昼夜なしに駆けずり回って準備した、第三期の出帆に漕ぎつけた。市民アパートの住民、青年たち、光川洞天主教会の学生と青年、野火の講学、他の夜学の関係者を含め二百五十人が出席した盛大な入学式だった。

この日、講学陣も新たに編成された。待機組の朴ヒョソン、徐デソク、鄭在鎬（チョン・ジェホ。朝鮮大政治外交学科二年。5・18関連。現在、朝鮮大教授）、董根植（トン・グンシク。全南大農学部一年。八五年の欧米留学生スパイ事件関連）、金ギョンオク（同国史教育科二年。現在、教師）、金ギョングク（同人文学部一年。5・18関連。現在、麗水大教授）、呉フンサン（同商学部一年）、李ヨンジュ（同数学教育科一年）、李ソンエ（同数学科二年）らが正式に講学になった。

従来からの講学では、尹サンウォン、朴クァニョン、林ナッピョン、朴ヨンアンが残り、金ヨンチョルと朴ヨンジュンも引き続き特別講学を引き受けることになった。

この日は、久しぶりに「野火夜学の歌」を大声で合唱した。入学式では、朴ヒョソンの指導で夜学一期生が「誰が分かるのか」という演劇を特別公演し、喝采を浴びた。ご当地初お目見えの「民衆劇」というわけだ。みんな、維新独裁下の暗鬱な夜空が、合唱や喝采の力強い響きで少しずつ明けて行くような、満たされた気分だった。

いまや立ち上がる時だ

緑豆書店に立ち寄ったあと、上気した顔で光川洞へ帰ってきた尹サンウォンは、ちょうど部屋に居合わせた講学たちを見回すと、大声で不満をぶつけはじめた。

「学内で運動すると言った申ヨンイルや李セチョンは、いま何をやってるんだ！　よそはいま、大変な騒ぎなのに」

講学の一人が、いぶかしそうに聞き返した。

「何かあるんですか？」

「何かあるんですかだと！　よそではいま、維新打破の闘いに立ち上がろうと必死なのに、われわれは何をやってるのかということだ」

サンウォンはひどく苛立っていた。

九月に二学期が始まると同時に、闘いの熱気は全国各地でさらに高まっていた。三日には江原道（カンウォンド）の江原大で八百人のデモ。翌四日には大邱（テーグ）の啓明大で「この暗い歴史の操舵手にならなければ」という宣言を読み上げた後、千五百人もの学生がデモ、街頭へ二キロも進出した。十一日になると、ソウル大で千五百人が宣言発表後にデモ、梨花女子大、延世大などの首都の大学のほか、地方各地でも朴政権の退陣と維新撤廃を求めるデモがあり、騒然とした日が続いた。

学生たちの闘争については、報道統制でほとんど知りえないはずだったが、サンウォンは緑豆書店を通じて各地の詳しい情報をつかんでいた。金サンユンといっしょに昼食をとりながら、書店に届いた情報や印刷物を見ることができた。書店で会った民主化運動関係者から直接、情報を得ることもあった。

各地の情報を聞く度にサンウォンは、一体われわれは何をしているのか、と焦った。もちろん、夜学の卒業講学として、全南大の学内運動をリードする立場にあった申ヨンイル、学内運動の中心であった李セチョン、チャン・ソグンらも、デモが出来るような組織を作ろうと全力をあげていたが、学内に張り巡らされた査察当局の監視網のためにうまくいっていなかった。

野火夜学自体も弾圧を受けていた。大学一年の講学にまで担当刑事が一人ずつ付いて監視する状態で、第三期の夜学がスタートしてからも、充実した授業ができない日が続いていていた。

十月に入ると、維新政局は破綻に向かって加速度がついた。政府は、途切れずに続く民衆の維新撤廃の声を無視し、強硬策を続けてきた。そして十月四日、政府はついに、強行採決という変則的手段によって野党・新民党の金泳三総裁を議員除名処分にした。三十年の議会史上初の暴挙だった。この時、議事を進める木槌を振り回したのは、国会議長の白斗鎭（ペク・トゥジン）だった。学生デモの激化とともに、政界の権威も暴風に巻き込まれたらしい。

朴政権は、政局を一挙に鎮静させる工作をしたらしく、切り札として、衝撃的な事件を暴露した。いわゆる「南朝鮮民族解放戦線」検挙の発表である（章末に訳注）。十月九日、内務部により電撃的に暴露された南民戦事件は、当初の発表では約二十人だった関係者が、以後続々と増え、全国で七十八人が検挙される巨大な反体制事件となった。

維新末期の人権不在の状況下で、当局は南民戦事件をきっかけにさまざまな策を弄し、あらゆる民族民主運動を「容共左傾」として駆逐し、多数の民主化運動活動家を監視網の中に囲い込もうと、必死だった。

南民戦事件には、朴錫律（パク・ソンニュル。西江大出身、民青学連関連）、金南柱（キム・ナムジュ。全南大「喊声紙」事件関連、詩人。九四年に死去）、李鋼（イ・ガン。民青学連関連。当時カトリック農民会で活動）、金正吉（キム・ジョンギル。民青学連関連、現在、6・15共同委の光州全南本部常任共同代表）、李ハギョン（民青学連関連。現在、YMCA連盟事務総長）ら多数の光州地域の民青学連世代活動家が巻き込まれ、民主化運動勢力に大きな衝撃を与えた。

サンウォンはこの組織の実態について、大体の流れはつかんでいたと思われる。南民戦の下部組織との接触もあったようだ。しかしサンウォンは運動理念として、前衛的な運動より労働現場を重視していたため、具体的な連携はなかった。

南民戦事件の公表以後、民族民主運動勢力は独裁の刃に容赦なく蹂躙されたが、抵抗の動きはむしろ大きくなっていった。十月十三日、ＹＨ貿易事件と金泳三総裁の除名措置を憤った新民党と統一党の計六十九人の現職野党議員が、辞職届を提出した。国民と共に朴正熙政権打倒を目指して闘う意志を実際に示し、院外闘争に突入するというのだ。

これをきっかけに、十月十六日には五千人もの釜山大学の学生が維新撤廃、独裁政権退陣、学園弾圧中止などを要求して街頭へ出た。釜山大生の民主化要求デモは、朴政権への怒りを抑えかねていた大多数の市民に支持された。翌十七日には、東亜大学生と市民が派出所や公共施設を破壊し、さらに多くの市民も加わって収拾がつかない状態になった。この日だけで約四百人が逮捕され、六百人が負傷した。

規模だけではなく、十七日の釜山デモは特筆すべき一面を持っていた。連行された者の半数が一般市民だった。このことは政府側の発表でも公式に認められた。いまや、朴政権退陣を求める闘いは、学生だけでなく、この国のすべての人びとの意思であることが示され、朴政権を震え上がらせた。

危機感を強めた朴政権は翌十八日午前零時を期して、釜山に戒厳令を敷いた。しかし、市民らはこれを無視して学生と共に街頭に進出、戒厳令撤廃を要求するなど、気勢は衰えなかった。

朴政権はついに、市民が多数集まった抗争現場に空輸部隊を投入し、殺傷鎮圧に踏み切った。多くの死傷者を出して十八日の釜山デモは鎮圧されたが、民衆の怒りはさらに強まり、３・15不正選挙糾弾デモの震源地だった馬山・昌原（マサン・チャンウォン）地域に野火のように広がって行った。十八日から馬山の慶南大生と市民、労働者が大規模な街頭デモを敢行した。ここでも、派出所や放送局などが群衆の攻撃対象になった。共和党の党舎も炎上した。鎮圧の限界を知った朴政権は二十日、馬山・昌原地域に衛戍令を出して軍を派遣した。

十八年前、「国民を塗炭の苦しみから救い出す」として、銃剣による革命を起こした朴政権（一九六一年、尹潽善大統領治下の張勉内閣を倒した5・16クーデター）は、いまや民衆の怒涛のような怒りを前に、銃剣なしでは一時も耐えられない、どん詰まり状況に陥った。維新体制は釜馬（釜山と馬山）抗争を契機に、墜落地点に向かってふらつきながら飛んでいるようなものだった。当時、釜馬抗争の実情は、徹底した報道統制によって各地に詳細には伝わらなかったが、多数の学生と市民が殺傷されたという噂は全国に広がった。同族殺傷の蛮行を聞き、人びとは怒りで歯ぎしりした。

嶺南（ヨンナム＝太白・小太白山脈の南の慶尚南・北道）で蛮行を犯した独裁者の刃は、光州・全南地域でも振り回された。十月下旬になると、全南大でも検挙旋風が吹き荒れ始めた。

日ごろから「学園騒擾を事前に防ぐ」と予告していた公安当局が、強引きわまる工作によってでっち上げた、いわゆる「インソン喫茶店事件」が、まさにそれだ。

全南大社会調査研究会の創設メンバーだった朴ヨンジュ（社会学科二年。現在、農協勤務）、朴スン（史学科三年。現在、教師）らが喫茶店を借りて別の社会科学系サークルの活動家を招き、学内運動活性化について懇談したことに査察当局が目つけた。直ちに出席者全員を連行して拷問を加え、全南大の学内デモの準備をしていた申ヨンイル、李セチョンらの活動状況を聞き出した。続いて連行された者には申ヨンイル、田ヨンホ、羅サンジン、高ヒスクらの野火夜学の講学出身者も含まれていた。

これより前の十月初旬、学内の正式部署として学生運動を監視・弾圧していた「相談指導官室」で起きた放火事件も、拷問捜査の結果、高ヒスク、シン・ミンジョン（教育学科四年。現在、教師）、金ジョンヒ（英語教育学科三年。現在、教師）、金ギョンヒ（英語教育学科三年）らが主導したとされた。放火事件は発生以来、捜査が進んでいなかったが、インソン喫茶店事件後、示威予備陰謀罪で連行された活動家たちが、厳しい拷問捜査の過程で誘導尋問にかかり、自供したという。

これらの事件の背後操縦者として、現代文化研究所を主宰し光州・全南地域の民主化運動の第一線にいた尹ハンボンが目をつけられ、学生たちと共に連行された。結局、他地域のように思い切ったデモを一度もできないまま、学内の運動を担う主だった活動家が根絶やしにされてしまった。

これらの事件の連行者たちは、留置場の中で10・26という思いもかけぬ事件を知ることになった。夜通しの拷問捜査が終わり、顔が腫れ上がり全身がずきずき痛むのに耐えて、狭苦しい留置場の硬い床にかたまって寝入った十月二十七日の明け方のことだった。浅い眠りの中で、留置場の鉄窓の向こうの刑事部屋のラジオが、朴正熙が側近に射殺されたことを告げているのが聞こえた。全員、耳をそばだて、真偽の確かめようもないまま、夢でも見ているような気持ちで衝撃的なニュースを聞いた。

本当だろうか？　十八年間の独裁の牙城が崩れる瞬間にしては、余りにあっけなさ過ぎないか。

インソン喫茶店事件と相談指導官室放火事件の関係学生たちは、半信半疑のまま、身動きも出来ないような緊張感の中で、十月二十七日の朝を鉄窓の内側で迎えた。

同じ時刻、サンウォンは、いつものようにアパートの住民たちと朝の清掃作業をするために、金ヨンチョルの狭い部屋で目を覚まし、ニュースを聞こうとラジオのスイッチを入れたところだった。

南民戦事件　南朝鮮民族解放戦線準備委員会は、七六年に反維新民主化と民族解放を目標に組織された秘密団体。七九年に大量検挙され、国家保安法及び反共法違反で死刑、無期懲役などの重刑が宣告された。二〇〇六年に約四十人が「民主化運動関連者」に認定されて名誉を回復したが、この措置に対しては批判の声もある。なお、詩人の金南柱（九四年死去）は南民戦の機関紙などを通じて理論指導したとされ、懲役十五年・資格停止十五年が宣告されていた。

激変の時

雑音のガーガーまじる古いラジオで、尹サンウォンは朴正熙死亡のニュースをどうにか聞き取った。唖然として、しばらく体を動かすこともできなかった。本当なのだろうか？　あの鉄壁の権力の牙城が崩れるとは……。サンウォンはしばらく、息をひそめるようにしていたが、急に、横に寝ていた朴勇準（パク・ヨンジュン）と朴寛賢（クァニョン）を揺り起こすと、隣室の金永哲（キム・ヨンチョル）を大声で呼んだ。

「ヨンチョル兄さん！　朴正熙が死んだんですって、朴正熙が！」

ヨンジュンとクァニョンが、機械仕掛けの人形のように上半身を跳ね起こし、ヨンチョルもすぐに、寝ぼけ顔の目だけをつり上げ、間仕切りのベニヤ板のドアを押し開けて飛び込んできた。ニュースはもう終わっていたが、ラジオを取り囲み、どこかでニュースをやっていないかと、ダイヤルをあちこち回してみた。聞こえるのはザーザーと雑音の入る通常放送だけだった。

しかし、独裁者の死は、はっきり確認できた。サンウォンは胸が弾んだ。これはまさに「事必帰正」（すべての事は、いつか正しい道理に帰る）ではないか。

傍若無人に残忍な刃を振り回した独裁者が、他ならぬ自分の右腕、中央情報部長・金載圭（キム・ジェギュ）の銃弾を受けてあの世へ行くとは……。振り返れば十八年もの歳月、「南の大地」はなんと暗鬱であったことか。どれほど多くの人間が傷つき、血を流し、獄につながれながら、独裁の牙城に立ち向かって来たことか。「真理は、結局は勝つ」という事実に、サンウォンたちの心は満たされた。

箒を手にとると、恒例のアパート前の朝の清掃に出て行った。疲れを忘れ、いつにもまして浮き浮きと清掃に励んだ。アパート住民の動きも軽やかだった。いまや、抑圧と屈従を強いた鉄の鎖を断ち切って、人間的で民主的な、新しい政治体制の樹立を望みうる時が来たようだ。しかしサンウォンは、時間が経つにつれて、どこか陰険な政治の動きが始まっていることを本能的に感じとっていた。

政府は十月二十七日、大統領権限代行に崔圭夏（チェ・ギュハ）総理を任命し、済州島を除く全国に非常戒厳令を敷いた。同時に鄭昇和（チョン・スンファ）戒厳司令官は布告第一号を発表、集会、デモ、言論、出版、報道などに関する制限措置をとり、通行禁止時間を午後十時から午前四時までに広げた。

翌二十八日、戒厳令下で最も強大な部署ともいうべき戒厳司令部合同捜査本部長に任命された全斗煥（チョン・ドゥファン）国軍保安司令官（少将）は、朴正熙殺害事件についての第一次捜査結果を発表した。全斗煥は、金載圭・中央情報部長と部下五名を含む中央情報部全体の計画的犯行であり、被害者は朴正熙、車智澈（チャ・ジチョル。大統領警護室長）、安載松（アン・ジェソン。警護處副處長）ら七名と発表した。さらに金載圭の犯行動機については、朴正熙から度々叱責されたため、解任を恐れて殺害を決意したもの、と中間発表した。

外国メディアは、新たな権力再編を目論む軍部の動向を、早くから感知していたらしい。朴正熙殺害からわずか五日後の十月三十一日、日本の産経新聞は「日本外務省が韓国の新体制について、戒厳司令部合同捜査本部長の全斗煥・保安司令官の動向に注目している」との記事を載せた。日本政府がすでに、全斗煥を韓国の新政治権力の核心人物と見ていることが明らかになった。

韓国政治の激変期には、必ず直接的な影響力を行使してきた米国の動きも、世間の関心を集めた。その米国の動きも素早かった。彼らが「韓国事態」と名付けた朴正熙殺害事件直後の二十七日午前四時、ホワイトハウスで緊急安全保障会議が開かれた。

米国はまず「韓国の非常事態に際し、韓半島に対する安全保障条約などを遵守する」と声明し、ハロルド・ブラウン国防長官はNBCテレビのインタビューで、韓国への外部からの介入を阻止するために、空母機動部隊と空中管制警戒機二機を急派すると発表した。

米国はこれらの措置を「安保条約の義務規定どおり」として、一方的に実施した。米国の措置は、韓国政治の激変に備え、自国の利益を保つための影響力を十分に維持しようとする意図から出たものだ。したがって米国は、韓国の新権力についても、民衆が朴正熙治下で叫び続けてきた人権回復を保障するのではなく、従来どおり経済的、軍事的属国としての韓国の動向が、米国の利益になるかどうかにだけ関心を寄せた。米国は事件の直後から、本心をそれとなく表し始めていた。

十月三十一日、サイラス・R・ヴァンス国務長官は、国務省の記者会見で「韓国の政治的成長が、経済的、社会的成長と均衡を保つことを望む。朴大統領の後継選出は韓国の内政問題だが、相談があれば米国の意見も伝える」との声明を発表し、韓国の政治改編に実質的に干渉する意思があることをほのめかした。ヴァンスはまた、「経済的、社会的成長につりあった政治」というあいまいな概念を示すことによって、訪韓時にカーターが主張した「経済発展に見合う人権の成長を」という、韓半島の政治に対する米国の姿勢が、一歩も前進していないことをさらけ出した。

在野の人びとも次第に、米国をはじめとする国外と国内の政治動向に疑問を持ち始めた。十一月六日、「民主主義と民族統一のための国民連合」は反民主的、反民族的な「一人独裁統治」を全面的に否定する声明を発表した。この中で、民主的憲法秩序の確立、戒厳令の撤回、政治活動の保障、全政治犯の無条件釈放、自宅軟禁の撤回など、当面の政治状況に対応する要求を明らかにした。

自宅軟禁が解けたばかりの在野政治家・尹潽善も「国会が現時局においてとり得る行動は、維新憲法を改定し、次期大統領選出のための自由選挙の日程を決めることで、早ければ早いほどよい」との声明を出し、崔圭夏の過渡期政府があいまいな態度をとっていることに強く警告した。尹潽善は直ちに金泳三に会い、意思統一を図った。

しかし、崔圭夏代行は在野と民衆の要求を無視し、十一月十日、反動的な、予想外の談話を発表した。「現行の維新憲法に基づく大統領選挙を実施することが、韓国の民主主義を発展させる上で賢明な道である」と言明したのだ。在野側は、崔代行の政治姿勢は実質的に維新体制を維持しようとするものであり、国民に大きな失望を抱かせるものだとして、糾弾し始めた。

サンウォンは、激変期の政治動向に目を凝らしていた。彼は何よりもまず、この希望の持てる政治的雰囲気の中で、野火夜学を公式に認められた夜学運動として活性化しようと思った。さらに、維新体制下で凍りついていた光州・全南地域の労働運動組織を、一日も早く作り上げたいという強い意欲を持った。野火夜学も10・26以後、ひとまず活気を取り戻しており、サンウォンは講学たちと共に、本格的な活動のための準備にとりかかった。

10・26直前に、インソン喫茶店事件や相談指導官室放火事件で連行された後輩講学たちも、釈放されて戻って来ていた。サンウォンは一人ひとりに会って慰労し、激励した。中ヨンイル、高ヒスクらの講学出身者の釈放を祝って小宴も開いた。そういう席でサンウォンは、政治情勢についての自分なりの意見を語った。

サンウォンは10・26を「釜馬民衆抗争」などの民衆闘争の勝利だとしながら、闘いによって直接奪い取った勝利ではないために、これからの政治動向は不透明にならざるを得ない、と考えていた。「結局、米国が国内のどの政治勢力と手を結ぶかがカギであり、だからこそ、われわれも闘いの方向をきっちり定めなければならないのだ」と講学たちに語った。さらに、「野火夜学はいまや、本格的な労働夜学としての性格を、はっきりさせなければならない」と力を込めた。

そのころサンウォンは、自分自身の進路については深刻に悩んでいた。良洞信協で働くことと、労働現場に全力を注ごうとした当初の考えは、両立し難かった。いまこそ労働運動の最前線で、活動家として駆け回らなければならない時であり、特に光州・全南地域の労働運動の土台固めに乗り出さなければならないのではないか……。

政治情勢は、十一月下旬になってさらに複雑にもつれて来ていた。崔圭夏代行は、統一主体国民会議という傀儡集団が国家の首長を選ぶ「維新憲法による大統領選出」に固執し、在野の民主諸団体はこれと闘おうとしていた。十一月二十四日には、ソウル明洞のYWCA会館で「民主主義と民族統一のための国民連合」、「解職教授協議会」、除籍学生を中心とした「民主青年協議会」などが連合し、約千人が集まって大規模な反政府国民大会を開いた。いわゆる「YWCA偽装結婚事件」である(この日の集会は、当局の目をあざむくため、民主青年協議会に属する二人の仮想人物の結婚式を名目にしていた)。

集会参加者は「維新大統領を再び選出することは、国民に対する反逆だ」との主張を明確に打ち出した。崔圭夏、金鍾泌(キム・ジョンピル。当時、共和党総裁)の維新政府は一日も早く退陣して挙国民主内閣を組織すべきであり、共和党、維新政友会、統一主体国民会議の即刻解体を求める。韓国民主化のために外部勢力の介入を一切拒否する——との声明を出した。

この集会に対して、戒厳司令部は直ちに強硬措置に出た。二日後の十一月二十六日、戒厳司令部はYWCA集会との関連で「統一主体国民会議による大統領選出を拒否した咸ソッコン、朴ジョンテ、アン・スンシクら九十六人を戒厳布告令違反罪で検挙し取り調べ中」と発表した。これを契機に国中が騒然となり始めたが、闘いの目標は、維新体制そのものである統一主体国民会議の代議員による大統領選出反対にしぼられた。

光州でも激しい抵抗運動が起きた。プロテスタント牧師と在野人士が、維新憲法による大統領選挙を阻止する闘争に合意、十一月二十八日に光州ＹＷＣＡで、長老派教会の全南老会（老会は、長老派の教区ごとの代表集会）主催の「水曜連合祈祷会」を名目として大会を開いた。しかし、情報を入手した警察に完全封鎖されてしまった。

冬の雨が降る、うっとうしい天候にもかかわらず集まった民主化運動関係者と市民は、封鎖に強く抗議し「民主主義のために力強く前進しよう」というビラを読み上げて配った。サンウォンもこの集会に参加したが、封鎖に阻まれ、腹を立てながら重い足どりで光川洞の夜学へ帰って来た。居合わせた朴クァニョンらの講学を相手に、サンウォンは大いに嘆いた。

「きょうは市民の民主化への熱意を確認して来た。こういう重要な時期には誰かが立ち上がってくれなければならない。ところが一般市民以外は誰も現れないんだ。大学生さえ、まばらだった」

サンウォンの嘆きを、講学たちも渋い顔で聞いた。

ちょうどその時、野火夜学の講学を卒業した後、全南大の学内運動に取り組んでいた田龍浩（チョン・ヨンホ）が、雨でびしょ濡れになってやって来た。ヨンホは、えらく腹を立てた様子で、講学たちに「いまこそデモが必要なんだ」と息巻いた。実は、いっしょに運動している申榮日（シン・ヨンイル）とデモについて論議したのだが、ヨンイルはヨンホの話に否定的だったという。そこで金ジョンヒとも話し合い、サンウォンと相談するためにやって来たというのだった。

ついさっき、学生の運動に対して絶望的になっていたサンウォンは、ヨンホの話を聞いてうれしくなり、二人はデモの計画を練り始めた。宣言の案文準備と動員計画、当日のデモの具体的な計画を緻密に立てた。デモの最終責任は田ヨンホと金ジョンヒが負い、宣言はサンウォンが書くことになった。

十一月三十日、全南大でデモが実現した。サンウォンが書き、当日発表された宣言は、野火夜学の市民アパートの教室に置かれた謄写印刷機で、朴ヨンジュンが徹夜して刷った。十一時三十分、デモがスタートとした。現場で金ジョンヒらが逮捕されたが、事前の筋書きどおり「野火夜学とは無関係」で通した。

奪われた野にも春は来たが

一九八〇年。意味深長な新しい年が明けた。新年の朝は、同時代を生きるすべての人びとに、特別な感慨を抱かせた。それは、今年こそこの国に、自由と平和と正義が大河のように満ち溢れるだろうという期待と希望だった。しかし、見通しの立たない政情不安が続いており、民衆の期待と希望は、決して楽観できるような状況ではなかった。

実際、10・26朴正熙殺害事件の後の政治状況は、大多数の国民の楽観的な見通しとは違って、一寸先は闇のような暗闘が続いていた。10・26が突発的だったため、民衆民主勢力と維新残党の双方とも、事態を直ちに掌握するだけの決定的な力を持てなかった。攻勢に出ていた民衆民主勢力が朴正熙の死に直面してもたつき、民主化運動指導者たちも、政権の可能性を前にして分裂の気配さえ見せていた。野党を含む反独裁民主戦線の足並みが乱れ始めていた。

民主勢力側の混乱に乗じて、一部の維新残党と軍部は、維新憲法の廃止と民主政府の誕生を求める民衆の声を、戒厳令下の布告によって一蹴した。結局、統一主体国民会議による大統領選出という、維新の悪法に基づく間接選挙で、十二月六日、崔圭夏代行が大統領に選ばれた。しかし、世上「将軍たちの戦争」とからかわれる12・12クーデターによって、新軍部は露骨に政治の第一線に姿を現した。12・12クーデターは結局、全斗煥、盧泰愚に代表される新軍部の「政治将校」たちが、崔圭夏体制を維持しつつ国家権力を奪取するための準備工作であった。

七九年十二月十二日、全斗煥少将らの新軍部は、国民に北朝鮮の南侵の危機を大々的に宣伝・扇動する一方で、前線に配置して休戦ラインを守っていた盧泰愚少将の第九師団を主力としてソウルに投入し、鄭昇和・戒厳司令官を逮捕した。「鄭昇和師団」と呼ばれた一群の将軍たちを無力化したのだ。この12・12クーデターによって、維新残党と軍部勢力による権力奪取の主体が整った。すなわち、限りなく強力になった軍部の力で軍事独裁を延命させる主体が出来上がった（訳注①）。

崔圭夏大統領を前面に立てつつ、政治の実権を握るための作業に入った全斗煥、盧泰愚らは、総理は文民政治家が、国防と外交は大統領が担当し、その大統領は間接選挙で選ぶという、とんでもない「二元政府案」を流したり、新党創立説を流したりしながら、画策を続けた。

しかし一方では、目に見える形の民主化措置もとられつつあった。悪名高い緊急措置九号の廃止が十二月一日の国会本会議で可決され、除籍学生の新学期からの復学、民主人士の復権も約束された。しかし、政治日程がどのように進むのか、民主化がどんな過程と方法によって実現するのかについては全く明らかにならないまま、12・12以後、一部の外国メディアが軍部の蠢動を警告しているだけだった。一言でいえば政局は「霧の中」であった。

情勢がはっきりしない中で八〇年が明け、数えで三十一歳になった〝成熟青年〟尹サンウォンも、新しい雰囲気の中で新年を迎えた。前年十二月に、一年間勤めた良洞信用協同組合を辞めた。少しでも自分に近い場所で、民衆民主運動への情熱を燃焼させたかったからだ。どうすれば光州・全南地域の労働運動の土台を築くことができるのかが、そのころのサンウォンの最大の関心事だった。特に前年末以来、ソウルの李泰馥（イ・テボク。当時、光民出版社代表。後年、保健福祉部長官）と何度も会うようになってから、サンウォンの目指す方向もはっきりした。

李テボクと初めて会ったのは、サンウォンが光川洞へ移ってしばらく経った、七八年の冬のことだったが、労働運動の方向について意見が合い、頻繁に会うようになったのは10・26の後からだった。李テボクは図書出版の「光民社」を経営しており、10・26前後に『労働の歴史』『民衆と組織』『労働の哲学』など、労働文庫を刊行して注目を集めていた。彼が労働文庫を出したのは、労働運動を支える労働大衆を鍛えることが必要だと考えていたからだ。

サンウォンと李テボクは、10・26以後の過渡期的状況を分析し、七〇年代の労働運動を反省しながら八〇年代の労働運動、学生運動、民族運動について意見を交わした。李テボクは大衆に根ざす労働運動の確立を目指しており、10・26以後の融和局面においては、労働運動がある程度の合法性を獲得することが課題だと主張した。さらに、学生運動などの知識人運動が、労働現場の運動と結びつくことが絶対に必要だと力説した。サンウォンも同じ意見だった。

サンウォンは、李テボクとの交流を深めたが、周囲の仲間には二人の関係を打ち明けなかった。二人が極秘裏に新しい労働運動組織を作ることを計画していたからだ。サンウォンと李テボクは10・26後に出現した「民主化」という微妙な状況の中で、全国レベルで労働運動を集約できる非公開・半合法（表面的には合法を装うが、実体は公開しない）の組織が必要だと考えていた。

サンウォンは新しい運動を進めるにあたって、これまで懸命に育ててきた野火夜学を中心に据え、労働運動を担う力を養成することが必要だと考えた。この点では、李テボクとの接触を知らない講学たちもサンウォンと意見が一致した。野火夜学の卒業講学で、当時、全南大の学生運動の主軸であった申ヨンイル、高ヒスクらも、労働現場に入る必要性を訴えており、実際に彼らは冬休みの間、光川工業団地に入る準備をしていた。

新たな意欲が膨らんだ一月五日、野火夜学の卒業講学と現役講学の総会兼研修会が、朴ヨンアンの自炊部屋で一泊二日の日程で開かれた。政治・社会情勢の変化に伴い、夜学のこの一年半の活動を総括し、以後の活動方針を決めるためだ。

会議では、夜学運動の方向と今後の活動について、あらゆる問題が討議された。夜学の性格と方向付けについて合意されたのは①野火夜学は今後、「労働夜学」としての性格を明確にする組織・教育内容を持つこと②労働運動と知識人運動、学生運動を結びつける媒体の役割を果たす――という二点だった。さらに、夜学出身の講学たちが労働現場に入る場合、現場で摩擦を起こさず、うまくやっていけるのかということがカギになるという意見が、申ヨンイルらから強く指摘された。

この合意を基に、夜学活動の具体的な懸案も話し合われた。講学たちは、それぞれ任務を分担することになり、サンウォンは財政問題を引き受けることになった。間近に迫った夜学第四期の授業準備のためには、四十万ウォンもの大金が必要だった。サンウォンは解決策として「一日喫茶店」を開くこと、卒業式の会場で花を売ることを提案し同意された。

この日、ずっと講学を務めてきた尹サンウォン、林ナッピョン、朴ヨンアンらが学期末を以って夜学を離れ、卒業講学になることも決まった。野火夜学は朴クァニョンらの頼りがいのある後輩講学に手渡され、サンウォンは、一次元高いところに場を移して活動することになった。

講学総会の翌日から、野火はまた忙しくなった。総会で決まったことを、一つ一つ実行していかなければならなかった。

一方、サンウォンは前年末、金サンユン先輩から「緑豆書店をいっしょにやらないか」と誘われていた。サンユンはそのころ、鶏林洞で古本と社会科学関係の書籍だけを扱っていた店を市街地の壮洞に移し、一般教養書や中・高校生向け参考書まで広く扱う中型書店にすることを計画中で、誰かの助けが必要だった。

サンユンは、良洞信協を辞めたサンウォンが書店で働けば、仕事外の時間に社会活動も充分できるだろうと思い、書店をいっしょにやることを勧めた。サンウォンは申し出を受け入れた。

サンウォンは卒業講学になると同時に、光川洞市民アパートの金ヨンチョルの部屋を出て、弟のテウォンと二人で市民アパートから百メートルほどのところに自炊部屋を借りた。夜学の仕事から、少しずつ手を引くつもりだった。ソウルの李テボクと話し合ってきた、御用組合に対抗する新しい全国労働組織結成の意思を、固めつつあったためだ。

サンウォンの徹底した機密保持のため、誰も李テボクとの「意気投合」に気づかなかった。しかし、新年早々から李テボクは足しげく光州へやって来て、サンウォンとひそかに会っていた。三ヵ月後の四月になって、サンウォンが李テボクとある種の仕事を進めていたことが分かったが、そのころでもサンウォンはほとんど毎日、夜学の講学や金ヨンチョル、朴ヨンジュン、アパートの若者たちと顔を合わせていた。

さかのぼって二月二日夕、光川天主教会の教理室講堂で、野火夜学第一期の卒業式があった。一年半の学習過程を終えた学生十一人と半年以上夜学に勤めた講学たちが卒業した。ピアノ伴奏による歌もなければ花束もない、質素な式だった。だが、徐デソク講学の司会で厳粛に進められた式に、出席者は感激し、胸を熱くした。一年半の紆余曲折を乗り越えて卒業を迎えたこと自体、誇るべきことだった。卒業証書に代えて、新たな出発の意志と永遠に団結を守る決意を込めた「野火会友証」が渡された。サンウォンも会友証をもらい、野火の卒業講学になった。

第一期生を送り出して新しく編成された講学陣も、第四期の授業に向けて着々と準備を進めた。まず、講学総会でのサンウォンの提案に従って「一日喫茶店」を開き、収益で市民アパート前の住宅地域に夜学の共同部屋を確保した。市民アパートC棟の教室の契約満了に伴い、アパートのまん前の、光川三和信協の事務所だった部屋を教室として使うことにして、傳貰（チョンセ。家賃の一括預け）を支払った。

三月八日、各地で学園自由化の熱気が高まり始めたころ、野火夜学第四期の入学式が光川洞天主教会の教理室講堂で行なわれた。入学式では朴クァニョン、徐デソク、鄭ジェホ、呉フンサン、金ギョンオク、董グンシク、李ヨンジュ、金ギョングク、朴ヒョソンら、以前からの講学に加え、金サンジョン（全南大自然科学部一年。現在、自営業）、羅スンジュン（全南大経営学部。現在、会社員）らが新任講学として参加、金ヨンチョルと朴ヨンジュンも、特別講学として引き続き残ることになった。

野火夜学が布陣を改め、新たな意欲を燃やし始めたころ、政治情勢は、なお先が全く見通せない息苦しさの中で陰険な形で進み、「八〇年春」という名の霧に包まれた状況が続いていた。しかし、霧を吹き飛ばそうとする「民主化の春風」も、なかなかの勢いだった。まず、緊急措置九号の解除によって、維新当局から退学を余儀なくされていた学生たちが多数復学、冬の眠りから覚めた学園から春風がしきりに吹き始めた。

各大学内部には、断罪すべき問題が山積していた。私学を金儲けの手段として蓄財に励んできた学園所有者の門閥体制打破、権力におもねって維新体制期に君臨した御用教授らを退陣させること、大学の兵営化の一環であった「兵営集団体験訓練」の拒否など、あらゆる問題が噴き出した。学内民主化の風は、工場にも農村にも広がって行った。民主化論議がいたるところで交わされ、軍事独裁の終わりと文民政治の実現が話題の中心だった。

サンウォンが一月から働き始めた緑豆書店も、三月になると人の出入りが激しくなった。書店の近くに尹ハンボンの現代文化研究所があり、その研究所に民主青年協議会の全南支部が置かれていたため、人の出入りが頻繁になるのは当然だった。書店と研究所には自然に人が集まり、いつも活発に議論していた。解職教授と除籍学生の復帰が決まってからは、学園に戻った彼らは何をするべきか、若い運動世代の果たす役割、地域運動の課題は何か、などがテーマだった。

運動は、緑豆書店や現代文化研究所周辺でだけ活発になったのではなかった。自由化が目に見えて進む局面では、民衆文化運動も大いに力づけられた。野火夜学の文化担当講学でもあった朴暁善(パク・ヒョソン)は、全南大のタルチュム(仮面劇)部と演劇部出身者を集めて、劇団「クァンデ」を旗揚げした。「クァンデ」は光州地域初の文化運動団体であり、特に、作家の黄ソギョン・洪ヒユン夫妻が積極的に支援した。

劇団は八〇年三月中旬「トゥエージ　プリ」というマダン劇(マダンは広場で、マダン劇は伝統的な民衆演劇をいう)をYMCA講堂で演じ、観衆に爆発的に受けた(トゥエージは豚。プリは「解く、ほどく」の名詞形。養豚農家の農政に対する怨嗟の声を集め、その「恨」を解くという筋立てだった)。朴ヒョソンはさらに、本格的に文化運動を展開するための常設小劇場をつくるために、東奔西走していた。

八〇年一月、学園自律化推進委が結成され、除籍学生が各大学に戻って結成した復籍生協議会を中心に、学内民主化が大いに進んだ。学内でまず急がれたのは、自主的で「開かれた」学生会を再建することだった。護国団と呼ばれた維新独裁下の学生会(護国団は七五年、大統領令により全国一斉に従来の学生会を解体し、軍事訓練組織として作られた)は、すでに機能を完全に失っていたが、学内民主化を達成するためには、学生の直接選挙による自主的な学生会を作らなければならなかった。

全南大の運動組織も三月末ごろには、ようやく総学生会会長選挙の準備に漕ぎつけた。問題は、誰が新しい学生会を引っ張って行くのか、だった。復籍生協議会と学園自律化推進委の活発な論議の中から、野火夜学の朴クァニョンが会長候補として浮上した。自律化推進委が開いた学園民主化のための公聴会で、クァニョンの演説が聴衆の心をつかみ、一躍、学内の「明星」として浮かび上がった。

しかしクァニョンは、会長選出組織からの誘いを「とんでもない。自分は学内活動より夜学運動に力を注いできたので、適任ではない」と、強く拒んだ。クァニョンが会長候補になることを断っていると聞いたサンウォンは、クァニョンを呼び出し、半ば怒鳴りつけるように説得した。サンウォンは、新しい学生会会長として、彼ほどの人材はいないと考えていた。

「クァニョンよ、いま、誰が学生会長になるのかということは、大変重要な問題なんだ。これから開かれた学生運動組織をしっかりと作らなければならない。12・12クーデター以後の政治動向は、お前も知っているように非常に見通しにくい。いつかまた、独裁の残党と一勝負しなければならなくなるかも知れない。だから、総学生会を早く再建することが重要なんだ。お前が出なきゃだめだ。お前には誰よりも優れた大衆指導力がある。夜学で〝献身する〟ということも身につけたんだから、学生会を模範的に引っ張っていけるよ。先輩たちがみんな、お前を推薦しているじゃないか。野火夜学には俺もいるし、講学も大勢いるから心配するな。お前が立候補するべきだ」

サンウォンは、クァニョンを説得して、結局、学生会会長選挙に立たせた。選挙戦に入ってからも、細心の気配りで応援した。いつも古びた同じズボンにジャンパー姿で、黒いゴム靴を履いて歩き回っていたクァニョンをせっついて、背広を着せたのもサンウォンだった。

クァニョンは、サンウォンに借りた背広と靴で選挙戦に臨んだ。「民主学園の夜明けの機関車」なる愛称で選挙戦に飛び込んだクァニョンは、大衆受けする演説と民主化の風に乗って、圧倒的支持を受けて総学生会会長に当選した。

朴クァニョンが先頭に立つことになって、全南大の民主化運動は本格的に点火した。

①**12・12クーデターと米国**　二〇一〇年二月二十二日、韓国外交通商省が公開した当時の外交文書によれば、米国はクーデターによって韓国の民主化が後退することを懸念、「北が侵攻してきても、米国内から韓国に不利な世論が起こり、韓国を十分に防衛できないことがありうる」「米国は韓国の民政を全面的に支援する」として、軍の動向に圧力をかけ

て来たという。

②**奪われた野にも…** この章のタイトルは、韓国で愛誦される李相和（イ・サンファ）の詩「奪われた野（国）にも春は来るのか」に拠っている。原詩は植民地支配下の民族の悲哀と抵抗をうたっている。

全民労連の中央委員として

八〇年一月末、ソウルから光州へやって来た李泰馥（イ・テボク）は、尹サンウォンにいよいよ全国規模の労働運動組織を結成することを伝え、サンウォンも了承した。前年に南民戦事件が摘発された後でもあり、組織結成の準備は極秘裏に進められた。

二人は労働運動の今後の方向について話し合った。――七〇年代の労働運動は、孤立分散して「手工業的」だった。10・26を経て、労働運動は爆発的に台頭するだろうが、韓国労総（労働組合総連盟）は御用組織としての限界を露呈するはずだ。労総に代わる、表面は合法を装いながら実体は非公開のセンターを作らなければならない。反独裁の闘争で労働階級が果たす役割は大きいが、労働階級が民主化や民族矛盾の解決のために力を発揮するには、大衆的な基盤を強化しなければならない。韓国社会の変革の一翼を担う労働運動は、科学的理論を持ち闘争の経験もある知識人運動と結びつくことが必要だ――。

二ヵ月後の三月某日、経過報告と日程協議のためにやって来た李テボクとサンウォンが、光州市内でひそかに会った。すでにソウルで組織結成の準備会が作られ、地方に住む者は、李テボクが責任を持って準備会に加入させることになっていた。

李テボクはソウルの準備会でやったのと同じように、サンウォンの「生涯にわたって同志として尽くす」意志を確認した上で、入会手続きをした。手続きは決められた項目に答えることになっており、李テボクが推薦人と入会保証人を兼ねていた。サンウォンは出身成分、家族関係、経歴、社会運動への取り組み、労働運動の展望、全国組織としての運動に臨む姿勢などについて、淡々と答え、入会手続きを終えた（「出身成分」は通常、北朝鮮の階級区分に使われる用語だが、韓国の運動圏でも使われていたようだ）。李テボクは当然、自分のソウルでの入会に際しての回答内容をサンウォンに教えた。

準備会加入者は、七〇年代労働運動の最前線で積極的に活動してきた者と、知識人出身の労働運動家の二通りだった。二人は組織の正式結成の段取りなどを話し合ったが、光州在住のサンウォンは積極的な役割は担えなかった。

サンウォンは自分が組織運動とどのように関わっていくか、頭の中でさまざまなプランを描いていた。野火夜学をめぐる新しい構想も、その一つだった。二月に野火は最初の卒業生を送り出したが、卒業生が中心になって「野火同友会」を結成した。同友会会員となった卒業講学は、大学内に公式サークル「労働問題研究会」を作った。また、労働現場での運動を目指す卒業講学たちは、夜学を卒業した労働者と共に小グループを作った。小グループのメンバーはサンウォンの指導で、ひそかに実地学習を始めた。

しかしサンウォンは、自分自身の今後の活動については、誰にも相談しなかった。兄事する金サンユンにも、話さなかった。組織が結成されるまでは、秘密を守ることに心を砕いた。（規制の緩んだ）当時にしても、労働運動組織を作ろうとすれば、査察当局の執拗な追跡を覚悟しなければならなかったからだ。

全国組織を作る動きにあわせて、労働者の生存権闘争も盛んになっていった。七〇年代から粘り強く闘ってきた労働者は、賃金引き上げと労働時間の短縮で一定の勝利を収め、「組織を作って闘う」という武器を獲得する努力も、ある程度は実りつつあった。ソウル・仁川地域と馬山、大邱などで民主的な労働組合を作る動きが新たに起こり、ヘテ製菓、ソウル平和市場の清渓被服労組、湖南電子、韓国ヤクルトなどの争議では勝利を引き出した。

四月に入ると、労働現場の民主化闘争旋風が再び巻き起こった。四月二十一日、江原道の舎北（サブク）鉱山で、モグラのような地下人生を強要され、無権利状態のまま放置されてきた鉱山労働者と住民たちが、御用労組の退陣と賃金引き上げなど、生存権を闘い取るために立ち上がった。しかし当局は、体制寄りのメディアを動員して「舎北の労働者が暴力で事業主を痛めつけた」という世評を作り上げ、警察力を使って鎮圧してしまった。

それでも、舎北蜂起を契機に労働争議が頻発し、全国の大学でも復活した総学生会を中心に学内民主化闘争が活発化して「熱い四月」が出現した。

焼身自殺を遂げた全泰壹（チョン・テイル）烈士が所属した青渓被服労組が立ち上がったのを皮切りに、東一紡績の解雇労働者が始めた復職闘争、日進製鋼、東国製鋼、東明木材、仁川製鉄、東原炭座（炭座は石炭鉱区の集まった場所）、元進レーヨンなどで、労組民主化と賃金引き上げ要求を無視した事業主に対する闘いが起きた。

労働者の闘いが頂点に達した四月二十日、ついに全国民主労働者連盟（全民労連）の結成集会が京畿道の豊平（プピョン）

で三泊四日の日程で開かれた。結成集会には李テボク、尹サンウォン、金ビョング（前・鉱山労組連合支部長）、ヤン・スンジョ（青渓労組支部長）、シン・チョリョン（永登浦キリスト教産業宣教会実務者）、ユ・ヘウ（前・三元繊維労組分会長。筆名ユ・ドンウ）、朴テヨン（前・YH労組事務長）、金チョルス（ソウル大出身労働者）、河ドンサム（蔚山・嶺南化学労働者）の九人の労働運動家が発起人として参加した。

結成集会で採択された綱領は、国内買弁資本と政府の直接的な被害者である労働者を組織し、労働組合の結成を闘い取り、韓国労総（労働組合総連盟）を無力化し、それに代わる全国組織を結成すること、当分の間は半合法の非公開組織とすることを掲げた。発起人として出席した九人の正会員と、欠席した大邱地域のチョン・ジョムソク（当時、大邱で労働夜学を運営）を加えた十人の中央委員を選び、サンウォンは正式に光州・全南地域を代表する中央委員に選任された。

七〇年以降に成長した社会変革運動の流れと、大衆に基盤を置く労働運動を結び付けるという大きな意義を持った全民労連。しかし、この組織は八一年八月、全斗煥ファッショ政権の手で壊滅に追い込まれた。総責任者の李テボクは「労農小市民中心の民衆政権の樹立を目指し、労働者を主体とした暴力革命によって現政府を倒そうとした」として無期懲役、その他のメンバーも全員が重刑を宣告された。

全民労連の結成当時、中央委員に選任されたサンウォンは、労働運動との関わりの中で、夜学の存在理由と進むべき方向を探った。サンウォンは野火同友会の集まりの度に「夜学がこれからの運動の突破口にならなければならず、労働運動の基盤作りという明確な目標を持って学生を教育しなければならない」と強調した。同時に、学生運動と労働運動を結び付ける「労学連帯」の役割が、野火夜学出身者には課せられていることも力説した。野火夜学、野火同友会、夜学出身者らによる全南大の労働問題研究会、野火夜学卒業生の現場小グループが、重要な役割を果たさなければならないと、繰り返し語った。

五月十一日の日曜日。光州で民主化運動の旋風が巻き起こる直前のこの日、サンウォンは野火同友会の仲間と光州ダムへ遠足に出かけた。野火の仲間の集まりは、これ以後、開かれることはなかった。

五月を駆け上りながら

自主的な総学生会を結成した全国の大学では、八〇年四月が近づくと、民主化への動きがいっそう熱を帯び始めた。維新体制の文教関係の悪法がなお存続していた「兵営集団体験訓練」の廃止、学内の相談指導官室の閉鎖、御用教授退陣、私学の不正の摘発などを要求して、デモや座り込みが連日続いた。維新体制が残した非民主的な腫れ物の「うみ」が噴き出していた。

金泳三の率いる新民党と国民連合を頂点とする在野政治勢力も、崔圭夏政府の生ぬるい民主化の方針を批判し、新軍部の陰謀を糾弾し始めた。基本的な生存権の獲得を目指す労働者の闘いも続いていた。

社会全体の熱気は、傍観者の姿勢をとってきた知識階級の大学教授たちまで、闘いに参加させることになった。教授協議会、教授評議会などを作って知識人の社会的責任を強調し、遅まきながら声を上げ始めた。七〇年代に入ってから、民主化闘争の一翼をずっと担ってきたプロテスタント、カトリックなどの宗教団体も粘り強い運動を続けていた。国全体が民主化に向かう門口に立つ活気に溢れているように感じられた。

しかし、権力の主体として徐々に前面に出始めた全斗煥、盧泰愚らの新軍部の反動的な動きも侮れなかった。彼らは傀儡である崔圭夏大統領を前面に立てて、名分のない戒厳体制を存続させ、新党創設説や二元政府制（大統領と政府首相の役割分担）への改憲構想など、陰謀めいた案を流しながら、目指す政治体制は明らかにせず、権力掌握への道を探っていた。

当時、一般大衆は彼らの陰謀を理解していなかった。徹底した言論統制のせいだけでなく、陰謀そのものが極秘裏に進められたからだ。しかし、12・12クーデターの主役であり、陸士十一期を中心にした新軍部勢力の頂点に立つ全斗煥・国軍保安司令官が、権力の核心である中央情報本部長兼務の発令を受けると、一般大衆も民主化への道に不安を抱き始めた。

中央情報本部長となった全斗煥は直ちに、国民に対して煙幕をはった。四月二十九日の記者懇談会で彼は、愛国者であることを装い、こう述べた。

「私が保安司令官を兼任していることが、政治発展の停滞を招くという一部の憶測は杞憂に過ぎない。むしろ内憂外患の克服に肯定的に寄与し、政治発展を促進する。新党創設説も、私が管掌している情報機関を通じて確認してみたが、根拠のないデマだ」

「国家の安全保障こそ、国家生存の第一条件であることを忘れてはいけない。安保を権力維持の道具にしてはならず、反政府の口実にしてもいけない。国家の難局を直視せず、社会を混乱させ、国民を扇動する言動は、政治家である以前に国民としても望ましくない。私は軍人として忠誠を尽くして国家に奉仕するだけだ」

一方、権力の周辺でチャンスをうかがってきた総理・申鉉碻（シン・ヒョンファク）は、新軍部の力をすばやく見抜き、全斗煥一派に秋波を送り始めた。

「新党出現の可能性は全くない。根も葉もない噂だ。『中央情報部長は他職を兼ねることはできないとの情報部法の規定にもかかわらず、全斗煥・保安司令官の兼任を発令したのは違法だ』というのは間違いだ。法というものは形式的に解釈するのではなく、幅広い解釈が可能だ。違法ではない。戒厳令の解除は、社会秩序が安定したと判断できる時だ」

総理は法秩序自体を捩じ曲げて、新たに浮上しつつある権力にへつらった。

軍部は、政治関与の口実を露骨に作り始めた。「舎北炭鉱の事態のような労働問題、学園騒擾、一部政治家の大学内での集会など、最近の事態を軍は深刻に憂慮しており、このような混乱状態を放置すれば、安定と秩序を願う国民の要望に背くことになる。国家安全保障の次元で断固たる措置をとる」（四月三十日の戒厳司令部緊急全軍指揮官会議決議）。

全体的な状況は、崔圭夏政府の無能と無力、新軍部勢力の権力に対する貪欲ぶりが時々刻々明らかになり、民主と反民主の対決の様相が、再び鮮明になった。四月末からは、学内民主化闘争に取り組んできた学生運動も、政治闘争の方向に舵を切り始めた。間違った方向に走り出した政治に危機感を持ったからだ。「社会の民主化がなければ、大学の民主化もない」と、闘争の方向を政治社会闘争に切り替えて、街頭に進出する準備にとりかかった。

非常戒厳解除、二元政府構想の撤回、民主化日程の公開と短縮、維新の残滓の清算、労働三権の保障、民主人士の釈放、全斗煥退陣、言論の自由の保障などが学生の主な要求だった。民主団体も積極的に呼応した。大学教授、言論人、宗教者らが民主化を主張し、その流れに沿って労働現場でも遅滞賃金の支給と賃金引き上げ、御用労組退陣などの生存権要求闘争が爆発的に広がった。

これらの改革の動きを、当時、外国メディアは「ソウルの春」とか「韓国の春」と名付けて報道した。維新体制下で抑圧と屈従の時代を生きてきた韓国の人びとが、旧時代に終止符を打ち、新しい歴史を開く大きな転換点に立っていることを、一九六八年の「プラハの春」（チェコスロバキア共産党のドプチェク第一書記の下で一連の自由化政策がとられ、「春」を迎えた。しかし、ソ連・東欧軍の介入により挫折した）に因んで名付けたものだ。

尹サンウォンのいる光州にも、熱い民主化運動の風が吹き寄せていた。光州の住民は特に、（全羅道出身の）金大中が主導する在野運動の連合体「国民連合」の活動に大きな関心を持っていた。国民連合は、維新独裁がもっとも苛烈だった七九年三月、尹潽善、咸錫憲、金大中らの在野人士が「民主主義と民族統一のための国民連合」という名で結成したものだが、10・26以後、八〇年に入ると、在野運動の求心点として大きな役割を果たし始めた。

五月が近づくころ、光州の在野、青年運動団体も、住民の関心に応えて国民連合の光州・全南支部の結成を急いだ。現代文化研究所の尹ハンボンと緑豆書店の金サンユンが、支部づくりのために駆け回り、支部の実務者として尹サンウォンを、当然のように推した。

サンユンの勧誘に、サンウォンは困惑した。すでに労働運動に献身することを決め、非公開・半合法の全民労連中央委員に選任されていた。国民連合のような「公開された」政治闘争組織の実務を引き受けて第一線で活動すれば、全民労連での役割を忠実に果たすことができなくなると考えた。さらに、国民連合はさまざまな限界を抱えた団体のようにサンウォンには見えた。

国民連合の上層部は、ほとんどが政治的野心を持った、政治性のある在野人士で構成されているだけでなく、中間層部分もほとんど合法的な公開活動だけをやってきた、知識層の民主人士で構成されていた。したがって、民主化のための連合戦線を組めるという利点はあるが、有事の際に大きな力を発揮できる、大衆動員力という面では弱い団体であった。しかも、金大中が次に計画しているらしい新党創設と、密接な関係があるという噂も薄々流れていた。

実務者への就任要請を受けて悩んだサンウォンは、李テボクに相談した。予想どおり李テボクは国民連合参加に強い懸念を示した。しかし、サンウォンは結局、「いまは政治闘争が非常に重要な時期であり、国民連合が新党に発展するようなことになれば、実務は他人に譲り、自分の信念にしたがって再び労働運動に献身する」と、逆に李テボクを説得した。

光州地域の在野人士、尹ハンボン、金サンユンらの運動関係者は秘密裏に、国民連合支部の結成準備にとりかかり、尹サンウォンを実務者に内定した。

民族民主化「たいまつ聖行進」

一九八〇年五月に入って、民主化を求める民衆の叫びは、全国各地でさらに激しくなった。一般大衆の強い支持に力づけられ、各大学内で連日、平和的な集会とデモを続けてきた学生たちは崔圭夏政府に対し、五月十四日までに戒厳解除などの要求を受け入れるよう、最後通牒を送った。期限までに政府が態度表明せず、強硬路線を続ける場合は総決起する、との決意が込められていた。

情勢は極度に緊迫していた。民衆の強い支持を受けた民主化の勢いは、大河の流れを思わせた。在野はもちろん、政権側の共和党までが戒厳解除を強く求め、政界は五月二十日に臨時国会を開くことに合意した。虎視眈々《こしたんたん》、権力奪取を狙ってきた全斗煥、盧泰愚らの新軍部中核は、決断を迫られていた。よりあくどい暴力で民衆を押さえつけて権力の座を占めるのか、民衆の要求を受け入れるのか。

情勢の緊迫にも関わらず五月十日、大統領の崔圭夏は突然、六泊七日の日程で中東訪問の旅に出発した。民主化要求の叫びに対しても、新たな軍事独裁を狙う軍部の動向に対しても、なんらの対応を示すことなく、金浦空港からあわただしく飛び立って行った。戒厳令解除を求める国民の声を拒否する行為だった。国民の側も、権力の実態がどのようなものであるかを知ることができた。崔圭夏はやはり、傀儡に過ぎなかった。その背後で陰謀を企む一握りの「政治軍部」の意向にだけ、目を向けていた。

彼らとの一勝負は避けられなくなっていた。崔圭夏政府に期待をかけるより、国民大衆の力を結集して全斗煥、盧泰愚らの新軍部の陰謀を砕き、民主主義を勝ち取るしかない時点に至っていた。

最後通牒の期限であった五月十四日の前日の十三日から、学生たちは再び街頭に出た。期待と熱望を込めて待ちに待った末に再開したデモは、もう抑えることができないような勢いで弾けた。

十四日には、ソウルだけでも二十一大学の学生が街頭に進出した。十五日には、ソウルの三十五大学から溢れ出た十万の学生が、ソウル駅前に集結した。この日、学生側が手綱を緩めず、退陣を要求して政府側を追い込んでいたら、新しい歴史が生まれたかもしれないと思わせるほどの、すごいデモの人波だった。

しかし、五月最大のデモが盛り上がったこの日、ソウルの学生運動指導部は回軍（軍隊の方向転換、あるいは退却）を決めてしまった。この決定は後日、「ソウル駅前大回軍」と呼ばれ、学生運動内部からも繰り返し批判の対象になった。その後の政治過程を見れば、千秋の恨みを残す、余りにも無念な回軍であった。

この日、ソウルの学生運動指導部は、民主化要求は政府側に十分な重みを持って伝わったとして、外遊中の崔圭夏の帰国後、五月二十日に臨時国会が開かれれば、良くも悪くもなんらかの決定が出ると予想した。そして二十日以後を決定的な第二段の闘争期間とすることを決議してデモを解散した（章末に訳注）。

五月十五日以後、ソウルをはじめ、各地の大部分の大学の街頭闘争は、いったん収束した。だが、全国でただ一ヵ所、光州だけは、他地域とは異なる様相を見せ、大々的な示威が続いた。これは、全南大総学生会会長・朴クァニョンの卓越した「扇動力」によるものだった。学生たちが街頭に出ると、必ず沿道の市民が応援したが、朴クァニョンは市民を大規模な大衆集会へと、見事に誘導した。それまで、表には現れていなかった市民の民主化を望む気持ちを引き出して一つの力にまとめ、学生たちの運動としっかり結び付けた。

十四日から連続三日間、粘り強く続けられた学生と市民の合同デモと集会は、光州独特のいくつかの「かたち」を作り出した。

第一に、学生の街頭進出と道庁前広場での集会に、市民大衆が自発的に加勢し、開かれた大衆集会にすることができた。他地域の場合、学生と警察の催涙弾の攻防があっただけだった。

第二に、平和的に進められた集会とデモを通して、市民らは真の民主主義を体で感じることができた。学生たちの時局討論と決議、教授たちの時局宣言、全南地域の報道各社記者の検閲拒否宣言など、真の民主主義を目指すさまざまな主張や要求が、連日、道庁前広場に溢れた。朴正熙の十八年間の独裁体制下では、全く感じることができなかった解放感を、民衆は全身で感じた。こうした過程を経て、市民大衆が力を合わせれば、どんな独裁の牙城も崩すことができるという、自信を持つことができた。

第三に、連続三日間のデモと集会を通じて、学生と市民大衆の闘いの根拠地が自ずと出来上がった。デモが進んで市民の人波ができると、全南大総学生会会長の朴クァニョンは、隊列を市中心部の大動脈・錦南路（クムナムノ）を経て全羅南道道庁前の広場へ誘導した。群衆を広場の大噴水台を囲んで座らせ、時局討論会を始めるという一連の過程を、連日、繰り返した。市民らは「錦南路へ！　道庁前広場へ！」のスローガンを叫びながら、習慣になったように、自発的に巨大なデモの人波を作るというパターンを会得した。このことが5・17クーデターの後、光州市街に軍が投入された後も市民がこれに屈せず、錦南路と道庁周辺に集まって抗争の口火を切る契機になった。

最後に、公安当局は、道庁前集会とデモを積極的に解散させようとはしなかった。デモに加わった学生や市民の熱気が、他地域より強かったためでもあるが、警察は学生代表と話合って道路を開け、時にはデモの学生を誘導したりもした。光州の公安当局が、なぜあの時期に、学生と市民の大規模集会やデモを粉砕しなかったのかという謎は、いまも解かれていない。

連日続いたデモと集会に、サンウォンもどっぷりと浸った。つい先ごろまで、野火の同じ釜の飯を食っていた後輩、朴クァニョンの堂々とした姿を見て、満足だった。クァニョンは総学生会会長になってから超多忙な毎日を送っていたが、何か重要な決定を下さなければならないような時には、そっとサンウォンを訪ねて相談した。

特に、当時採択された光州・全南地域の学生の「第二時局宣言」には、サンウォンの意見を容れて、進歩的な内容が盛り込まれた。革新的な農地改革の実施、労働者・農民に対する構造的な収奪政策の撤回、農協の解体と新しい農民機構の創設、自主的な農民団体の保護育成、労働三権の保障と最低賃金制の実施、民主的な労組結成の保障、解雇労働者の復権・復職などが、時局宣言には含まれていた。

一方、第三日を迎えた光州の、「民族民主化聖会」と名付けられた集会とデモは、五月十六日夜の「たいまつデモ」で最高潮に達した。「たいまつ聖行進」と呼ばれた夜間デモに、サンウォンも仲間と共に加わった。群衆の手に高く掲げられた「たいまつ」が市街地全域を埋め尽くした夜間デモは、見ているだけでも感動的だった。高潮した気分の市民らは、学生たちと共に、ありったけの声を張り上げてスローガンを叫びながら、夜道を行進した。

「全斗煥は引退せよ！」
「政治日程を短縮せよ！」
「非常戒厳を解除せよ！」
「労働三権を保障せよ！」

光州全体に民主化への生き生きとした熱気が充満していた。数知れぬ市民がデモ隊を応援し、力強くスローガンを叫んだ。

サンウォンも、小劇場開設と公演の準備で多忙な朴ヒョソン、金サンユン夫人の鄭ヒョネ、林ナッピョン、安ジンの（全南大社会学科四年）らと肩を並べてデモに加わり、スローガンを叫び、民主化の歌を歌った。市街全域に人波が溢れ、みんなが熱気に酔っていた。滔々《とうとう》とした民主化の流れは、もう誰もさえぎることなどできないだろうという、自信に溢れていた。少なくとも、デモの現場にいた人びとはみな、そう感じた。

道庁前を出発したデモ隊は、十時ごろ再び道庁前に帰って来て、歴史的な「たいまつデモ」は幕を下ろした。最後の行事である、５・16軍事政変（六一年、尹潽善政権下で朴正熙らが起こしたクーデター）の火刑式が行なわれた。朴正熙らクーデターの主役に見立てたカカシが広場に並べられ、市街を回ってきたばかりの、たいまつの火がつけられた。道庁前広場を埋めた五万余の学生と市民が一斉に喊声《かんせい》を上げ、その声は荘重に、勇壮に広場に響き渡った。

市民らの雷鳴のような喊声が続く中、「たいまつデモ」を主催した全南大総学生会会長・朴クァニョンが拍手を受けて登場し、演壇になった円形噴水台の上に立った。喊声がおさまると、クァニョンのよく響く声が夜空に広がった。

「この間《かん》、授業を放棄して開いてきた学内集会とデモ、特に連続三日間、市民のみなさんと共に取り組んだデモと道庁前集会によって、民主化を熱望するわれわれの意思は、為政者に十分伝わったと信じます。崔圭夏大統領の帰国後、一両日の内に、われわれの要求は受け入れられなければなりません。もし、われわれの神聖な要求が、これまでと同じように黙殺される場合は、再び授業を放棄して闘います。万一、休校令が出たら、すでに約束した通り、午前十時に各校の正門前に集まり、正午にはここ道庁前に集結して、きょうと同じように闘うことを再度約束します」

十時半ごろ、クァニョンの演説を最後に集会は終わった。市民らは、闘い続ける決意を込めて万歳を三唱した。サンウォンも最後まで広場に残っていた。胸に、何かがこみ上げてくるような瞬間だった。三々五々、帰って行く市民も、デモで疲れた足どりではあったが、輝かしい朝が訪れることを、信じて疑わなかった。

しかし、まさに同じ時刻、五月十六日午後十一時、国務総理・申ヒョンファクのホットラインを受けて中東から急ぎ帰国した崔圭夏は、青瓦台で時局関連対策会議なるものを開いていた。全斗煥、李禧昇（イ・ヒスン。戒厳司令官）、申ヒョンファクをはじめ関係各長官が全員集まった緊急会議は、権力奪取のために全斗煥らの新軍部集団が用意した脚本どおり、崔圭夏を利用して陰謀を貫徹する手続きに過ぎなかった。戒厳令の全国拡大などの非常強硬策が新軍部から提示され、操り人形の崔圭夏は、彼らの陰謀を抑えることが全くできず、むしろ火に油を注いだ。権力に目の眩んだ軍部のならず者に「血の許可証」を与える行為だった。

この時、デモの人波が立ち去った光州の道庁前広場の夜は、常にもまして静かに更けていこうとしていた。

ソウル駅回軍　回軍の決断をしたのは、ソウル大学総学生会会長の沈在哲（シム・ジェチョル。後にハンナラ党国会議員）だったという。彼は二〇〇七年五月、インタビューに答えて「回軍の判断は誤っていない。当時、軍は目的のためにはどんな手段でもとる構えだった。一方、学生の集会は十分に準備されたものではなく、夜に入ると統制がとれず、流血事態が起きると思った」と語っている。軍が同日、ソウル駅近くに部隊を集結させていたことは事実のようだ。

第四部

光州よ、無等山よ

タイトルは金準泰の詩に拠る

行こう　道庁へ

抗争前夜

一九八〇年五月十七日、土曜日。光州は、めずらしく平穏な一日だった。前夜遅くまで続いた「たいまつ聖行進」の跡もきれいに片付けられ、学生や市民の胸は民主化への大きな期待にふくれあがっていた。

延べ三日間、平和的に秩序正しく行われたデモが、かつてないほど力強いものだったため、民主化の大勢《たいせい》について、すっかり楽観的になっていた。反動勢力が、この民主化の大きな流れを逆転させることなど、想像もできなかった。

しかし、一見おだやかな空気の裏で、軍部の陰謀は進められていた。十七日午前十一時から、国防部会議室で「全軍主要指揮官会議」が四時間にもわたって秘密裏に開かれた。保安司令官兼中央情報部長・全斗煥、首都警備司令官・盧泰愚、特殊戦司令部長官・鄭鎬溶（チョン・ホヨン）らが中心になって開催し、「5・17権力奪取クーデター」の起点となったこの会議の内容を、当時、国民の誰も知らなかった（訳注①）。

午後になると、ソウルに不吉な兆候が現れ始めた。

十五日にソウル駅前で大規模なデモを決行した学生たちは、二段階闘争の準備に余念がなかった（訳注②）。十七日午前中、梨花女子大で全国五十五大学の総学生会会長団会議が開かれていたが、警察が急襲し、多数の学生会幹部を連行した。事前警告もなく、警察の姿勢が強硬鎮圧へと急変したのだ。

総学生会長団の連行は、全南大総学生会にも緊急連絡され、たまたまこの日の会議に参加していなかった総学生会長・朴寛賢（パク・クァニョン）に直ちに伝えられた。クァニョンは、常に詳細なソウルの情報を素早くキャッチしている緑豆書店の金相允（キム・サンユン）に電話した。

「ソウルで学生が大量連行されたというんですが、どういうことなのかご存知ですか？」

「なんだって！」

金サンユンは直ちに、あちこちに連絡をとってみたが、ソウルの動きをつかむことはできなかった。土曜の午後のことで電話が通じにくく、ようやく連絡のついた民主化運動関係者も、動きをまったく知らない場合が多かった。

実は、この日午後には、光州地域の農民運動団体と朴クァニョンらの学生運動指導部が会って、連帯して闘う方策を話し合うことになっていた。光州・全南地域の農民運動団体は「咸平サツマイモ事件」（第二部七一ページ参照）二周年の十九日、光州で大規模な農民大会を開き、農民の生存権と民主化を宣言してデモに突入する計画になっていた。

また二十二日に予定されていた国民連合の支部結成準備もしなければならなかった。これらの仕事をそっちのけに、金サンユンは学生大量連行の真相をつかむため、ソウルのあちこちにダイヤルし続けた。

一方、朴クァニョンは、真相をつかむまでの間、とりあえず逮捕を避けて学生会の主要幹部と共に無等山荘(山頂近くの飲食店)に身を隠し、金サンユンと連絡をとりながら正確な情報を待った。金サンユンが「梨花女子大での総学生会会長団会議に出ていた、多数の学生会幹部が連行された」という、正確な事実をつかんでクァニョンに知らせたのは、かなり後の夜十時だった。金サンユンは電話を切るまえに、学生会幹部全員が潜伏するよう説得した。

緊急事態を迎え、クァニョンも適切な対応策を考える時間がなく、とりあえず分散して身を隠すことにした。彼と何人かは無等山荘にそのまま残り、あとの指導部は市内に戻った。市内に戻った幹部らは、全南大に残っていた学生会幹部を避難させたあと、ある旅館に隠れることにしていた。

この時刻、十七日午後十時、ソウルでは政治の実権を握った軍部が、予定された手順に従い、崔圭夏政府をそそのかして非常国務会議を開かせ、前年の十月二十七日に宣布した非常戒厳令を解除するどころか、全国に拡大することを議決してしまっていた(訳注③)。

軍部は、国民の民主化要求の高まりと、二十日を期限に戒厳解除などを求める学生、在野団体の闘いに直面し、「進退両難の危機」に陥って強硬策を講じたのだ。

週末を越せば、学生たちはさらに勢いを増し、在野団体、政党も静観はせず、さらに二十日に臨時国会が召集されれば、与党・共和党までが戒厳令解除を受け入れそうな態勢だった。そこで彼らは、絶好のタイミングとして十七日午後十二時を期して、いわゆる「5・17戒厳拡大措置」をとることにしたのだ。戒厳拡大措置が動き出す一時間前の午後十一時から、民主化運動関係者と学生運動指導者を対象に、用意周到に準備した予備検束を始めた。

在野の政治指導者であった金大中、芮春浩(イェ・チュノ)、文東煥(ムン・ドンファン)、高銀(コ・ウン)、金東吉(キム・ドンギル)、李泳禧(リ・ヨンヒ)らの民主化運動関係者と、クーデター妨害勢力となる恐れのあった維新残留勢力(故・朴正熙の維新体制を担った旧軍勢力)の金鍾泌(キム・ジョンピル)、李厚洛(イ・フラク)、朴鍾圭(パク・チョンギュ)ら計二十六人を戒厳布告に先立って連行した。

十一時四十分、政府スポークスマンの文化公報部長官・李ギュホンが、「非常戒厳令宣布地域を、十七日午後十二時を期して全国一円に変更する」と発表。権力奪取に血眼となった「悪魔の道具」として、戒厳布告令十号が宣布された。全斗煥、盧泰愚、鄭鎬溶（特戦司長官）ら新軍部勢力が周到に用意した脚本どおりに、崔圭夏大統領は、あきれるほどの傀儡ぶりを演じた。

　緑豆書店の金サンユンも、朴クァニョンに避難を勧めたあと、自身については特に対応策を考えつかないでいるうちに、十八日午前〇時が迫ったころ、戒厳司令部の捜査員に連行されてしまった。

　この夜、すでに全斗煥一味から特殊任務を与えられていた特殊戦司令部の空輸部隊は、計画どおりに作戦を決行した。全羅北道の金馬に駐屯していた特戦司第七空輸旅団（旅団長・申佑湜〈シン・ウシク〉准将）所属の第三三、三五大隊が十八日午前一時に全南大と朝鮮大に到着、総学生会事務室、図書館などで（試験準備などのため）徹夜していた学生たちを無差別に殴打、衣服を剥ぎ取るという蛮行を犯しつつ、連行作戦を展開した。

　午前二時までの間に、全南大、朝鮮大、光州教育大で百二十人に上る学生が逮捕された。二時半ごろには、第三十一師団の九六連隊が、その他の大学も完全掌握した。彼らは合同捜査本部と連携して、午前五時ごろまで予備検束対象者に対する執拗な隠密作戦を展開した。

　一方、尹サンウォンは十七日は静かな一日をすごした。緑豆書店に出勤して仕事をし、彼が実務者に内定していた国民連合支部の結成大会準備もこなし、午後はＹＷＣＡに立ち寄って、李梁賢（イ・ヤンヒョン）らと懸案となっていたアジア自動車と湖南電子の労組問題について話し合い、いつもより早く光川洞の自分の部屋に帰った。

　午後遅くになってからの緊迫した状況については、全く知らず、夜十二時ごろに訪ねてきた後輩の朴暁善（パク・ヒョソン）、林洛平（イム・ナッピョン）、盧俊鉉（ノ・ジュニョン）らと少し話したあと、ともに眠りについた。

①**特殊戦司令部**　傘下に、特殊な訓練を受け有事の際は北と戦うための、七つの空輸旅団を擁する。通称は特戦司（トゥクチョンサ）。二つの旅団が本来の任務を離れて光州へ派遣され、残虐な鎮圧作戦を展開した。

②**二段階闘争**　八〇年五月十五日、ソウル駅前で十万人規模のデモを中断した（ソウル駅回軍）学生運動指導部は、二十日を期限に政府に突きつけた民主化諸要求への回答次第で、第二段階の本格闘争に入ることにしていた。

③**戒厳の全国拡大**　済州島を除外していた部分戒厳では、参謀総長が戒厳司令官になっていたが、全国戒厳では、憲法の規定により大統領が戒厳司令官になる。全斗煥らは、操りやすい崔圭夏大統領の裁可を受ける形で金大中らを一斉

逮捕した。

五月十八日　朴クァニョンとの別れ

五月十八日、日曜日。サンウォンはいつものように目覚め、いつものようにラジオをつけた。ラジオは5・17戒厳拡大措置と戒厳布告令十号を伝えていた。サンウォンは、びっくりして跳ね起き、寝ていた後輩たちを大声を上げて蹴り起こした。

「おい！早く起きろ！　大変なことになった。クーデターだ。全斗煥一味の軍の奴らがとうとうやってくれた。非常戒厳が全国に広がって、夜中に民主化運動関係者がみんな連行されてしまった！」

悲鳴に近い声、怒りに燃えた表情だった。

起き出した朴ヒョソン、林ナッピョン、盧ジュニョンは、衝撃的なニュースに表情を凍りつかせ、サンウォンを見上げるばかりだった。後輩たちを起こすとすぐ、サンウォンはポケットの小銭を確かめ、部屋から走り出た。あちこちに電話して状況を確認するためだった。しばらくして部屋に戻ったサンウォンの目は充血していた。

「金大中も逮捕され、相当な数の民主化運動関係者と学生が連行されたようだ。（緑豆書店の）サンユン兄さんも昨夜連行された。まだ捕まったという情報はないが、クァニョン（朴寛賢）の奴については、サッパリ分からなくて…」

サンウォンは一瞬、言葉をつまらせたが、他人には聞き取れないほど低い声で、しかし決然として言った。

「軍の奴ら、銃剣を引っさげてやって来やがった。来るべきものが来たんだ……。われわれは民主化の勢いを守るために闘わなければならないが、問題は、きょう一日の状況だ」

市民の反応はどうだろうか。「万一、軍部が出てきても、決然として闘わなければならない」という、平素の学生の意志は果たして貫けるだろうか。ほとんど放心状態で朝飯を食べながら、四人はこんな話を繰り返したが、これからどうなるのか、だれにも分からなかった。直感などには頼れない状況なので、具体的な方針や計画は立てようがなかった。まずそれぞれが、あちこちの状況を確認しようというのが、唯一の結論だった。

当時、「トンニ小劇場」の開館記念公演「韓氏年代記」（黄ソギョン・作）の稽古に熱中していた朴ヒョソンは、朝飯をすますとすぐ仲間と落ち合うために、稽古場になっている YWCAへ向かった。林ナッピョンと盧ジュニョンは全南大の正門へ向かった。非常事態が起きた時は午前十時に大学正門に駆けつけ、それができない時は、正午に全南道庁前に集まって闘おうという約束になっていた。

後輩たちが去ると、サンウォンも急いで野火夜学の共同部屋へ向かった。部屋ではまず、国民連合全南支部の結成についての文書を焼いた。平素、クァニョンの活動拠点にもなっているため、すべての対外秘の資料を処分するよう、講学たちに頼んだ。

忙しく動きまわっている最中に、朝からずっと安否が気になっていたクァニョンが、いきなり姿を見せた。嬉しかった。サンウォンもクァニョンも、しばらくは互いを見つめ合っていた。

「サンウォン兄さん、私です」

サンウォンは、部屋に入ろうとするクァニョンの手を引いて外へ出た。路地に入るとサンウォンは、見張りをしているクァニョンの連れを確かめた。学生会幹部の車ミョンソク（工学部三年。5・18関連。現在、5・18財団常任理事）と金ヨンヒュ（医学部。5・18関連。現在、医療従事）が緊張しきった顔つきで路地の入り口に立っていた。

彼らをしばらく待たせて、サンウォンとクァニョンは近くの空き地に移った。部屋からずっと押し黙っていたクァニョンは、空き地の奥まで来ると息せき切って話し始めた。

「兄さん、どうすればいいんでしょう？　全南大の学生会執行部の一部だけは拘束されずにすみましたが、他大学の学生会長らはほとんど予備検束にかかったようです。他大学との連絡もつかず、組織も瓦解してしまったみたいです。いま、何をすればいいんでしょう？」

クァニョンは深刻な表情でサンウォンに相談した。彼は前夜、無等山荘に避難していたが、朝早く山荘を出て、空輸部隊が陣取った全南大の状況を目撃し、付近に身を隠していた学生会の幹部と状況を話し合ったあと、市内を回って光川洞（クァンチョンドン）へやってきたのだ。重い責任を負った彼は、総学生会会長に当選して以来、寸時も自由な時間を持つことができず、憔悴していた。

「うかつな行動をとって逮捕されることは、絶対に避けるべきだ。きょうは（全南大または道庁前へ集まる）約束があるが、状況を見守らなければならないな。学生と市民がどう出るかが大きな問題だ。君は奴らの最大の標的なんだから、絶対にうかつな行動をとってはいけない。いったん市内に身を隠し、事態がどう進むか見守ろう。学生、市民から声がかかれば、その時は乗り出すべきだ。奴らとの闘いはもう始まっている。状況は決してわれわれに不利じゃない。十五日のソウル駅前のデモやこの光州の道庁前のデモを思い出してみろ」

二人の短い密談は終わった。歴史の、そして民衆の要請があれば、その時は前面に出て闘おうという結論だった。二人は緊密に連絡をとり合う約束をした。サンウォンはクァニョンとの連絡を、学生会総務部長・梁康燮（ヤン・ガンソプ。英文科三年。5・18関連。現在、朴寛賢奨学財団常任理事）を通じてとることに決め、彼の隠れ家の電話番号を書きとめた。

「兄さん、では行きます。連絡しますから」

「じゃあ、気をつけてな。行け」

クァニョンの一行は、路地を抜け出そうとしていた。サンウォンは彼らの姿が見えなくなるまで、黙って手を振った。

これが、二人の永遠の別れになった。サンウォンもクァニョンも、そうなることを、全く予想していなかった。

燃え上がり始めた抗争の炎

五月十八日の朝、朴クァニョンを見送った尹サンウォンは、金サンユン先輩の弟の金相集（サンジプ）に電話をかけた。金サンユンが連行されたため、日ごろ、光州地域の民主化運動関係者の連絡拠点のようになっていた緑豆書店を、代わりに守ってもらうためだった。これまで以上に、地域の仲間との連絡が重要になっていた。

サンジプに書店のことを頼んで、サンウォンも市内へ向かった。市街には息詰まるような緊張感がみなぎっていた。戒厳拡大という急激な状況変化に、市民らは一様に「一体どういうことなんだ」と、無念この上ない表情で体をこわばらせていた。

そのころ、全南大の正門には、日曜日にもかかわらず学生たちが集まり始めていた。非常事態が起きれば、たとえ休校令が出されても、毎日午前十時に大学正門に集まり、正午には道庁前に集まろうというのが、十六日のデモ解散時の約束だった。

早朝に登校した学生たち何人かは、特にひどい目に遭わされた。校門をくぐろうとすると、理由も分からないまま戒厳軍部隊に捕まり、パンツだけの姿でひざまずかされた。続々と集まり始めた学生たちは、これを見て、歯ぎしりするほど口惜しく、怒りがこみ上げた。戒厳軍の蛮行は、研究室に行くために校門を通ろうとした教授たちにも及び、学生たちの前で何回も殴られるという屈辱を受けた。

十時が近づき、さらに増えた学生たちは、この光景に怒りを抑え切れず、二、三百人が『闘士の歌』を歌ってデモの隊列を組み始めた。校門前を固めた第七空輸旅団第三三大隊の二個中隊と学生が対峙し、一触即発の状態が続いた。全南大正門で学生たちがデモを始めたという情報は、誰が知らせたわけでもないのに、すぐに光州市街に広まった。

光州市街で全南大正門の状況を耳にした途端、サンウォンは胸が躍った。闘いの火は全南大から起きるはずだ、という予感が的中したのだ。高鳴る胸をおさえてサンウォンは全南大正門へ駆け出した。予想通り三百人もの学生が、校門前に威嚇的に立ち並ぶ空輸部隊員と対峙し、スローガンを力強く叫んでいた。

「戒厳令を撤廃せよ！」

「休校令を撤回せよ！」

「金大中を釈放せよ！」

空輸部隊の指揮者は「武力で解散させるぞ」と、威嚇的な警告を繰り返していた。

それまでの状況を知らないまま、遅れて到着したサンウォンは、いわば見物人として、隊列の後ろから衝突の瞬間を見守っていた。

その時、短い掛け声でもかかったのか、空輸部隊員が棍棒を頭上にかざし、あっという間に学生に飛びかかっていった。先頭にいた学生たちは避ける間もなく、空輸部隊員の野獣じみた暴力をまともに受けた。手当たり次第に棍棒で殴りつけ、軍靴で踏みつける……デモを解散させるためというのではなく、殺し合いを始めるような殺気が溢れていた。

全南大の正門前は、瞬時に修羅場と化した。多数の学生が頭を割られ、鮮血を流し、息も絶えだえに呻きながら倒れ、軍靴で踏みつけられて気を失った。まさに白昼堂々、公然と行なわれた空輸部隊員の光州での最初の蛮行であった。

学生はもちろん、見守る市民も余りにひどい暴力に息を呑んだ。どうしたら、あんなことができるんだ？　あれが戒厳軍か？　それとも戒厳軍を装った殺人集団なのか？見る者すべてが怒りと恐怖でわれを失い、サンウォンも〝目の玉が飛び出しそうな〟戦慄に襲われた。

追われて散りぢりになった学生は、しばらくすると再び集まり、投石を始めた。押し出されては再び集まって石を投げる攻防が、三十分ほども続いた。サンウォンも見物人の立場を捨て、学生たちといっしょになって石を投げた。

しかし、防石鉄帽をかむり、これまでの警察のデモ鎮圧のやり方とは比較にならないほど残虐な空輸部隊員に対して、石を投げるだけでは、どう見ても勝ち目はなかった。接近戦になる度に、投石を恐れない空輸部隊員の執拗な追撃に遭い、学生は首筋をつかまれて瀕死の状態になるほど殴られたあと、校内に連行された。学生側の被害ばかりが増える消耗戦だった。

空輸部隊に対抗するためには、数多くの民衆の示威の力が必要だった。何よりも市民の参加が必要だった。まず、前夜から起きたあらゆる事態と空輸部隊の蛮行を市民に知らせる。闘いを効果的に進めるために、市民も含めたデモ闘争で突破口を探らなければならない。学生たちは、そう考え始めた。

誰かが「錦南路（クムナムノ）へ行こう」と叫んだ。道庁前に通じる光州で最も繁華な錦南路は、連日続けられたデモで「民主化闘争一番地」として、全光州市民に知れ渡っていた。錦南路では、市民らが訳の分からぬ事態の激変に動揺しているに違いなかった。誰からともなく起きた「錦南路へ！」の声を全員が叫び始めた。強力な指導部があったわけではなかったが、闘いの中で自然に、現場指導者が生まれつつあった。

「錦南路へ」の叫びを合図に、学生たちは広い光州駅前広場を再集結場所と決め、それぞれ駅前へ懸命に走った。サンウォンも彼らについて走った。駅前で再び隊列を整えるころには、学生はさらに増え四百人にもなっていた。錦南路へ急ぐ学生デモのスローガンは、戒厳解除、金大中釈放、休校令撤廃、全斗煥退陣などに加え、市民らに参加を促すための、説明的なものもまじった。

「全斗煥がクーデターを起こしました！」

「金大中が連行されました！」

サンウォンも彼らと共に、声を限りにスローガンを叫びながら錦南路へ向かった。デモ隊が進むにつれて隊列も大きくなり、錦南路に着くころには、雪だるまのようにふくらんでいた。沿道の市民も熱烈に歓迎した。

闘いの火種が再び点火したのを確かめたサンウォンは、デモ現場の近くにある緑豆書店へ行った。店主の金サンユンが連行されたあと、書店では弟の金サンジプが殺到する電話を受けており、サンユン夫人の鄭賢愛（チョン・ヒョネ）をはじめ、前夜に予備検束で連行された運動関係者の妻たちが、沈痛な面持ちで集まっていた。サンウォンは彼女たちに対して、すでに闘いが始まった市街の状況を伝え、慰めの言葉をかけたあと、サンジプと共に錦南路へ戻った（著者は「市街」ないし「市街地」という表現で、光州抗争の中心地となった道庁前・錦南路一帯の限られた地域を指している）。

錦南路では、学生と市民混成の約二千人のデモ群衆と、各所に阻止線を敷いた機動警察隊（章末に訳注）の間で一進一退の攻防が続いていた。街路には催涙ガスがたちこめ、上空ではヘリコプターが、プロペラの爆風を撒き散らしながら威嚇的に低空飛行していた。

デモ隊は機動警察隊の阻止線に向かって投石した。高校生も投石戦に加わっていた。制服姿の女子高生がチマ（スカート）を広げて投石用の石を運んだ。大学生、高校生、市民の別なく、デモ隊は一体となった。サンウォンもサンジプと共に、群衆の前面に出てスローガンを叫び、石を投げ、全身汗まみれになるほど走り回った。

しかし、デモ隊の激しい投石も、機動警察隊の阻止線を突破することはできなかった。ペッパー・フォグ車から、視界がきかないほど催涙ガスを撃ちだす相手と闘うには、もっと多数のデモ群衆が必要だった。自然発生的に、現場で続々と出現し始めたデモ指揮者たちは、いったん光州公園前まで後退して再結集し、散発的に闘っている群衆がまとまって攻撃しようと呼びかけた。

名前も所属も、顔さえよくは知らない現場指揮者の号令どおりに、群衆が動いた。闘いの熱気が、そうさせたのだ。

錦南路に残って機動警察隊と投石で闘い続けていた学生と一般群衆に、公園で再結集したデモ隊が加わり、数百人ずつが固まって錦南路一帯でデモを続けると、機動警察隊も次第に劣勢になり始めた。

忠壮、鶏林、東明、山水洞など、市内の五派出所がデモ隊に襲われて炎に包まれた。東明洞のノンジャン橋付近では、警察のバスに乗っていた数十人の警察官らが学生に武装解除され、人質になった。市街では学生・市民と機動警察隊の攻防が続いていた。

ところが午後一時ごろ、突然、空輸部隊が市街のデモ鎮圧に投入されたという、不吉な噂がデモ現場でささやかれ始めた。それを聞いた学生デモ隊は怒りを募らせたが、一方では不安に怯える者も出始めた。すでに朝の全南大のデモ現場で、空輸部隊の無慈悲な鎮圧を目撃していたからだ。相当数の学生が、デモの隊列を離れた。

錦南路で噂を聞いたサンウォンも、急に戦列が乱れ始めた状況がもどかしく、事実を確認しようと、急いで緑豆書店に戻り、書店の自転車で市街を走り回った。

そのころ市街では、目も当てられないような惨劇が、次々に起こり始めていた。

機動警察隊＝警察組織ではなく、軍の組織である戦闘警察の一部。徴兵された陸軍兵士から選抜し、北の工作員摘発などに当たる「作戦戦闘警察」と、兵役の代わりに志願してデモ鎮圧に当たる「義務戦闘警察」があり、後者が機動警察隊である。近年、機動警察隊を軍組織から切り離し、警察組織とする動きがあるようだ。

人間狩り

五月十八日午後一時ごろ、錦南路に近いスチャン小学校に約二十台の軍用車両が集結した。この車両で市街に投入された空輸部隊の鎮圧作戦は、それまでデモ阻止線を敷いていた機動警察隊とは、まったく違っていた。空輸部隊員は「殺傷免許」を持った一団のように、銃剣や棍棒で手当たり次第に学生、市民、老若男女の別なく荒っぽい暴力をふるった。錦南路一帯、共用バスターミナル、その他、人が集まった場所、デモが起きた場所ならどこへでも、機動性のある少人数の分隊単位で駆けつけて「人間狩り」を始めた。

道行く人を追う軍靴の音と鋭い悲鳴が、大通りはもちろん、路地という路地に満ちた。追撃された学生や市民は、半殺しになるほど殴られて頭を割られ、銃剣で突かれて負傷したままトラックに投げ込まれ、どこかへ運ばれて行った。

デモ隊は、捕まれば命を投げ出さなければならない、血まみれの闘いに遭遇していた。この日、やり放題の暴力を振るったのは、申ウシク准将が率いる特戦司第七空輸旅団の第三三、三五大隊員だった。戒厳拡大とほぼ同時に全南大、朝鮮大に派遣されて駐屯していたが、広がったデモの鎮圧のために市街に投入された。

彼らはデモ隊だけを目標にしたのではなく、分隊単位で移動を続けながら、目についた市民はすべて追いまわした。それも、人波を通りから追い払うという程度のものではなかった。路地も、喫茶店も、民家も関係なく、驚き慌てて逃げ出す罪のない人びとを人間狩りのように追い詰め、軍靴や棍棒で踏みつけ、打ちのめし、反抗的な態度を少しでも見せると銃剣で刺した。

デモ鎮圧に投入された空輸部隊の作戦命令名は「華麗なる休暇」だった。空輸部隊員は作戦命令に従って、かくも華麗なる休暇を楽しんだというわけだ。

悪夢のような惨状を目にした市民の怒りは、天を貫くばかりだった。どうすれば自国の軍隊が、同族を無慈悲に殺傷することができるのか？　世の中にこんなことがあっていいのか？　学生と市民が残酷な暴力にさらされなければならない、どんな罪を犯したというのか？

老人たちまで、拳を握りしめて怒りに体を震わせた。女性たちは惨劇のあった路上に座り込んで泣いた。市民らは一途に怒りの声を吐き、痛憤に耐え切れず涙を流した。年長者たちは学生が通りかかると、「危ないから出歩くな」と涙ながらに諭した。

市街を駆けずり回ったサンウォンも、憤怒の涙を禁じ得なかった。いまこそ、もっと組織的に闘わなければならない。闘う意気込みが胸を熱くした。

市街地の惨状を目にして緑豆書店に帰ったサンウォンは、直ちに金サンジプと共に火炎瓶を作り始めた。ちょうど書店にいた大同高校の生徒たちが、火炎瓶を市街へ運んだ。この日の午後以降、市街のあちこちに登場した火炎瓶のうち、相当数は緑豆書店で作られたものだった。

市民の闘いが始まった初日に、緑豆書店で火炎瓶が作られたことには特別な意味があった。八〇年代の半ば以降、「花瓶」(コッピョン)という愛称で学生デモに毎度のように登場した火炎瓶は、七〇年代のデモではほとんど使われなかった。火炎瓶は八〇年五月の光州抗争が始まった日に、尹サンウォンによって初めて使われたのだ。


姿を隠した全南大総学生会会長の朴クァニョンと連絡をとることが急務だった。サンウォンは約束どおり、学生会総務部長の梁ガンソプに電話をかけた。

「ガンソプか? いま市内がどんな状況か知っているだろう?」

「はい、よく知っています」

「予備検束を避けた学生指導部は、これからは闘争指導部を再建して、市内で血を流してデモをしている学生や市民を助けなければならないんだ。デモ隊も武装しなければならない。きょう夕方からでも、火炎瓶をつくろう。武装しないと、奴らに対抗できない。私の言葉をすぐにクァニョンに伝えてくれ」

ガンソプは「はい」とだけ答えた。

市内に身を隠していた梁ガンソプも、ガンソプと連絡をとっていた朴クァニョンも、市内の惨状はよく知っていた。彼らが伝え聞いた内容は、市街の現場で受ける感じよりも、さらに残酷なものだった。それでも彼らは、デモ闘争が継続するだろうという判断には至らなかった。なによりも、運動指導部である彼らが捕まることを恐れた。周囲も「避難すべきだ」と、彼らの安全を気遣った。実はこの時、ガンソプはクァニョンが光州を脱出しようとしているのを知っていた。

十八日朝、サンウォンと別れたクァニョンは、車ミョンソクの義兄の師範部教授、チョン・ジョンイの光州市内の家に、ミョンソクや金ヨンヒュらの学生会幹部と共に避難していた。市街の闘いの情報はクァニョンのもとにも次々に届いたが、教授に「危険だから」と引き止められ、動くことができなかった。

午後になって空輸部隊が市街に投入され、隠れた若者たちをさがして家宅捜索をしているという話が伝わると、教授宅も安全な隠れ家とはいえなくなった。教授はクァニョンに釣り人の姿をさせ、光州の遥か南の麗水（ヨス）の突山島（トルサンド）に避難させることにした。

この計画を知っていたガンソプとしては、サンウォンからの電話に、あいまいな返事しかできなかった。サンウォンの話しぶりは、クァニョンの避難の事実を打ち明けるには、余りにも切実だった。ガンソプは後日、「サンウォン先輩はあの日の電話で、火炎瓶の作り方から、どうすれば遠くに投げられるかまで、詳しく話した」と回顧している。

五月十四日から十六日までの三日間、整然とした学生・市民の闘いをリードした全南大の学生運動指導部が、5・17戒厳拡大と空輸部隊の殺傷鎮圧によって瓦解してしまったのだ。十八日の市内の状況を見て、潜行を決めた朴クァニョンや梁ガンソプの状況認識は、実際の闘争現場にいた尹サンウォンの捉え方とは違っていた。サンウォンのように「デモが継続するだろう」と判断した者は多くなかった。空輸部隊の殺傷鎮圧が余りに激しく、デモはすぐに鎮圧されるだろうという予測が、先に立ってしまった。

学生運動指導部だけでなく、学外の多数の青年運動関係者、在野の運動関係者もクァニョンと同じような判断のもとに、個別に潜行してしまった。この上なく悲劇的な状況だった。すでに多くの者が予備検束によって拘束され、拘束を避け得た者も組織的な連携を図ることはできず、バラバラに示威行動に加わる状況だった。

指導部を欠いたままの散発的な市街デモは、荒々しい空輸部隊の鎮圧で次第に押さえ込まれていった。午後六時になると、全南北戒厳分所（全羅南・北道を管轄する戒厳司令部の分所が、光州にあった戦闘兵科教育司令部に置かれていた）は、光州地域の通行禁止を午後九時からに繰り上げると発表、日暮れとともにゲリラ的なデモは勢いをなくし、完全に暗くなるころには、市街全域が空輸部隊の手に落ちた。

夜を迎えて、暗憺たる思いで緑豆書店に帰ったサンウォンは、金サンジプと鄭ヒョネに対し、自分が市街で見てきたことを怒りに震える声でぶちまけた。そして二人と共に、その日のデモの状況と空輸部隊の蛮行をすべて残さず記録した。連絡可能な者すべてに電話をかけて闘いの状況を伝え、（サンウォンと共に全民労連を結成した）ソウルの李テボクらにも光州の惨状を知らせた。

デモ隊もほとんど姿を消し、ともかくも、十八日は終わろうとしていた。サンウォンは緑豆書店をサンジプに任せて、疲れた足を光川洞市民アパートの部屋へ向けた。通りですれ違う人たちは、みな一様に、軍の蛮行を歯ぎしりして悔しがった。デモは姿を消したが、この日の軍の蛮行は、夜のうちに市内全域に伝わった。

安否を確かめる電話が頻繁に行き交い、中でも、家族の誰かの行方が分からない人たちは、その姿を求めて、気が狂ったように通りを歩き回った。誰も安らかに眠ることなどできない、不穏な夜だった。サンウォンもまた、白昼の市街の惨状がしきりに目の前に浮かんでは寝返りをうち、明け方になってやっと、少しの間だけ眠った。

市民の目となり耳となろう

五月十九日、月曜の朝。新聞は休刊日で、ラジオの朝のニュースも前日の光州の惨状には一言も触れなかった。怒りと恐怖の一夜を過ごした孤立無援の光州市民は、早朝から自ずと錦南路へ足を向けた。官公庁と学校、一般企業を除く市街地の商店街はすべて店を閉めていた。

サンウォンも前夜は、怒りを抑えきれず、ほとんど眠れなかった。朝飯の支度をしているところへ、緑豆書店の金サンジプから緊急の連絡が入った。ソウルから客が来たので、すぐに来てくれとのことだった。

ソウルの国民連合関係の青年が、国民連合の光州・全南地区の実務者に内定しているサンウォンを訪ねて来たのだ。サンウォンは彼に会うとすぐ、前日の光州の状況を息せき切って打ち明けた。

「こんな事態になってしまったので、二十二日の国民連合結成は不可能なようです。運動指導部がみんな予備検束されたり潜行したりの状態だが、市民は非常に腹を立てており、闘争は続くはずです」

サンウォンは前日、光州の惨状をソウルなどに伝え、光州と同じ闘いを他地域にも広げなければならないと強く訴えた。国民連合関係の青年にも前日の光州の状況を話したので、事実が正しく知れ渡れば、他地域でも闘いが始まるだろうと楽観していた。しばらく話をしてから青年は去り、教師をしている鄭ヒョネも隣町の長城（チャンソン）の学校へ出かけた。

サンウォンはサンジプに、前日の状況をソウルなど各地に知らせ、きょう何が起きるかを考えながら火炎瓶製作を続けるように言った。サンジプに絶対に書店を空けないように頼んで、市街へ出た。朝を迎えた市民の動きを確認するためだった。

光州の心臓部・道庁前広場は、午前九時過ぎには完全に交通が遮断されていたが、錦南路には前日の惨劇が引き起こした怒りが、いまにも弾けそうな空気が漂っていた。広場周辺は機動警察隊がバリケードを築いて警戒しており、錦南路に接する各幹線道路の要所では、戒厳軍が銃を構えて市民の進入を阻んでいた。彼らは、仕事に出かける市民も、敵であるかのように狙っていた。

錦南路に集まった人びとは、前日の悲惨な出来事や、夜のうちに聞いた新しい情報をやりとりしてその場を去らず、次第に増えていった。

この朝は、戒厳軍の鎮圧行動もやや収まったように見えた。しかし、全斗煥、盧泰愚、鄭鎬溶らの軍部クーデター勢力は、騒ぎの起きた光州を完全に掌握するために画策していた。十九日午前〇時十五分、まず崔雄(チェ・ウン)准将が指揮する第十一空輸旅団の三個大隊を光州へ追加投入し、午前四時には、前日、やりたい放題の蛮行を働いた第七空輸旅団を再び市街の重要拠点に配置した。

自国の利益を優先し、韓国の軍部クーデターを容認した米国も、全斗煥一味の殺傷劇を、むしろ支援する動きに出た。韓米連合司令官のジョン・ウイッカムは、韓国新軍部の動向について協議するためワシントンに行っていたが、光州蜂起の報に接し、十八日午後七時、急遽帰任した。ウイッカムの帰任とともに米国は、軍部クーデターを支援する立場を一層確実に、行動によって示し始めた。こうした動きは、すでにワシントンで決定されていたようであった。

米国は、光州での韓国軍部の殺傷について一言も触れないどころか、空軍司令官のジェームス・D・ヒューズ中将は「韓半島で戦争が起きた場合、韓米空軍は沖縄駐屯の米戦略空軍機を最短時間で韓国戦線に出動させ、北韓のいかなる空中攻撃も撃退する能力を保有している。また、韓米空軍は制空権を掌握する十分な能力を有しており、戦略空軍機が二十四時間、出動待機の態勢をとっている」と、見当はずれの「北韓の南侵の危機」なるものを持ち出した。

これは、常に北韓の南侵の危機を騒ぎ立てて来た韓国軍部が、前線の兵力を思いどおりに移動させ、権力奪取の道具として使えるように、米国が助け舟を出してやったということだ(光州に投入された空輸旅団は本来、対北朝鮮作戦の訓練を受け、前線に配置される特殊部隊であった)。

米国のこうした破廉恥な行為は、全斗煥一味に心ゆくまで殺傷を行なえる舞台を与える行為、いや、殺傷に同調する行為だった。軍部と米国の動きをまったく知らなかった光州市民は、十九日も前日の痛憤を抑えることができず、正義感にかられて続々と錦南路へ集まり始めた。

十時ごろには、群衆はすごい数になっていた。錦南路への進入路ごとに警備を固めていた武装戒厳軍が、あちこちで集団を作り始めた市民を解散させようとしたが、市民らはその度に付近の路地に隠れ、状況が落ち着くと再び通りへ押し寄せた。

午前中の状況を確認したサンウォンは、野火夜学の仲間たちのいる光川洞の夜学共同部屋へ急いだ。

部屋では董根植（トン・グンシク）、徐大錫（ソ・デソク）、鄭在鎬（チョン・ジェホ）、李ヨンジュ、金ギョングクらの講学が集まり、戒厳拡大措置以後の夜学運営について話し合っていた。彼らは、通行禁止措置が夜九時以降に拡大されたために授業ができないという問題、今学期の学生指導方針などを論議するために集まったのだ。サンウォンは前日から続いている学生・市民の闘いについて話し、自分の意見を言った。

「光州の民衆が全斗煥クーデター一味に全面的に立ち向かっている。きのう直接、この目で確認したが、すでに闘いが始まっているのだ。奴らは前線を守らなければならない軍を動員した。市民は力の限り闘っているが、死傷者が多数出ている」

「きょうも市民の怒りは激しく、一気に決起しそうな気配だ。釜馬闘争（前年十月の釜山と馬山の市民・学生の反政府決起）のように、すぐに鎮圧されることはないだろう。だが、闘いが始まっているのに、それを引っ張っていく指導部がない。メディアは光州の惨状をまったく伝えず、ウソばかり流している。それなのに、闘いの現場には事実を知らせるビラ一枚さえない状態だ」

「市民は新しい情報に飢えている。われわれの出番だ。市民の目となり耳となり、足となって闘争を盛り上げなければならない。いま、この瞬間も市街は沸き立っている。謄写版でビラをつくる準備をしよう。われわれの仕事がバレれば、逮捕されるかも知れないが、それは覚悟しなければならない。お互いに身の安全を守りながら、いますぐ印刷の準備にかかろう」

サンウォンの提案には闘う決意が込められており、声にも熱がこもっていた。静かに聞いていた講学たちも、サンウォンの熱気に感染したように、夜学運営の話は後回しにして彼の提案を受け入れ、ビラづくりの準備を始めた。夜学で使っている謄写版印刷機があったので、紙と原紙、インクを用意すれば、すぐにでもビラづくりは可能だった。謄写用原紙の筆耕（鉄製のヤスリ板の上に蝋を塗った原紙を置き、鉄筆で字を書いてその部分の蝋を落とし、印刷できるようにする。その音から「ガリ切り」ともいう）は、ガリを切るのがうまい朴勇準（パク・ヨンジュン）に任せることにして、YWCA信用協同組合の仕事をしていたヨンジュンに連絡した。

講学たちがそれぞれ必要なものを買いに出かけたあと、

サンウォンは一人、部屋に残ってビラの原稿を書き始めた。そんなに時間はかからなかった。訴えたい言葉はすでに胸の中に溢れていた。講学たちが買い物を抱えて帰ってくるころには、原稿は完成していて、すぐに手渡すことができた。

サンウォンは再び錦南路へ戻った。朝、かなり早くから動いたので、いろいろ仕事をこなしたのに、まだ正午にもなっていなかった。その間にも錦南路では、すでに血がはじけ飛ぶような攻防戦が始まっていた。

デモの市民はもう、恐ろしい暴力に対して、たじろいでばかりはいなかった。誰かが指導したのではなかったが、前日の軍の蛮行を目撃したということだけで、彼らを街路に立たせるには十分だった。あちこちで市民の群れが投石し、緑豆書店などから運び込まれた火炎瓶を投げ、体を投げ出して抵抗した。

前日より遥かに激しい抵抗に遭って、空輪部隊の蛮行は、さらに荒っぽくなった。地域ごとに群がるデモ隊を追撃し、手当たり次第に殺傷した。錦南路、忠壮路（チュンジャンノ）一帯の喫茶店、旅館、民家までくまなく捜索し、殴打し、銃剣で刺した。

デモ中に捕まった市民は、見るに耐えない過酷な暴行を受けた。路上で衣服を剥がれ、まるで軍隊における特殊訓練のような激しい「気合」を入れられた。火炎瓶のかけらや石ころ、催涙弾の破片が散乱するアスファルトの上に、裸のままうつ伏せにさせられた。女性も例外ではなく、下着まで裂かれて胸や下半身を軍靴でこね回され、長い髪をつかんで引きずり回され、護送用車両に荷物のように投げ込まれた。

午前十一時、装甲車まで動員した空輪部隊の蛮行は、野獣のように凶暴になった。錦南路で逮捕された数十人の青年は一ヵ所に集められ、群衆の前で裸のまま、ひざまずかされた。光州公園と道庁前の路地では、若い女性がパンティーとブラジャーだけの姿で座らされ、軍人たちから正視に耐えない辱めを受けた。

全斗煥一味が放った「盲目の狂犬」とでもいうほかない軍人どもの蛮行に、市民らは痛哭《つうこく》し、目を血走らせた。授業を受けていた高校生も駆けつけ、デモに合流した。

「全斗煥を裂き殺せ！」

「金大中を釈放せよ！」

市民の中から、叫びが自然に湧き起こった。当初は軍の蛮行への怒りと正義感にかられて錦南路へ走り出た市民は、いまや「残酷きわまる空輪部隊員の暴力に屈すれば、死ぬことになるのだ」と覚悟して、殺意までひらめかせ、銃を寄こせと叫ぶほどになった。

「われわれに銃をくれ！」
「奴らを全部、撃ち殺せ！」

サンウォンも血の流れる錦南路で、名も知らぬ市民らと共に闘った。胸が怒りで張り裂けそうだった。素手だけの闘いだったが、市民の断固とした抵抗に遭って、空輸部隊員にも死傷者が出始めた。しかし、錦南路で一進一退の攻防を繰り返していた市民らは、午後三時ごろには、さらに補強された鎮圧軍に抗し切れず、光州公園方面に押し出された。

血の味を知った狼のように、空輸部隊員は光州公園まで追撃して来た。公園に必死で避難したデモ隊は捕らえられ、棍棒と銃剣で血だるまにされて気絶する者もいた。やられる者はもちろん、見る者も耐え切れないほどの残虐ぶりだった。

公園で憩っていた老人たちが、見かねて空輸部隊員を厳しくたしなめた。「お前たちにも親兄弟はいるだろうに、よくも……」という、人間として当然の気持ちだったが、これが大きな間違いだった。彼らは老人にも情け容赦なく棍棒を振るった。この光景を見た周囲の市民はもちろん、空輸部隊員に追われていた者まで動顛《どうてん》し、現場に戻ってきた。

市民らが一斉に投げ始めた小石が、空輸部隊員の頭上に降り注いだ。鍛錬されているはずの空輸部隊員も、投石の雨にはたまらず、逃げ出した。興奮した市民は、歓声をあげて追った。

怖気《おじけ》づいた空輸部隊員の一人が、追撃する市民の気勢におされ、退却する隊伍から脱落して光州川に飛び込んだ。川の中は、両岸の市民の恰好の標的になり、無数の小石が落伍兵に投げつけられた。空輸部隊員は結局、石に埋まって命を落とすことになった。

同じころ、光川洞（クァンチョンドン）の野火夜学で講学たちが作ったビラが、市街に撒かれ始めた。市民らは、喉の渇きをいやす泉を見つけたようにビラを読み、闘う決意をいっそう固めた。

アッピール

光州の愛国市民のみなさん！

これは、何ということでしょうか？　何という災厄でしょうか？

罪もない学生を銃剣で裂き殺し、棍棒で殴りつけてトラックで運び去り、婦女子を白昼、裸にして銃剣で刺した奴らは、一体、何者だというのでしょうか？

いまや、私たちの生きる道は、全市民が団結して学生を守り、維新残党と極悪非道の殺人魔・全斗煥一派と空輸特戦団の奴らを一人残らず叩きのめすしか、ありません。私たちはもう、すべてを見ました。全部、知っています。なぜ若い学生たちが、こんなに大きな声で叫んでいるのかを。

私たちの敵は警察でも軍隊でもありません。真の敵は、全国民を恐怖の坩堝《るつぼ》に追い込んでいる維新残党と全斗煥一派です。罪もない学生や市民が数知れず死に、いまも次々に連行されています。奴らがいる限り、同胞が殺され続けるのです。

いま、ソウルをはじめ、全国各地で愛国市民の決起が続いています。

光州市民のみなさん!

固く団結して、維新残党と全斗煥一派を永遠に追放するまで闘いましょう。最後の時まで団結して闘いましょう。そのために、五月二十日正午、きょうに引き続いて光州・錦南路に総結集しましょう。

一九八〇年五月十九日

光州市民民主闘争回報

これは、サンウォンの文案によって野火夜学の講学たちが作り、市街で配布された最初のビラだ。抗争初期から何種類かのビラは配られたが、野火夜学チームのもののように継続的に作られ、組織的に配布されたものはなかった。

野火のメンバーによって撒かれたビラと合わせ、闘いの「状況室」になったのが緑豆書店だった(「状況室」は状況を探るだけでなく、それに基づく戦略を決定し指揮する「作戦本部」を意味する)。五月十七日の予備検束で、市民闘争を先導してきた学生指導部が潜行してしまった。日ごろから学生や青年たちが出入りしていた緑豆書店が、代わりに状況室の役割を担うようになった。

状況室の文字どおり、緑豆書店には、その時々の市街の闘争状況を尋ねる電話が、しきりにかかって来た。状況の急変を知らせてくる電話も少なくなかった。緑豆書店を状況室とすれば、サンウォンは無名の状況室長だった。

サンウォンは数知れずかかってくる電話を一件もなおざりにせず、すべてきちんと記録して「状況速報」を作った。また書店をベースに市内を行き来してはデモの現場をしっかりと見た。

闘争現場から帰ってくる度に、ソウルなど各地に電話して他地域の情報を聞き出し、みんなに知らせた。サンウォンは、光州の惨状と市民の命をかけた闘いを、外国特派員に知らせることを最も重視した。そこで、ソウルのＣＢＳに勤めていた先輩の宋浄民(ソン・ジョンミン。現在、全南大新聞放送学科教授）と全民労連の李テボクに光州情勢を知らせ、彼らがそれを全国各地に伝えると同時に、外国特派員にも知らせてくれるように頼み込んだ。

時間が経てば経つほど、市街の状況はひどくなった。午後四時ごろになると、都心に集中していたデモは市周辺部に散って行った。空輸部隊の殺人的鎮圧によって、デモの中心になっていた錦南路一帯から追い出されたデモ隊は、市周辺部を回りながら戦意を鼓舞しようとした。

市民の目、耳、口にならなければならない言論メディアは、沈黙を続けていた。いや、死傷者の数をデタラメに少なく報道して、クーデター勢力の忠実な「侍女役」をつとめるありさまだった。この権力の手先も、ぶち壊すべきだという声が、自然に起きた。

緑豆書店からそう遠くない光州ＭＢＣ放送が市民らの投石攻撃を受け、窓ガラスと器物が壊れ、取材車両も焼かれた。ＭＢＣ社長が経営していた文化商事という電子製品の代理店も火炎に包まれた。言論本来の使命を果たさず、ずる賢く立ち回った「制度言論」に対して、市民が直接立ち上がって懲らしめたのだ。

デモ群衆の行動はさらに過激になり、その組織も変化していた。特別な指導部が存在したからではなかった。無名の人たちが自発的に前面に出て、闘いを鼓舞しながらデモの隊列を率いた。より効果的にデモを煽るために、マイクをつけた車が、どこからか現れた。

自発的に出てきた指導者の中で、街頭宣伝を担当してその名が広く知れ渡るようになった代表的な市民の一人が、全玉珠（チョン・オクチュ）という女性だ。後日、戒厳軍部は主婦・全オクチュにスパイの濡れ衣を着せ、排除しようとした。

こうした女性があちこちで宣伝活動を行なって闘いをリードするほど、市民同士は固く結ばれ、死を覚悟した闘いが続いた。クーデター勢力は、地方からまで動員した警察兵力、第七空輸旅団傘下の二個大隊、第十一空輸旅団傘下の三個大隊の特殊部隊を殺戮鎮圧に投入したが、市民らは屈しなかった。

命をかけた闘い

五月十九日夜は小雨が降った。血のにおいの残る街路を濡らした夜の雨は、人びとの心を千千《ちぢ》に引き裂いた。ある人はこの雨を、きのう、そしてきょうと、この世を去って行った霊魂の血の涙だと言い、またある人は、天も無念の涙を流しているのだと言った。石と火炎瓶の破片、砕けたフラワーボックス、公衆電話のボックス……水気を含んだ催涙ガスが夜霧のように立ち込める街路に小糠雨が降った。

　暗くなって雨が降り始めたからと言って、市街地の闘いが終わったわけではなかった。高速バスターミナル付近で八トン・トラックが火炎に包まれた。それは、なんとも悲劇的な理由からだった。トラックが慶尚道（キョンサンド）ナンバーをつけていたというだけで、市民らが火をつけたのだ。殺戮鎮圧に加わった軍人らが、みんな慶尚道訛りだったという噂が広がって、引き起こされた事件だった（慶尚道は朴正煕ら維新勢力の出身地でもあった）。炎上するトラックを見てさらに過熱したデモが、夜遅くまで続いた。

　サンウォンは夕方、緑豆書店（ノクトゥソジョム）を出て光川洞へ行った。書店では金サンジプ、鄭ヒョネと共に、その日の闘争状況を整理して他地域に知らせた。光川洞の野火チームのビラ作業場に立ち寄ったあと、周辺部の状況を見に出かけた。

　市街から遠く離れた光川洞一帯の住民も、すでに騒動の渦中にあり、住民らの恨みの声は、天を刺すほどに強くなっていた。市街地へ行って来た人たちを通じて、光川洞の住民にも悲惨な状況は知れ渡っていた。年輩の住民らは、過去を思い起こして怒りの声をあげた。

「人共時代（インゴンシデ。章末に訳注）だって、こんなことはなかったぞ」

「日本の奴らでも、こんな風に人は殺せなかった」

　話すほうも聞くほうも、歯ぎしりして悔しがった。

　住民らがささやきあう話には、サンウォンがまだ確認していない事柄もまじっていた。軍は夕方から市街地で家宅捜索を始めたらしい。家々を一軒一軒捜し回り、若者や学生は無条件に連行して行ったらしい……噂は、あっという間に市全体に広がった。

　学生や若者のいる家庭では、噂を聞くとすぐに門を閉じ、それでも安心できずに屋根裏や押し入れ、床下に息子たちを隠した。「捕まれば殺される。見つかれば、それで終わりだ」という恐怖が、市街に伝染病のように広がった。

　サンウォンは歯ぎしりする思いで、光川洞市民アパート前の野火夜学第三期教室のビラ制作現場に戻った。張り詰めた空気の中で、講学たちがビラづくりに励んでいた。

　董（トン）グンシク、徐デソク、鄭ジェホ、李ヨンジュ、金ギョングクらが仕事を分担していたが、ガリ切りは朴ヨンジュンの専任だった。作業に熱中していた講学たちに、サンウォンは市街の闘争現場で見てきたことを洗いざらい話した。

「市民は決起したぞ。彼らは狂った独裁者と空輸部隊に心から腹を立てている。あす、どんなことが起きるか誰にも分からない。だが、きょうの状況を見れば、何かがきっと起きる。この大事な時に、これまで運動をしてきた連中や知識人は何をしているのか。みんなどこかへ隠れてしまった。われわれが前面に出なければならない。光州の闘いの情報を載せたビラ一枚、声明書一枚が絶対に必要なんだ。たとえ夜学がつぶれるようなことになっても、いまこそ、この仕事が重要なんだ」

サンウォンの熱弁は講学たちの胸を打った。うすら寒い夜、野火の講学たちは、ほとんど寝ずに次の日に配るビラや宣言文を刷った。文案はサンウォンが作った。

二十日の朝になって、雨が止んだ。空が白むと同時にビラ配布チームが行動を開始した。抗争が激化して、働いている工場が休みになった夜学の学生たちが、配布を手伝った。それぞれ分担地域を決め、かいがいしく動いた。現場で出会った学生が、配布を手伝うこともあった。この日のビラは、まず軍の暴力行為の被害状況を記録し、武装示威の必要性を訴えるとともに、光州以外の地域の情勢も伝えていた。配布を終えた講学たちは休む間もなく、用紙、インクなどを用意して作業場に籠り、午後に撒くビラを作り始めた。

市街では、堅固な指導部を欠いたまま二日間、残酷な殺戮を目撃しなければならなかった市民らのデモが、散発的に続いていた。だが、デモ参加者の心は一つに合わされ、熱気を保っていた。「市民側も武装しなければ」という気持ちが、闘争現場全域で強くなっていた。

朝から状況を見つめてきたサンウォンは、市民らが痛ましく、もどかしさに耐え切れない思いだった。この愛国的な市民の熱気が一つにまとまれば、勝利は目前なのに……。五月十六日の集会(道庁前広場での市民・学生の決起集会と「たいまつデモ」)で、あれほど大きな市民の呼応を受けた学生指導部は、一体どうしたのか……。朴クァニョンはどこへ姿を消してしまったのか。

サンウォンは朝から何回も、クァニョンとの中継役の梁ガンソプに連絡をとってみたが、無駄だった。サンウォンのまったく知らないことだったが、その時、ガンソプはすでに光州を離れていた。彼は前日午後、クァニョンが身を潜めている麗水の南の突山島へ行ってしまっていた。

突山島に身を潜めたクァニョンたちは、光州のデモ闘争が日に日に激化しているという情報をつかみ、二十日に光州へ戻ろうとした。クァニョンたちは、運動指導部としての重い責任を自覚して、光州へ戻ることを決意した。だが、光州への交通は途絶しており、断念するほかなかった。クァニョンは、サンウォン先輩が自分を懸命に捜しているに違いないという思いを胸にしまい、突山島に引き返した。

光州以外の地域の状況は、サンウォンを苛立たせた。光州市民が命がけで闘っていることが伝われば、直ちに全国各地で闘いの火が燃え上がるだろうという期待が、無残に崩れた。余りにも動きがなさ過ぎた。苛立ちを抑えきれず、サンウォンは他地域の人びとを薄情だとさえ思った。野蛮な「反動政治軍人」を退けるために、われわれが命をかけているのに……。われわれがこんなに血を流し、踏みにじられているのに……。わが民族は一体、なにをしているのか、どうしてこんなにも静かなのか！

この、声にならぬ叫びはサンウォンだけのものではなかった。クーデター一味の放った犬たちが、狂ったように走り回る街路で、素手で闘い、疲れ果て、怒りに目を血走らせた光州の人びとの絶叫でもあった。しかし叫びは空しく、「こだま」となって返ってくるだけだった。

二十日朝も、錦南路は血の気配をはらんでいた。十時半ごろ、錦南路二街の大通りで三十人もの若い男女が下着だけにされ、空輸部隊員の公然たる制裁を受けるのが目撃された。女性もパンティーとブラジャーだけにされ、見る者すら屈辱に顔が火照るような光景だった。

余りに酷い光景を目撃した市民らは怒り狂った。……奴らはわが国の軍人ではない。奴らは残酷な敵だ。いや、奴らは人間ではない。人間の血の流れていない、狂った獣だ。奴らを皆殺しにしなければ、われわれは生きていられない。武器が必要だ。みんな武器を持とう……「武装しなければ」という気持ちが市民の間から湧き起こり始めていた。

錦南路のカトリックセンター六階の主教館から、街路の光景を見下ろしていた尹恭熙(ユン・ゴンヒ)大主教と曺備吾(チョ・ビオ)神父らの聖職者も、体が震えるほどの怒りを覚えた。曺神父は後に「私は聖職者ですが、この手に銃をとることができたら、彼らをみんな撃ち殺したい気持ちでした」と語っている。

市民武装への動きが、この時から一気に市全域で強まった。市民らは、「自衛のために何か武器になるものを持たねば」と、声高《こわだか》に言い始めた。サンウォンも、サンジプと市内を回る時には、自衛用の鋭い錐《きり》を持ち歩いた。

野火のビラ制作所に立ち寄った田ヨンホと金ソンチュルも、ガリ切り担当の朴ヨンジュンといっしょに近所の金物屋へ行き、小ぶりの包丁を一本ずつ買った。笑い話だが、朴ヨンジュンは包丁を買うとすぐ、練習だと言ってむやみに振り回し、腿を傷つけて近所の病院で幾針か縫った。

一方、午前中しばしの小康を保った市街には、午後三時ごろになると市民らが押し寄せ始めた。示威集団は、これまでのような若者や学生だけではなく、老若男女、家庭の主婦、酒場の女性、ネクタイを締めた会社員、商人、店員、労働者、さらには小学生くらいの子供まで街路に溢れ出てきて、鎮圧軍に向かって石を投げた。

デモ隊は投石だけでなく、火炎瓶、角材、包丁、鉄パイプなど、手にすることのできるものはすべて手にして現れた。ちょうどそのころ、サンウォンの文案をもとに野火の講学たちが徹夜で作り、午前中かかって印刷した「闘争宣言文」が市街全域に配られた。

闘争宣言文

維新残党と全斗煥クーデター一派は、民族に反逆する殺人劇を中止し、峻厳なる歴史の審判を受けよ！

われわれには最後の一刻まで、最後の一人まで民主闘争のために殉じる覚悟がある。

わが国の将来のために、これ以上の犠牲を防ぐために、われわれの決意を以下の通り明らかにする。

1　崔圭夏・傀儡政府は直ちに退陣せよ！
2　殺人魔・全斗煥を処断せよ！
3　民主人士による過渡的救国政府をつくれ！
4　拘束中の学生とすべての民主人士を直ちに釈放せよ！
5　戒厳令を直ちに撤廃せよ！
6　休校令を直ちに撤廃せよ！
7　政府とマスコミは、全南人と慶尚人の地域感情についての歪曲報道をするな！
8　天人ともに許さぬ発砲命令を直ちに中止せよ！

以上が現時局を収拾する唯一の道であることを、歴史の前に峻厳に宣言する。

一九八〇年五月二十日

全南民主民族統一のための国民連合
全南民主青年連合会
全南民主救国学生連盟

名実の備わった指導部が存在しなかったために、宣言文は実在しない団体名で出された。サンウォンが実務を任されることが内定していた国民連合（未結成）のほかは、名称さえ存在しない団体だった。光州地域の学生、青年、在野運動団体が一体となって闘っているように見せるために、仮の団体名による宣言文を発表したのだ。宣言の各条項は当時の市民の切実な要求を正確に代弁しており、事態解決に際しての明確な意志を提示していた。宣言文が配られた後も、錦南路では一進一退の攻防が薄暮まで続いていた。

午後七時ごろ、市街西北の柳洞ロータリー方面から、何台もの車両がヘッドライトをつけ、警笛を長く鳴らしながら錦南路へ向かって疾走して来た。

光州民衆抗争の転換点だった。光州解放の決定的なきっかけをつくった「民主運転手」らの車両デモだ。職業柄、車で市内を走り回り、戒厳軍の蛮行を誰よりも目にする機会の多かった運輸労働者が、戒厳軍が阻止線を敷く道庁に押し寄せようと、立ち上がったのだ。

彼らは午後三時ごろから西北郊外の無等競技場に集まり始めた。車両が二百台にふくらんだ五時三十分ごろ、車列を組んで林洞を経由、錦南路に入って来た。

車列の先頭は、荷をいっぱいに積んだ大韓通運所属の大型トラック。高速バス、市外バスと市内バス約十台が続き、その後ろには二百台ものタクシーが、錦南路を埋めて続いた。車両の列は、大津波のように錦南路に押し寄せた。民衆が自ら歴史の主役として、自身の生涯を投じる壮烈な美しさを見せた瞬間だった。光州蜂起が別の局面に転換しつつあることを見せた瞬間でもあった。

車両デモが錦南路に入ってくると、沿道の市民が歓呼の声をあげ、感激の涙を流した。市民らは角材や鉄パイプを手に、車両の列の後ろについて進み始めた。幾つかの小隊で錦南路に阻止線を敷いていた軍警は、慌てて後ずさりしながら大量のペッパー・フォグ弾を撃った。一帯は瞬く間に前後の見分けもつかない霧の海になった。

軍警の直撃弾が先頭車両のフロントガラスを砕き、車内に破片が飛び散った。運転手は窒息状態になり、軍との間隔が二十メートルほどのところで停車してしまった。すぐに防毒マスクをつけた空輸部隊員らが阻止線から飛び出して来て、車から這い出そうとする運転手らをむちゃくちゃに殴り始めた。車を援護していたデモ隊も空輸部隊に向かって一斉に投石を始め、一帯で激しい闘いが繰り広げられた。

車両デモは結局、運輸労働者側に多数の死傷者を出して終わった。しかし、これに鼓舞されて、市民側の士気は大いに上がった。市内各所でバス、トラックを徴発して乗り回し、市街全域でさらに激しいデモを行なった。戒厳軍はこれに耐えきれず、相次いで退却し始めた。

戒厳令を解除せよ！

金大中を釈放せよ！

全斗煥を裂き殺せ！

空輸部隊は撤退せよ！

市民らから湧き起こるスローガンで、市街全域が喚声の坩堝となった。力強い歌声が響き渡った。だが、時折、もの悲しい歌も流れた。悲しい歌を歌う時には、死んだ人びと、傷ついた人びとを思い、さらには光州だけが孤立して闘っていることの悔しさが胸にせまり、市民らは涙を流した。

車両デモ隊の錦南路突入を契機として、光州蜂起は新たな局面に入った。市民らが車両を徴発し、角材や包丁を手に自衛的な武装を始めた。道庁、光州駅一帯、全南大、朝鮮大を除いた市一円は、ほとんど市民側が掌握した。命をかけた闘いが始まったのだ。死傷者も増え始めた。十日間にわたる抗争期間中、二十日夜の市民の被害が最も多いという事実が、この日の闘いがいかに激烈だったかを物語る。

二十日の市民の示威行動は、これまでとは違って夜を徹し、翌日の明け方まで続いた。同夜、光州で起きていることを正しく伝えず、虚偽放送を繰り返して市民の怒りを買っていたＭＢＣが炎上、ＫＢＳ放送と税務署別館も火をつけられた。

二十一日午前三時ごろには、前夜から勢いの衰えぬデモを鎮圧するため、戒厳軍は催涙弾を使い果たすほどだった。以後、戒厳軍が最終阻止線を敷いている道庁前を除いて、市街全域が市民に掌握された。

サンウォンは二十日は一日中、市街と光川洞のビラ作業場を行き来して一睡もできなかった。だが、次第に好転していくデモの状況を見て心が騒ぎ、疲れを覚えなかった。ビラづくりチームの努力で、あちこちの闘争現場には、タイミングよくビラが配られていた。正規の指導部が存在しない状況下で、現場で自然発生的に生まれた指揮者たちは、野火チームのビラを読み、闘いを激化させていった。

人共時代　人共は朝鮮民主主義人民共和国（北朝鮮）の略。人共時代は、一九五〇年の朝鮮戦争当時、南下した北朝鮮に韓国が短期間統治され時のこと。統治期間中と国連軍介入後に北朝鮮が退く過程で、北朝鮮とその同調者による「人民裁判」や「粛清」で多数の韓国の人びとが犠牲になった。一方、韓国軍は開戦直後に敗走しながら、政治犯や左派系人士を多数、虐殺した。

釈迦降誕の日　錦南路の血風

抗争四日目の五月二十一日、陰暦では四月八日、釈迦降誕の日だ。いつもなら、「大慈大悲」溢れる日が清らかに明けるはずだった。だが錦南路は夜明けまで疲れを知らぬ市民の闘いが続き、催涙ガスがたちこめ、血痕が街路に染みついていた。デモ隊は徹夜で闘って一睡もせず、充血した目で朝を迎えた。

九時過ぎには市民が再び集まり始め、抗争開始以来もっとも多い十万人に迫る人波が錦南路を埋めた。錦南路だけでなく、道庁広場に向かう放射状のすべての道路に人波が溢れた。

血と汗にまみれたまま夜を明かした市民の勝利は目前だった。鎮圧軍の道庁前の最終阻止線と、対峙する市民との間隔はせいぜい五十メートルほどで、最後の決戦が迫っていた。

サンウォンは早朝、光川洞でビラ作りの状況を点検したあと市街へ戻り、錦南路の光景を見て感動を覚えた。戒厳軍の恐るべき殺傷に遭っても、市民らはなお、不義に立ち向かっていく限りない爆発的な力を秘めている！　この大きな可能性。サンウォンは道庁前の人波を見て、涙がこぼれそうだった。

前夜の闘いで殺された名もない市民の遺体が、太極旗(韓国国旗)で覆われ、リヤカーに乗せられて錦南路に現れた。デモ用車両が市周辺部や住宅街を回り、拳《こぶし》を握りしめた市民を続々と運んできた。車に向かってパン、牛乳、飲料水が差し出された。「ご苦労さん」「お疲れ」「ありがとう」「力を合わせて闘おう」などの言葉が力強く交わされ、闘いの意気が高まった。

そこへちょうど、野火チームが徹夜で作った「民主守護全南道民総決起文」が市街に大量に配られた。流血の一夜の後だけに、悲痛な叫びに近い文章だった。サンウォンと野火一家の強い思いが込められていた。

民主守護　全南道民総決起文

四百万全南道民よ、総決起せよ。(中略)

最後の一人まで、最後の日まで闘い抜き、あの恨みの殺人魔・全斗煥を、国民の凶悪な背反者・維新残党をずたずたに裂き殺し、血を吐きながら死んでいった我らの息子や娘たちの怨恨を解いてやろう。(中略)

天よ、この悔しさに血のにじむような民主市民の憤怒が分かるか。

三千万の愛国同胞よ、この無念な死者の声が聞こえるか。(中略)

凄絶な恐怖の街・光州。血に染まったアスファルトの上で無残に死んでいった数々の遺体と共に、我らは死を覚悟して集まった。

いまや、何を恐れ、何をためらうのか。

起て！起て！起て！起て！

我らは憤怒の怨恨と救国民主の一念のみ。

愛国勤労者よ、身の回りの工具を手に起て！
愛国農民よ、ショベルと鍬を手に起て！
三千万の愛国同胞よ、みんな起て！（後略）

一九八〇年五月二十一日

全南民主民族統一のための国民連合
全南民主青年連合会
全南民主救国総学生会連盟

ビラが配られると、市民の手から手へと、飛ぶように広がった。「総決起文」は市民の胸を打ち、目に焼きついた。闘う熱気はますます高まった。車両デモ隊が周辺部を回って、前夜の勝利を伝えた。これに鼓舞されて、周辺部の住民たちも続々と錦南路へ集まってきた。

鎮圧軍の最後の橋頭堡・道庁前広場と向かい合った示威群衆の先頭では、現場で自然発生的に登場した、名も知らぬ指導者が指揮をとっていた。スローガンと歌声が錦南路に溢れた。遺体をリヤカーに積んで進むデモ群衆の手にも、鉄パイプや角材、包丁などが握られていた。

第十一空輸旅団の三個大隊、第七空輸旅団の第三五大隊による道庁前広場の最終阻止線と、示威群衆の先頭との距離は四十メートルほどに狭まっていた。十万人に迫る群衆を前にして、軍の先制鎮圧は考えられない状況だったが、道庁と広場を隔てた尚武館（サンムグァン＝柔道場。犠牲者の遺体が収容されていた）前の軍人の異常な動きも目についた。軍用ヘリが時々飛来するなど、戒厳軍側で何か準備しているようにも感じられた。

示威群衆の先頭には、防衛企業であるアジア自動車の工場から徴発してきた装甲車があり、群衆は今にも軍警の阻止線に襲いかかりそうな、一触即発の事態を迎えていた。

群衆にまじって状況を見守っていたサンウォンも、胸が高鳴った。だが一方では不安も募り始めた。「今こそ、最後の勝利を収めるために、組織的な戦略をもたなければならない重要な時だ」と思った。光州の状況を全国各地に知らせて闘いを起こさせ、軍のクーデター一派を一挙に倒さなければならない。外国通信社に彼らの野望を知らせ、米国をバックにした軍部統治の外交的な土台を崩さなければならなかった。

組織的な戦略を持つ、一貫した指導部が必要だったが、どこから手をつければよいのか分からず、焦りを感じた。鎮圧軍は、この日午前二時、全市外電話を不通にした。このこともサンウォンの心をさらに重苦しくした。完全な孤立無援の中で、光州だけが孤独な闘いを続けている。

サンウォンは道庁前の対峙現場を離れ、「闘争状況室」

になった緑豆書店に帰った。書店は闘争の激化につれて、闘いに加わった学生たちが出入りし、重要な連絡拠点になっていた。拘束された店主・金サンユンの妻・鄭ヒョネ、彼女の弟の鄭ヒョンスン、金サンユンの弟の金サンジプ、彼の妹の金ヒョンジュが交代で留守をまもり、状況を記録していた。

サンウォンが上気した顔つきで書店に帰ったころ、出入りの学生たちと共に火炎瓶を作って現場に運んでいた鄭相容（チョン・サンヨン。5・18関連。後に国会議員経験）、鄭海直（チョン・ヘジク。小学校教師、5・18関連）、朴暁善（パク・ヒョソン）らも帰ってきて、サンウォンを中心に話し合った。

「道庁前の対峙現場は一触即発の危機が迫っています。道庁前広場では軍用ヘリが離着陸を繰り返していますが、正確な理由は分かりません。最前線では無名の市民闘士が拡声器を使って懸命に指揮していますが、中心になる闘争指導者がいない。市民らが道庁に向かって前進すれば軍は発砲し、おびただしい被害が出るでしょう」

サンウォンは道庁前の状況を簡潔に話した。

では、この状況にどう対処すべきか。

重い課題に直面して、年長者の鄭サンヨンが「連絡可能な在野人士、青年運動家らの意見を聞いてみよう」と提案し、連絡のつく青年、学生に緑豆書店に集まってもらうように指示した。多くの仲間の意見を聞いた上で、この局面に積極的に対処するという、彼らとしての最善の方策だった。抗争指導部を作る「芽」が育とうとしていた。

光州闘争の真相を他の地域に知らせなければ、とみんなが口をそろえたが、それには遮断された市外通話を開通させなければならなかった。また、市民の闘争を効果的に指導するために、放火されなかった全日放送（全南日報放送。ラジオ局）を利用できないか調べることにした。

緑豆書店は多数の学生が出入りしていて、じっくり議論できる雰囲気ではなかった。議論を打ち切って、それぞれ自分の仕事に戻った。

サンウォンは、津波のように錦南路へ押し寄せる市民をどうすれば勝利へと導くことができるのか、いま、どんな対策をとることが望ましいのか、自分自身を含めた民族民主運動勢力は無力なのではないかと、考え込んだ。書店内の奥の部屋に横たわり、じっと虚空を見つめるサンウォンの姿を鄭ヒョネは覚えている。

このとてつもない事態、生命を犠牲にする覚悟がなければ、闘いの隊列に加わることができないような状況の中で、サンウォンも自信を持って「闘う論理」を説くことはできなかった。書店のある壮洞ロータリーは人波で溢れ、近くの薺峰路（チェボンノ）大通りは市民らが徴発した車両が走り回っていた。

サンウォンが考え込んでいた時、突然「市外電話が通じる」という話が舞い込み、書店にいた鄭ヘジクと薺峰路の電信電話局へ走った。電話局前には、すでに市民らが集まって「市外電話を開通させろ！」と叫んでいたが、結局、電話は開通しなかった。

交通を遮断された道路は、市民とデモ隊の車だけが入り乱れて行き交っていた。道庁前の状況が緊迫するにつれ、デモ隊の車両が無秩序に走り回り、危険を感じた徒歩の市民らは、誰かが整理してくれることを望んでいた。電話局前も同様だった。サンウォンと鄭ヘジクは木切れを拾い上げ、手信号で市民館前ロータリーの交通整理を始めた。


書店に戻る道すがら、サンウォンは以前からの課題を考え続けていた。勇敢な市民の民主化への強い意志を、どのように結末へ導いていくのか。市民の力を一つに結集する方法はあるのか。血のにじむような怒り、死をも顧みない闘いを、どのように効果的に組織し加速させるのか。

あれこれ思いあぐねているところへ、野火夜学出身の田ヨンホが市街の現場を回って書店に帰ってきた。ヨンホを見つけたサンウォンは席を蹴って立ち、叫んだ。「ヨンホよ、光川洞へ行こう！　われわれがやるべき仕事が、ここ

とは別にあるんだ」。サンウォンは、闘争指導部がない状況下では、自分たちが印刷物を作って闘いの熱気を盛り上げ、闘いの方向を示すしかない、という結論に達していた。

正午過ぎに野火夜学に着くと、「目的のはっきりした、体系的で効果的な広報活動」を展開するための会議を開いた。田ヨンホ、鄭ジェホ、徐デソク、朴ヨンジュンらのビラ作業チームが出席した。会議は、誰よりも闘争現場の状況をよく知っているサンウォンの報告で進められた。

「いまは本当に重要な局面だ。道庁を除いた市街地全域で市民と戒厳軍が闘っている。われわれは何をなすべきか、が問われている。黙って見ているのか。だめだ。通りで民衆が上げている叫びを無視してはいけない。彼らが歴史を動かしているんだ。これまで運動をやって来た知識階級出身者は、自分がやったり言ったりして来たことに責任を負わず、傍観するか、どこかに隠れてしまって姿を見せない。彼らは反省すべきだ」

「では、ここにいるわれわれは何をするのか。デモの群衆の先頭に立って突進するのか、マイクを握って扇動するのか？　われわれには、それをやるだけの組織も準備もなく、実際にできない。デモは市民たちの力で自発的に進められ、涙ぐましい情景を市街のあちこちで見ることができる。つい先日まで、町なかの平凡な生活者だった人たちが、

一斉に立ち上がっているんだ」

「われわれは、愛国的な市民の目となり耳となり、手足になろう。今日までのビラづくりを一歩進めて、もっと組織的で体系的な『闘士回報』(トゥサフェボ)を出そう。闘いの状況を伝え、市民の闘うべき方向を、闘いの段階に応じて示そう。『闘士回報』を出すことに全力を傾けよう」

サンウォンは『闘士回報』という題号によって、闘争状況を扇動的に書く単純なビラではなく、市民の闘いの方向を示すことのできる、より体系的な印刷物であることを示したかった。夜学の講学たちも全員が賛成し、直ちに回報を作る作業の分担を話し合った(一八六ページの訳注①参照)。

さまざまな情報を集めて文章にするのはサンウォンと田ヨンホ、謄写版のガリ切りは朴ヨンジュンと董(トン)グンシク、印刷は金ソンソプ(夜学三期生)、羅明官(ナ・ミョングァン。夜学一期卒業生)、徐デソク、李ヨンジュらが受け持った。用紙などの物資補給は金ギョングク、鄭ジェホ、申炳寛(シン・ビョングァン。夜学一期卒業生)が、配布は講学と学生がみんなで手分けすることにした。ノ・ヨンナン(夜学一期卒業生)、梁スッキョン(同)らの夜学出身女性陣が炊事を引き受けた。野火夜学の学生は、卒業生と一定の年齢に達した者だけをチームに加えた。

それまで作業場にしていた光川洞市民アパート前の第三期校舎は、周辺住民らに知られすぎていた。本格的な回報制作のために、近所の空き家に作業場を移し、謄写版印刷機などを運び込んだ。

こうして、闘士回報づくりの作業が始まったころ、サンウォンは光川洞アパートの貧しい住民から、お金とコメを贈られた。十二万ウォンとコメ二、三斗……。全斗煥をひっとらえるのに使って下さい、空輸部隊を追い出すのに使って下さい、デモ隊の食べ物や飲み物に使って下さい……。涙が出るほど嬉しい献金だった。サンウォンは「ありがとう」と、短く何度も繰り返した。

野火チームは闘士回報第一号を目指して苦心していたが、その最中の二十一日午後一時ごろ、錦南路では恐るべき事態が起きていた。軍の一団がついに、同族の胸に照準を定め、凶弾を発射したのだ。取り返しのつかない事態だった。

われらも銃を

五月二十一日午後一時、全南道庁前に阻止線を敷いていた空輸部隊員が一列に並び、デモの群衆に正確な照準射撃を加えた。発砲するとは夢にも思わなかった市民らは、一瞬、風に吹き払われる木の葉のように、血を流して次々に倒れた。本能的に恐怖を感じて、とっさに建物の陰に身を隠した人びとから悲鳴があがった（章末に訳注）。

「発砲だ！」

「われわれも銃を手に入れよう！」

発砲に対抗するために武器を奪おうと、錦南路を抜け出して車に飛び乗った青年たちは、各警察署の武器庫へ向かった。近郊の和順（ファスン）、潭陽（タミャン）へ向かった一団もあった。市民らの自衛のための武装が始まった。

道庁前の発砲は、緑豆書店にいた人びとを驚かせた。道庁付近の自動小銃の連射音が書店でも聞こえ、道庁横の労働庁近くに集まっていたデモ隊員は驚きおびえて、書店のある壮洞ロータリーに殺到した。

書店にいた鄭サンヨン、李ヤンヒョン、鄭ヘジク、金サンジプらは、逃れてきたデモ隊員から発砲の様子を聞き、歯ぎしりした。ついに権力の下手人たちは道を誤り、同族の胸に銃弾を撃ち込み始めたのか！　正式発砲命令は出されたのか！

発砲に続いて不吉な噂が相次いだ。市周辺部の軍駐屯地・尚武台方面から軍が移動しているという連絡が入った。次に軍が発砲する時は、示威の市民をみな殺しにする作戦かも知れない。書店に集まっていたメンバーは、額をつきあわせて話し合ったが、絶望的な状況だと、全員が認めざるを得なかった。

書店も安全ではなくなった。彼らはとりあえず、午後三時ごろに太平劇場近くの、サンヨンらの勤務先である寶城企業（ポソンキオプ。学生運動で逮捕歴のある青年たちの作った建材会社）の事務所で落ち合い、最終的な対応を話し合うことにして、それぞれ緑豆書店を後にした。鄭ヒョネと金サンジプも、いったん店を閉めることにしてシャッターを下ろし、外へ出た。

戒厳軍の発砲は、瞬く間に光州全域に知れ渡り、光川洞にいたサンウォンにも伝わった。サンウォンは発砲の状況と書店にいた仲間の行動予定を電話で確認した上で、市街地の状況を自分で確認するため、光川洞を出た。

軍の無差別発砲に激怒し、「武装しよう。銃をとって死ぬまで闘おう」と叫んでいる一団もあったが、一方では、発砲におののいた人波が続々と街路から去って行った。この市街の情景が、「状況は絶望的だから避難しよう」という、知識人らの「避身論」の根拠になった面もあった。

約束どおり午後三時、寶城企業の事務所で落ち合った鄭サンヨン、鄭ヘジク、李ヤンヒョン、金サンジプ、鄭ヒョネらも、状況はいまや絶望的だとの見方にまとまった。彼らは涙をのんで各自の安全のために退避することを決め、散会した。ようやく生まれようとしていた抗争指導部が、退避を決めてしまった。

サンウォンは市街地の状況を確かめた後、寶城企業に電話をかけたが、応答はなく、目の前が真っ暗になって「抗争の、武装闘争の街路に、吾《われ》はただ一人！」とさえ感じた。革新系の付き合いのあった在野の活動家に電話をかけた。金セウォン氏からは、運動指導者として熟慮の上で行動してほしいと、諭された。

この局面にどう臨むのか。昨日まで権力に従順そのものだった市民が、いまや死を顧みず、武器をとって戒厳軍に立ち向かおうとしているのに、民族民主運動、民衆運動に関わってきた自分は、自分の命がどうなるかを心配しているのではないか。サンウォンは自問自答しつつも市民の一人として、武装市民軍を行動によって励まし、闘争を守り立てることを心に決めた。

彼は、闘士回報を一刻も早く闘争現場に届けることが必要だと考え、デモ用車に乗せてもらって光川洞に帰った。サンウォンが帰り着くと間もなく、印刷、配布担当班の徐デソクがいまにも泣き出しそうな充血した目で作業室に入って来て、興奮した声でしゃべり出した。

「サンウォン兄さん、市民が銃をとって血を流しているときに、こんなビラに何の意味があるんですか。われわれも行って闘うべきじゃないんですか」

鬱憤をぶちまけるような調子だった。徐デソクの心中が分からないではなかったが、サンウォンは厳しい声で言った。

「おい、お前！　いまお前たちがやってる仕事も重要なんだ。銃をとって闘っているのと、まったく同じなんだ。いま、お前一人が怒りにまかせて市街へ駆けつけ、銃を持った市民を率いて闘うことができるのか。そんな感情論で戒厳軍に勝てるのかということなんだ。市民の闘いを組織しリードして、闘いを次の段階に進めるために、いま、われわれは苦労しているんだ」

「戒厳軍の発砲以来、家に帰ってしまった大多数の人たちに対しても、奴らの虐殺や蛮行を知らせて、もう一度闘いに加わってもらわなければならない。いま、ほとんどの知識人は身を隠し逃げているが、無責任きわまる。彼らがあんなに騒ぎ立てた歴史だとか民衆だとかに対して、どれだけ恥ずかしいか。せめてわれわれは、やるべきことをやり遂げなければならない。闘士回報を出すことこそ、お前たちがやれる最善の仕事だ。奴らは銃剣よりも、われわれの仕事を恐れるんだ」

サンウォンは闘士回報の重要性を話して、回報づくりにやや熱意の欠けた徐デソクを叱った。サンウォンが大きな声を出したのは、（光州抗争に積極的に参加しない）知識人運動や七〇年代の運動の限界を強く感じていたからだ。

平素めったに怒らない温和なサンウォンが声を荒らげたので、制作チームのメンバーは驚いて緊張したが、しばらく経つと、一人、二人と受け持ちの仕事に再び手をつけ、熱中し始めた。

そのころ、（各地から武器を奪取してきた）市民の武装は急速に進み、戒厳軍当局は、光州放棄を決断せざるを得ない事態に追い込まれていた。夕方六時ごろ、戒厳軍は道庁から完全撤収し、警察軍も全羅南道警察局の安炳夏（アン・ビョンハ）局長の「自己判断で退避せよ」という命令により、道庁を出てバラバラに解散した。続いて全南大、朝鮮大に駐屯していた部隊も撤収した。彼らは撤収作戦で大量の火力を使ったため、市内全域でなお銃声がやまず、市民は不安におののいた。空輪部隊の道庁撤収は、市民軍や一般市民にはまだ知らされていなかった。

サンウォンの生家の林谷に住む両親は、心配で気の休まらない日々を送っていた。光州からは不吉で衝撃的な噂が絶えず届くのに、サンウォンからは何の連絡もなかった。これは彼の両親に限ったことではなく、息子が光州で暮らしている全羅南道中の親たちは、農繁期なのに仕事も手につかず、光州抗争が始まって以来、ずっと胸を痛めていた。

電話が通じていた時は、サンウォンの父・尹錫同（ユン・ソットン）さんは毎夜、光川洞のサンウォンの部屋に電話をかけたが、あちこち走り回っているサンウォンが、電話に出たことはなかった。部屋に残っていた末弟の泰源（テウォン）が、自分自身もよく知らない話で言いつくろって、父親を安心させなければならなかった。

「サンウォンはこのごろどうしてるんだ。家にはいないのか？　デモをして歩き回っているのか？　夜はちゃんと家で寝ているのか？　デモなどしているようなら、お前が必ずやめさせなさい。私の話は分かっただろうな。お前も絶対に外へ出てはだめだ」

テウォンも、サンウォンがどんな運動をしているのかは知っていたが、兄をかばって本当のことを話さず、父を安心させるしかなかった。何度電話してもサンウォンに直接連絡がつかないので、父は田舎にいた次弟の廷源（ジョンウォン）を光州に行かせ、様子を確かめさせることにした。

二十日の夜九時ごろ、サンウォンは食事のために光川洞の部屋に帰り、軍を除隊した弟のジョンウォンがいるのを見て、大声で叱った。「おい、何をしに光州へ来たんだ。光州はどうなるか分からないんだぞ。絶対に外へ出ずここにいて、あす早く帰れ。テウォンよ、お前も市内へは行かず家にいろ。若者はみんな殺されそうな状況なんだ。絶対に外へ出てはダメだ！」

ジョンウォンは「アボジがとても心配してるから、来たんだ」と言ったが、サンウォンは「あす帰ったら、心配することはないと伝えてくれ」と言うだけで、ジョンウォンの言葉をはねつけた。ジョンウォンは翌早朝、林谷に帰り「兄貴に逆に叱られましたよ」と言って両親を安心させた。

発砲があった翌日の二十二日、父はどうしてもサンウォンのことが気がかりで、光州の近くまで歩いてやってきた。しかし戒厳軍が警備を固めていて市内には入れず、付近から光川洞の部屋に電話をかけた。電話をとったテウォンは、この時も嘘をつかなければならなかった。

「戒厳軍はいま、市街地には一人もいません。サンウォン兄さんもきちんと家に帰ってきていますから、安心して帰って下さい」。父はテウォンの言葉を疑わず、いくらか安心して引き返した。ずっと後になってテウォンは、父から「なぜあの時、本当のことを言わなかったんだ」と、涙ながらに責められた。

ジョンウォンに会った夜、サンウォンはしばらく仕事が手につかず、林谷の父母のことをひたすら思った。正月に実家に帰ってからは、父母と顔を合わせていなかった。一ヵ月前の四月、父の誕生日を祝うために実家へ帰るテウォンに、電気カミソリを持たせたことが、いくらか心の慰めになった。電気カミソリは、サンウォンから父への、最後の贈り物になった。

道庁前一斉発砲　五月二十一日午後一時の戒厳軍による道庁前一斉集団発砲については「デモ群衆に向かっていきなり照準射撃をしたのではない」という主張がある。軍の阻止線の直前まで示威群衆が押し寄せ、何度か衝突が続いた後、群衆側からバス二台と装甲車一台が阻止線に突進し、軍の二人が死傷した。その後、道庁のスピーカーから愛国歌が流れ、軍の一斉発砲が始まったという。

当時、東亜日報の光州駐在記者であった金泳澤（キム・ヨンテク）、朝鮮日報出身の評論家・趙甲済（チョ・ガプチエ）、光州日報の連載「光州抗争史」の記事は、以上のように書き、趙甲済は「これは九五年のソウル地検と国防部検察部の捜査結果などでも明らかだ」としている。

示威群衆側からの突進があったとしても、軍の一斉照準発砲とそれに続く錦南路周辺での市民殺傷が正当化されるわけではない。従って戒厳軍の鎮圧を糾弾する側も、事実経過については正確に記録すべきだと訳者は思う。二〇〇七年の映画「華麗なる休暇」は「5・18を事実に基づいて劇化した」としながら、冒頭、愛国歌を歌う市民らに向かって、軍がいきなり一斉射撃する。愛国歌が流れたのは、戒厳軍のいた道庁のスピーカーからであり、映画の描写は事実ではないようだ。

解放光州の街路を縫って

五月二十二日。いつもより長い夜が過ぎて、いつもと変わらぬ朝が無等山の彼方から明けた。「解放光州」の第一日だ。五月十八日から四日間の流血の闘争を経て、輝く解放の朝を迎えた。

ここ数日の苦難の時間を、市民らは進んで理解し受け入れた。誰かがそうさせたのでもなく、強力な組織があったわけでもなかった。ノリ巻きやおにぎりをデモ隊に差し出した市場通りのおばさんたち、チマを広げて石を運んだ女学生、食事や睡眠抜きの痩せこけた姿で連日闘った若者たち……すべての人びとが共に闘い抜いた聖戦だった。

一見、すべてのことは自然に起きたように見えた。サンウォンも前日、野火夜学のある光川洞市民アパートで、住民が集めてくれた相当な金額のお金とコメを受け取った。緑豆書店でも市民の献金を受けたことがあった。涙ぐましい情景だった。これらのことは、自然に起きたのではなかった。命をかけて不義に刃向かい、隣人と同胞を守る崇高な精神の一体感がなければ、できることではなかった。

一夜が過ぎて、悪魔のような戒厳軍が完全に撤退し、市全域を市民軍が掌握したという解放のニュースは、瞬く間に広がった。夜が明けると、市民らは路地から市街へ、錦南路へ、道庁へと急いだ。夜通し光州を守った市民軍の車が行き来するたびに、市民は感激して拍手し、喜びの声を上げた。

野火の闘士回報チームも前夜、ロウソクの灯の下で片時も休まず、第二号を作った。武器を確保して自分たちで警備に立ちながらの作業だった。16折（20×15センチほど）のワラ半紙を使い、すべてを手作業でこなす謄写版印刷は、大変な苦労だった。インク、原紙、印刷用紙の確保も、市内のすべての商店街が二十日から一斉に休業したため、簡単ではなかった。費用はすべて、サンウォンが調達した。

謄写機はたったの一台。三万枚を刷るためには、まったく同じ内容の原紙を二十枚ほども作らなければならない。印刷機に取り付けた原紙は、千五百枚も刷ると使えなくなってしまうからだ。ガリ切り担当の朴ヨンジュンの指にはマメができ、手首は腫れあがった。

三人で一組の印刷チームも、作業が終わるころには腕が腫れあがり、肩が凝って非常につらかった。一時《いっとき》も早く刷り終えなければという重圧感と夜間作業の疲れで、「刷りそこない」を無数に出しながらの作業が朝まで続いた。

闘士回報第二号（他資料により、原著を補った＝訳者）

民主闘士よ、さらに力を出そう！

われらの勝利の日は目前だ

光州市民の民主蜂起の喊声《かんせい》は全国にこだまし、各地の人びとが聖戦に参加している。長城から、和順から、羅州から大量の車両と武器が運び込まれた。いまや勝利の日は近い。勝利の日まで全市民が団結して闘おう。勝利しよう！民主主義万歳を叫ぼう！

・KBSを接収し放送を通じて各地に惨状を知らせよう

・外郭道路遮断（ソウル、木浦、和順、松汀、南平、その他）

・車両に分担任務を表示しよう（指揮部、連絡部、補給、救急、その他）

・近隣地域へ行き、戦闘員を糾合しよう

・全市民は地域を防御し補給品を提供しよう

〈二十一日のニュース〉

①午後六時ごろ、空輸部隊　朝鮮大へ移動

②午後七時ごろ、光州公園周辺で市民の武装完了

③午後八時ごろ、無等競技場で武器を地域別に供給、班を編成

④夜十一時、空輸部隊約百八十名、梅谷洞付近へ投入される

一九八〇年五月二十二日

サンウォンは朝になると、光川洞派出所前の通りに出て、刷り上がった闘士回報を市街へ運ぶために、通りかかった武装ジープを止めた。いっしょに徹夜したメンバーは、それぞれ受け持ちの地域に回報を配りに出かけたり、印刷作業を続けたりしなければならず、サンウォン一人が大通りに出た。自分の部屋の近くでジープを止め、弟のテウォンを呼び出して乗せた。大量の回報を配るのに弟の力を借りることにしたのだ。名も知らぬ市民軍運転手とM１小銃を手にした市民軍兵士、サンウォン兄弟の四人が乗ったジープの後部座席には、まだインクのにおいのする数千枚の闘士回報が積まれていた。

ジープは光川洞を出ると花亭洞、月山洞、珠月洞、白雲洞などの住宅地域をくまなく回り、住民を見つけては回報を手渡した。市民軍の別の車と出あうと、地域名を告げて配布を頼んだ。回報を配ろうとすると、市民が駆け寄って

きて、喉が渇ききった時に泉に出あったように、情報への飢えを癒した(訳注①)。

しかし、回報を配りながら、サンウォンは考え続けた。粘り強い市民の武装闘争で勝ち取った自由光州解放区……、あれほど恐ろしく強大だった軍部の権力を、民衆の力で打ち砕いた解放光州……。この感激的な勝利をどう守っていくのか。さらに進んで完全な勝利をどう固めるのか。今後、誰がこの闘いを持続的に引っ張っていくのか。現在の闘う力量で、次にどんな手が打てるのか。いま、自分が担うべき役割は何なのか。

光州解放の喜びがいくらか落ち着くと、目前に迫る課題がサンウォンの心に重苦しくのしかかった。あれこれ考えながら、回報を配り終えたころには、朝も明け切っていた。弟のテウォンに「ご苦労さん」と声をかけて光川洞の部屋の前で車から降ろすと、サンウォンは回報制作所に戻った。前夜、一睡もできないほど忙しかった闘士回報チームは、もう次の号を出すために働いていた。サンウォンは次号のいくつかの案を検討したあと、市街へ向かった。

この朝八時ごろ、武装市民軍の主力約二百名が道庁内に入り、完全に占拠した。武装闘争の過程で自然に指導者として浮上した大学受験浪人二年目の金ウォンガプ、食堂従業員の金ファソンら無名の若者が指揮した。

彼らは道庁「入城」に先立つ七時ごろ、光州公園前で約八十台の車両と約六百名の市民軍を、予想される戒厳軍の再進入路を守る警備軍として編成した。配置場所は光州矯導所(刑務所)西側の三叉路、和順からの進入路にあたる鶴洞、ソウル方面からの進入路にあたる光州駅前付近、そのほか山水洞、白雲洞、花亭洞など、各組四十名ずつの市民軍兵士がそれぞれ武装闘争の準備を完了した。

市民軍の道庁入城が終わった時点で、すでに李鍾基(イ・ジョンギ。弁護士)、張休東(チャン・ヒュドン。国会議員選挙に出馬経験)、朴潤鍾(パク・ユンジョン。赤十字社支社長)らの地元有力者が副知事・丁時采(チョン・シチェ)の要請を受けて「収拾方策」の論議を始め、道庁にしきりに出入りしていた。特に丁シチェは戒厳司令部とも頻繁に連絡をとっていた。

道庁に入った市民軍指導部は、庁内放送を通じて闘争情報を流すとともに、銃の誤発事故防止、遺体の安置、治安の回復、武器回収などを市民に訴えた。

すでに道庁前には市民が押し寄せ始めていた。九時過ぎには、歓呼の声と泣き叫ぶ声とが入りまじった、長蛇の列ができた。父母兄弟、わが子の生死を確かめようと、通りを念入りに調べて回る人びとの姿も見られた。闘いが起こり、そして過ぎ去ったあとの街路の風景であった。

市内の総合病院はもちろん、個人病院も死傷者が溢れていた。闘いの傷跡だらけの街路で、市民らは涙ぐましい同志愛を発揮した。重傷者への輸血のために赤十字の献血車が道庁前に到着すると、先を争って腕を捲り上げた市民が長い列を作った。献血希望者が殺到したのは道庁前だけではなかった。この日から二十六日まで、市内の病院はどこも同様だった。もっとも多くの献血者が押し寄せた全南大付属病院前には、酒場の女性従業員、体を売って暮らす女性も集まり、か細い腕を差し出した。

こんな光景を見て、サンウォンは涙ぐむような感動と軍部への耐え難いほどの怒りを、ともに感じながら緑豆書店へ行った。

抗争が始まってから、「闘争状況室」の役割を果たしてきた書店は、二十一日の発砲後にいったん店を閉めたが、二十二日には再開した。サンウォンは書店に電話して、連絡のつく仲間は書店に集まるように、手筈を整えておいた。鄭ヒョネは朝方から、書店を訪ねてきた仲間と黒い布地で追悼リボンを作り、道行く人びとに配るために、道庁前広場へ持って行かせた。

サンウォンが書店に着くと、朴ヒョソン、金ヨンチョル、尹江鈺（ユン・ガンオク）らがやって来た。それぞれが見聞きしてきた状況を話し、いま何をすべきかを話し合った。

彼らは、「解放光州」は戒厳軍の戦術的後退がもたらしたものであり、市民らの熱気が冷めれば軍は鎮圧作戦を敢行するだろう、と考えた。それまでに効果的な闘いを繰り広げ、光州の抗争を他地域に広げて国民的な闘争にまで高めること、戒厳軍の再進入以前に、市民側の最小限の政治的要求を軍部に認めさせるための方策などを論議した。

「これまでの歴史にない、市民の英雄的な闘いがいまの状況を生みました。これだけ多くの人が殺され、連行されたのに、軍部がわれわれの要求を受け入れない以上、市民の闘いは続きます。闘いの中心は市民軍に移りましたが、市民のデモ隊は組織化されておらず、これからの闘いを引っ張って行く力はありません。これが問題です」

「抗争が始まってから、この地域の運動勢力は闘いを組織する役割をまったく果たしていません。しかしいま、われわれは歴史的な瞬間に立ち会っているのです。積極的に対処すべきです。たとえ軍部の鎮圧作戦に敗れるとしても、歴史に必ず残るこの市民の闘争に、参加しなければなりません」

サンウォンは落ち着いて、淡々と自分の主張を述べた。彼らはまず、連絡可能な青年や学生が緑豆書店を拠点として集まれるように手配した。そして、状況をもっと詳しく掴むために、武装市民軍の本部である道庁へ向かった。書店に残った金サンジプらは、電話を受けたり、見込みのある相手には書店まで出て来るように連絡したりで、休む暇もなかった。闘争指導部の芽が、再び芽吹き始めた。

まだ、新たな秩序が整っていない道庁内部は、散らかり放題だった。武装した青年・学生と市民らでごった返し、退却した戒厳軍が捨てて行った銃、防毒マスク、手榴弾、無電機なども散乱したまま。その上、道庁の幹部や地域有志と名乗る人たちが盛んに出入りし、混乱に輪をかけた。

そのころ、道庁内の市民軍指揮権は金ウォンガプから大学生の金昌吉（キム・チャンギル。全南大農学部三年）に移っていた。金チャンギルは二十二日朝、道庁に入るや、市民や学生たちを武器収集班、広報班、車両運用班、警備班などに分けて任務を分担させ、自ら市民軍代表者になった。

金チャンギルが、ほとんど議論もないまま代表者になったのは、「一旦収拾」を掲げて乗り出してきたためだ。彼は「今回の騒擾《そうじょう》は、もともと大学生のデモから始まったので、学生である私は、道徳的な義侠心の発露として八十万市民の生命を守り、これ以上の流血を避けることだけを考えて道庁に入った」と語り、地元有力者として収拾に乗り出した張ヒュドン、李ジョンギらから代表権の承認を受けたあと、市民軍の指揮権を金ウォンガプから譲り受けた。

道庁に入ったサンウォンは午前十一時ごろ、尹ガンオク、朴ヒョソンと共に金チャンギルに会った。「われわれが協力できる仕事があるようなので会いに来ました。現在の状況について虚心坦懐に話し合い、収拾を目指して共に働きましょう」と、金チャンギルの道庁内での指導的立場も考え、丁寧に話しかけた。しかし、チャンギルからは意外な言葉が返ってきた。

「現在の状況では、政治的な、闘いにつながるような要求は市民の被害を大きくするだけです。政治的、理念的な問題は取り上げず、人道的、平和的に事態を収拾すべきです」

サンウォンは内心、非常に慌てた。金チャンギルが彼らを警戒している様子がありありだったし、市民がこれまで何のために血を流して来たのかを、全く理解していない金チャンギルに対して、懐疑が湧いたからだ。この程度の貧弱な政治社会意識で、闘争指導部を引っ張っていこうとしていること自体が、非常に不安だった。

サンウォンは、チャンギルに光州抗争の意義や価値を正しく理解させようと、念入りに話した。なんとか彼を説得しなければ、今後、闘いを正しい方向に導いていくことができないのではと、心配だった。

「光州市民の側に立って収拾を図らなければならず、流した血の代価を必ず得なければならない。そのために私は、あなたのやる事に積極的に協力するつもりです。特に広報・宣伝の面では、闘争期間中ずっと外で活動してきた仲間がいます。私と朴ヒョソンという友人が熱心に広報に取り組んでおり、われわれに任せて下さい。それから…」

しかし金チャンギルは、サンウォンの話をじっくり聞こうともせず、せわしげにどこかへ姿を消してしまった。話を打ち切らざるを得なかった。サンウォンは仕方なく、いろいろな連中がそれぞれ個別に動いている道庁内の状況を把握するために、歩き回った。

正午ごろ、道庁二階の副知事室で「5・18市民収拾対策委員会」（略称・市民収拾委）が結成された。副知事の丁シチェが招集した会合には崔漢泳（チェ・ハニョン。元老、独立運動闘士）、朴ユンジョン（赤十字）、李ジョンギ（弁護士）、張ヒュドン（国会議員選挙で落選）、張世均（チャン・セギュン。牧師）らの地元有力者と、在野活動家の洪南淳（ホン・ナムスン。弁護士。二〇〇六年死去）、李基洪（イ・ギホン。人権弁護士）、曺備吾（チョ・ビオ。神父）、尹永奎（ユン・ヨンギュ。YMCA理事。教師。後に全教組委員長。死去）ら十五人が出席した。崔ハニョン翁が委員長に選ばれたが、実質的には李ジョンギが委員長職を代行した。

委員会では収拾策が活発に論議されたが、最初から意見が対立して円滑な運営はできなかった。戒厳解除、全斗煥退陣、金大中と拘束者釈放、殺人空輸部隊の蛮行謝罪、死傷者に対する適切な対策など、闘いの初期から市民によって提起された問題が、主に在野活動家から収拾条件として出されたが、有力者側の「政治的立場を離れて問題を解決すべきだ」という、あいまいな反論があって意見が対立した。

会議の内容を聞いたサンウォンは、「有力者と呼ばれる収拾委員たちは、市民が街路で流した血の意味をまったく理解できないまま、ただ一方的な収拾を選ぼうとしている」と、あきれ果てた。その上、道庁内の大学生代表を自称する金チャンギルが「無条件収拾」を支持する立場をとっていること、さらに武装市民軍の無秩序状態（訳注②）も、サンウォンをさらに苛立たせた。

一方、収拾委の会議が終わった二十二日午後一時半ごろ、大学生代表の金チャンギルを含む八人の「市民収拾委協議団」が戒厳司令部を訪問するため道庁を出発した。武装解除のための前提条件として「事態収拾前の戒厳軍投入禁止、戒厳軍の過剰鎮圧認定、連行者全員の釈放、負傷者・死者の治療と補償、事後報復の排除、全日（全南日報）放送の再開と事実の報道」など、協議のための緩やかな条件を持って、全南北戒厳分所のある尚武台へ向かったのだ。

収拾委が一方的な収拾活動を始めたころ、道庁前に集まった市民の間では、むしろ、怒りをこめて闘おうという雰囲気が高まっていた。行方不明の家族の安否を確かめに、朝から広場に集まってきた市民らは、時々道庁から流れる放送に耳を傾け、死傷者の身元確認に必死だった。放送で死者の名前が発表される度に、広場のあちこちで泣き叫ぶ声が上がった。

収拾委の協議団が尚武台へ出発したころから、道庁前噴水台の周辺に座りこんだ市民らによる、自然発生的な「糾弾大会」が開かれた。集会は無名の学生や市民が前に出て、進行役をつとめた。

サンウォンは道庁の内外で進行している状況に違和感をもち、事態の深刻さに困惑していた。一方的な収拾を主張する収拾委と学生代表を名乗る金チャンギルらの指導部、さらに、闘う態勢を整えないままの武装市民軍が同居する道庁内部。ここで状況を変えないと、血に染まった市民抗争の高貴な意義が損なわれてしまうかも知れなかった。

サンウォンは、道庁内の無秩序状態を早くなんとかしなければ、と切実に肌で感じていた。状況室へ向かい、死傷者の把握や戒厳軍の動向監視、武器の収集と市民軍の統制など、手に余るほどの仕事に没頭している全南大の学生活動家・李在儀（イ・ジェイ。商学部。訳注③）、孫ナムスン（哲学科三年）、安ギルチョン（復学生）らに、道庁内で状況に変化があれば、すぐに緑豆書店に連絡するように頼んで外へ出た。

一緒に道庁にいた尹ガンオクは死傷者を把握するために市内の各病院を回りに、朴ヒョソンは劇団「クァンデ」の団員をはじめ、できれば、多くの青年・学生らに現在の状況を知らせたいと、急ぎ足で去った。互いの連絡場所は緑豆書店に決めておいた。

彼らと別れて書店に帰る道中、サンウォンは思案に思案を重ねた。状況をどう打開するか。

秩序も組織体系もなく、さらに政治的主張もない道庁内指導部。「収拾を図る」と、まかり出てきた人たちの信念に欠ける行動。これからの闘い方も予想しにくい無秩序な武装市民軍……この抗争を守り立てるためには、これから起こりそうな状況を分析し、対処方法を十分に論議しなければならないのだが……サンウォンの気分は重かった。

一方、道庁前に集まった市民らは、戒厳軍部の蛮行に対する敵意をむき出しに、叫び続けていた。太極旗で覆われた棺が、広場の噴水台の周りに安置され、愛国歌が流れた。市民らはみな拳を握りしめ、涙をぬぐい、張り裂けそうな心で愛国歌を歌った。

集会が続いていた午後五時ごろ、尚武台へ行っていた協議団代表が戻って来た。協議報告会が予定されており、多数の市民が、納得できる結果を持ち帰って来るのを待っていた。だが、戒厳司令部は代表団の七項目の要求を受け入れず、市民軍の武装解除だけを強く求めた。

代表団の一員の金チャンギルの司会で、代表団員が一人ずつ協議の結果を発表し始めた。しかし報告は、血の抗争にふさわしい補償を求めて集まった市民を失望させるものでしかなかった。中でも張ヒュドンは、抗争に参加した市民を暴徒扱いし「武器を無条件で戒厳軍に返納しよう」と、自分の〝所信表明演説〟をして、市民らの強い怒りを買った。「張ヒュドン、立ち去れ！」「そいつを引きずり下ろせ！」「もう、やめろ！」興奮した市民が叫んだ。ついには一人が噴水台の演壇に駆け上がり、マイクをひったくって彼を引きずり下ろしてしまった。

「こんなにひどい被害をこうむったのに、一方的な収拾を主張するなんて考えられません。光州市民が『義』の闘いで流した血の代価を求めなければなりません。根本的な問題である殺人魔・全斗煥の退陣、戒厳解除、金大中釈放、被害補償などが実現するまで、闘わなければなりません」

拍手喝采だった。自分たちの思いをスッキリと代弁してくれたことが痛快だった。この、市民の気持ちをひときわ引き立てさせた人物は、朝鮮大三年の金宗培（キム・ジョンベ）だった。

金ジョンベの発言で、尚武台から帰ってきた収拾委員に対する市民の不信感は、さらに高まった。結局、発言した委員のほとんどが引きずり下ろされるように降壇した。誰かが「学生はみんな、南道芸術会館前に集まれ」と叫んだ。

それが合図であったかのように、市民糾弾集会は終わり、二百人ほどの学生が道庁近くの芸術会館前に集まって討論を始めた。

激しい討論の末、学生集会はいくつかの合意に達した。学生が積極的に収拾に関与するため、十五人の大学生で収拾委員会をつくるが、さらに多くの学生がいつでも参加できるように、扉を開けておくことになった。五月十七日の戒厳拡大措置後、ソウルなどに一時避難していて、この日、光州に帰って来た全南大の宋基淑（ソン・ギスク）、明魯勤（ミョン・ノグン）、金東源（キム・ドンウォン）、呉炳文（オ・ビョンムン）教授らが学生を指導していた。

芸術会館前に集まった学生たちの代表は、午後七時ごろにもう一度、道庁一階の庶務課事務室に集まり、正式に「学生収拾委員会」を発足させた。金チャンギルは委員長、金ジョンベは副委員長兼葬儀担当、チョン・ヘミン（全南大商学部三年）は総務、梁元植（ヤン・ウォンシク。朝鮮大政治外交学科三年）はスポークスマン、許圭晶（ホ・ギュジョン。朝鮮大生。

二〇〇六年に死去）は武器管理を分担し、本格的な収拾案についての協議に入った。南道芸術会館前の討論会以来、学生たちを激励してきた宋ギスク、明ノグン、呉ビョンムンらの全南大復職教授も傍聴していた。

チョン・ヘミンが進行役をつとめた会議は夜遅くまで延々と続いたが、結論は出なかった。金チャンギルらは終始、正規軍である戒厳軍を相手に市民軍は闘えないとして、武器返納こそが最善の収拾策だと主張した。金ジョンベ、許ギュジョンらの少数派は、原則も対策もない武器返納を拒否した。二つがぶつかり合って、会議は難航した。

一方、サンウォンは遅々として進まない指導部の状況をみて、夕刻、緑豆書店へ帰り、ちょうど集まっていた金ヨンチョル、金サンジプ、尹ガンオク、朴ヒョソン、鄭ヒョネらに向かって熱弁を振るった。

「いま道庁の指導部は、闘いをとんでもない方向に追い込もうとしています。市民軍をきちんと制御することもできない状況です。収拾委員の大部分は、闘いではなく、無条件の収拾を主張しています。一方、武装市民軍は市民軍で、勝手に動いているのが実情です」

「より組織的な闘争指導部が必要です。学界、宗教界、青年らの在野勢力が立ち上がり、闘争を指導しなければなりません。いまの状況では、道庁に入って新しい指導部をつくることは不可能ですが、あすから、われわれが市民決起大会を開いて市民の支持を受け、市民の意志を受け止めた闘争指導部を立ち上げなければなりません」

サンウォンの話に、書店にいた仲間は全員がうなずき、直ちに市民決起大会の準備にとりかかった。野火夜学、朴ヒョソンの率いる劇団「クァンデ」、そして鄭ヒョネと親しいＹＷＣＡの女性たち、松柏会（七八年に民主化運動などの被拘束者救援組織として、キリスト教女子青年会がつくった。被拘束者夫人、団体活動家、女子学生らが参加）の女性たちと、動員可能な青年や学生がみんなで力を尽くすことになった。

サンウォンは決起大会準備の作業分担が決まると、宣伝ビラをつくるために光川洞の闘士回報制作所へ向かった。

もう夜も遅かった。ビラの文案をまとめると、市民軍のいる道庁へ引き返した。まだ、肩書も職責もなかったサンウォンが敏速に動けたのは、武装市民軍のジープなど、車を使うことができたからだった。

決起大会の開催を呼びかける三万枚ものビラは、闘士回報第五号として、徹夜で作られた。

①**闘士回報**　光川洞の野火夜学で、五月二十一日の第一号を皮切りに第八号まで作った。二十六日からは錦南路のＹＷＣＡ

に移り、名称も「民主市民回報」と変えて第九号、十号を出したが十号は二十七日、配布できないまま戒厳軍に押収された。

情報途絶の中で、市民の目となり耳となる役割を果たしたが、当時、制作チームの一員だった鄭在鎬さん（現・朝鮮大学教授）は訳者に対し、最初は野火夜学メンバー内部でも「市街でどんどん人が死んでいる時に、回報にどんな意味があるのか」という声があったと話した。また、「状況がなかなかつかめず、記事集めが困難で、配布にも制約が多かった」と語った。

②武装市民軍　著者は度々、武装市民軍の無秩序ぶりに言及している。最後まで道庁に立て籠もった者には知識層や学生は少なく、都市貧民層、孤児施設出身者などが多かったといわれる。これをもって一部に「光州事態は極左に操られた浮浪者、暴徒の仕業」とする主張がある。これに対して著者は、訳者の問いに答えて「道庁籠城者を浮浪者呼ばわりするのは、軍部や一部言論界の五月抗争を貶めるための歪曲だ」と言い「彼らは都市下層の〈純粋民衆〉だった」と主張する。市民軍の無秩序ぶりについても「運動経験がなく、軍の蛮行に対する怒りだけで立ち上がったため、組織的な体系化された行動が取れなかった」と説明している。

③極限の恐怖　李在儀さんは、黄皙暎の名で出された光州事件の記録『死を越えて　時代の闇を越えて』の実質著者。英語版は本人の名で出版されている。光州事件で服役後、光州日報記者などを経て市庁入り、投資誘致諮問官に。盧武鉉政権下で政府政策補佐官に抜擢された。現在は長城ナノ・バイオ実用化センター所長。「道庁の状況室に籠もって味わった二日間の極限的な恐怖が、その後にさまざまな記録を書く原動力になった」と、訳者に語った。

大衆の中から浮上し始めた指導部

五月二十三日。サンウォンたちが準備した決起大会は午後一時の予定だった。しかし準備チームは朝の九時から、目が回るほど忙しかった。

サンウォンと尹ガンオク、鄭ヘジク、金ヨンチョル、そして劇団「クァンデ」の朴ヒョソン、金テジョン（全南大四年）、金ソンチュル（同）、金ユンギ（同）、李ヒョンジュ（同）、金ジョンヒ（同）、イム・ヒスク（同）、崔インソン（全南大三年）らとYWCAの李ヘンジャ、チョン・ユア、松柏会のイム・ヒスク（同名）らの女性に加えて、野火夜学のメンバーらが大汗をかいた。

大字報（壁新聞）、プラカードの文案づくり、大会の段取りなどなど、山のような作業が信じられないほど素早く処理された。普通なら数日はかかりそうな仕事だったが、全員の熱意でやり遂げた。金サンジプは全南大のスクールバスを徴発してきてマイクをつけ、男女の宣伝員に市街全域を回らせ、決起大会開催を告げさせた。特に大学生を決起大会に参加させるために、スクールバスを宣伝カーとして使った。

サンウォンは緑豆書店と道庁を行ったり来たりしながら、決起大会の準備をする仲間を励ました。道庁では前日、学生収拾委ができはしたが、作業は円滑には進んでおらず、安心できるほど状況が変わったわけではなかった。武器の回収と返納を巡る学生収拾委の強硬派と穏健派の二つの意見は、平行線のままだった。

午前十時ごろ、市民収拾委の構成が改められた。学生と一般人に分けられていた収拾委の一本化を目指して、一般委員十人と学生委員二十人で構成することにし、委員長には尹ゴンヒ大主教を選出した。しかし、この改変も大きな意味はもたなかった。尹ゴンヒ委員長の指導力がまったく発揮されず、収拾案についての見解の一致もみられなかった。特に、民主化運動や社会変革についてまったく関心のない、一般委員の無分別な意見が、収拾活動の妨げになった。前日、市民の眉をひそめさせた張ヒュドンらは収拾委に残り、戒厳司令部につながった電話にへばりついて、相変わらず軍部の「侍女」役をつとめていた。志《こころざし》をもって収拾委に加わった在野の活動家や聖職者は、こんなありさまを見て、頭にきていた。

朝から道庁前に集まり始めていた市民は、正午過ぎには広場付近の道路にまで溢れた。道庁の収拾委が何か発表するのではないかと気にかける人びとがいる一方、犠牲者の遺体を安置した尚武館付近では、死者を悼む遺族らの泣き声が人びとの悲しみをかきたてた。時折、収拾委から新たな死亡者の身元が発表されると、その度に新たな泣き声が加わった。

朴ヒョソンの指揮で、道庁前広場周辺と近くの全日（全南日報）ビル、南道芸術会館など、市街の各所に張り出した壁新聞の周りも、黒山の人だかりだった。新聞や放送は光州の事態をまったく報道しなかったので、みんな新しい情報に飢えていた。

決起大会が予定された午後一時になると、開会を待っていた市民らは何人かずつ、かわるがわる噴水台に上り、自発的に糾弾演説を始めた。特に、前日の戒厳司令部との協議結果の報告会で見せた、収拾委員らの無責任ぶりに非難が集まった。

いよいよ午後三時、劇団「クァンデ」の金テジョンを進行役に、第一次民主守護汎市民決起大会が始まった。十八日以来の抗争で亡くなった英霊たちへの黙祷と同時に愛国歌が流れると、広場の無数の人波が水を打ったように静まり、粛然として涙をぬぐった。

金ヨンチョルが闘争経過報告をしたあと、朴ヒョソン、尹ギヒョン（キリスト教農民会。児童文学家）らが次々に立ち、市民の血を無駄に終わらせず、最後まで闘おうと訴えた。予定外の市民、教師、主婦らまでが途切れることなく演壇に立ち、闘いを鼓舞した。決起大会の進行中、葬儀の準備や負傷者への大規模な募金も行なわれた。

大会が終わりかけた午後五時ごろ、サンウォンは状況室メンバーから急な連絡を受け、道庁内へ急いだ。このところ道庁に頻繁に出入りして、状況室員や警備の武装市民軍と顔なじみになっていたので、特別な肩書をもたないサンウォンが、収拾委の一員のように自由に出入りできた。

道庁では予想外の不吉な情報がサンウォンを待っていた。周辺部のトンウン洞方面から戒厳軍が進入中との情報提供が、状況室に何回かあったのだ。周辺部を守っている市民軍と交戦したとの情報も届き、一瞬、道庁内は緊張と不安に包まれた。サンウォンは直ちに学生収拾委の事務室で、金ジョンベ、黄グムシク、梁ウォンシクらの委員と緊急対策会議を開いた。委員長の金チャンギルはこの時、拘束者の釈放協議のため尚武台の戒厳司令部へ行っており、会議には加わらなかった。

迅速に何らかの方策を打ち出さなければならない状況だったが、会議はなかなか合意点を見つけられなかった。いかなる対策もとらないという非武装論と武装論が、またぶつかり合った。午前中に金チャンギルが主導した会議で、すでに非武装論が決定ずみのようになっており、梁ウォンシクらは戒厳軍進入の情報が続々と入ってきても、なお非武装を主張した。

サンウォンは耐え切れず、声を張りあげた。

「武器返納は、反民族的な戒厳クーデター集団と闘うのか、闘わずに降伏するのかを決定する重要な問題です。いますぐ外へ出てみてください。市民らは、闘うべきだと叫び続けています。武器を返納して武装を解除するのですか？　英霊たちの流した血を裏切ろうというのですか？　道庁の外にいる、あの市民らがわれわれを擁護してくれれば、戒厳軍は絶対に入って来られません。闘わなければならない。闘う態勢を整えましょう。まず、最後まで闘う意志を見せなければならない。道庁内の市民軍を武装させ、周辺地域の警備巡回を強化しなければならない。早く武器庫を開けて、午前中に回収した武器を配りましょう」

金ジョンべがサンウォンを強く支持した。結局、緊急会議の決定により、道庁内の学生らに銃と実弾が配られた。

市民軍の再武装が進むのを見て、サンウォンは道庁を出た。決起大会はすでに終わっていたが、市民らは解散する気配もなく、そのまま道庁前にひしめいていた。サンウォンはYWCAに駆け込んだ。第一次決起大会が終わったらYWCAに集まり、決起大会の評価・反省点を話し合うとともに、次の大会の準備に取りかかることになっていた。闘いの根拠地は、緑豆書店からYWCAに移っていた。

光州YWCAには、決起大会の準備チームだけでなく、決起大会をきっかけに、それまで姿を現さなかった青年や学生活動家も多数集まっていた。大会終了時に「大学生はYWCAに集まろう」と呼びかけたのを聞いて駆けつけた大学生、高校生らが、指導部の状況説明を受けていた。

決起大会の反省会が始まると、サンウォンは前日から休む間もなく大会準備に没頭してきた後輩たちに、励ましの言葉をかけた。みんな、大会が成功裏に終わったことで、疲れを忘れるほど元気づけられていた。しかし、いつまでも満足感に浸ってはいられなかった。準備チームは翌日の決起大会に備えて放送宣伝、壁新聞づくりと張り出し、市民の動員、闘士回報の制作、大会進行の準備と連絡、大学生集合場所の設営、市民の献金受付などを分担し、それぞれの仕事にかかった。特に仕事のない者も、YWCAで徹夜できるように準備ができていた。

大会準備が進んでいることを確認したサンウォンは、金ヨンチョル、朴ヒョソンらと緑豆書店へ急いだ。二十一日の道庁前発砲直後に光州を抜け出した鄭サンヨンと李ヤンヒョンが戻って来た、という伝言を受けていたからだ。二人はサンウォンを待ちかねていた。サンウォンもずっと、困難で苦しいことがある度に、二人のことを思い浮かべていた。

「光州を抜け出したけど、どう考えても罪を犯しているような気がして、戻ってきたよ。いっしょに闘うよ」

鄭サンヨンが、ちょっと照れたような顔つきで、後輩に当たるサンウォンに打ち明けた。身を隠したことが間違いだと判断すると、サンヨンはただちに故郷の咸平（ハムピョン）から光州まで数十里（日本の数里に当たる）の道を徒歩で、戒厳軍の堅固な警戒網をくぐって戻ってきたのだ。

闘いの隊列に戻ったサンヨンの言葉を聞き、サンウォンは力強い援軍を得たようにうれしく、現在の状況と決起大会の成果などについて詳しく話した。そして、まずは市民軍の指導部が常駐する道庁の現状を見せようと、いっしょに道庁に入った。

夕方七時ごろだった。ちょうど学生収拾委が開かれており、大声を上げて激しい討論が行なわれていた。拘束者についての協議のため戒厳司令部へ行ってきた委員長の金チャンギルは、自分が留守の間に午前中の「武器を返納すべきだ」という決定を覆して武器が配られ、さらに予定外の決起集会が開かれて、収拾の雰囲気を壊されてしまったと、怒りをあらわにした。

「誰が勝手に武器を配ったのですか。なぜ平和的な協議の雰囲気に水をさすのですか。午前中に武器は絶対に配らないと合意したじゃないですか。われわれがどんなに武装しても、正規軍である戒厳軍に勝てるわけがないでしょう。武器をいますぐ返納すれば、戒厳司令部もわれわれの要求を聞いてくれるでしょう。早く回収して返納しましょう」

金チャンギル委員長の主張に金ジョンベ、許ギュジョン、武装市民軍状況室長の朴南宣（パク・ナムソン。章末に訳注）、そして尹サンウォンが強く反発した。

「いま武器を放棄するのは、闘う意志を放棄するのと同じです。亡くなった光州市民の崇高な血を売り渡すことになります。いま、外の通りでは市民らが、殺人者の一団を殺さなければならないと叫んでおり、これに対して政府がなんら措置をとらない状況なのに、無条件で武器を返納しろというのですか」

収拾委の内部さえ意見対立が続いてバラバラになっている状況に、サンウォン一行は失望して書店に戻った。鄭サンヨンも道庁の状況を見てからは、サンウォンの苛立ちがよく分かった。彼らは緑豆書店へ帰るとすぐ、どうやって現状を打開するか、話し合った。

サンウォンがまず、愚痴をこぼした。

「大衆に対して指導力のある運動家が出てこなければならないのに……。こんな時に学生の奴らはどこへ姿を隠したんだ。朴クァニョンのような奴がいたら、この、だらけた状況を収拾できるはずなのに……」

朴クァニョンが麗水の突山島（トルサンド）に身を潜めていることを全く知らないサンウォンとしては、十八日に光川洞で別れてから、まったく連絡してこないクァニョンが薄情であるとさえ思えた。あれほど大衆に人気があり、大衆を動かす力のある人物がいないことが、悔しかった。

サンウォンだけでなく、街頭の市民らも朴クァニョンを捜しているはずだった。五月十四、十五、十六日の道庁前広場の集会で、クァニョンは大衆を盛り上げ動かす卓越した力を発揮して、市民らの心にその名が深く刻まれたのだ。闘いの隊列と共にあるはずのクァニョンが姿を見せないため、市民の間では、いろいろな噂が流れていた。空輸部隊に殺されたとか、密航船に乗ってどこかへ行ったとか……噂は、「民主化運動の化身」としてのクァニョンの身を案じる、切実な愛情の表現でもあった。

二十三日夜、緑豆書店での話し合いでサンウォンたちは、いますぐ強力な新しい闘争指導部をつくらなければならない、という点で一致した。しかし収拾委員会が厳然と存在している中で、新しい闘争指導部をいきなり誕生させることは、容易ではなかった。

市民大衆の積極的な支持を得て、その熱気を集めて自然に指導部を浮上させるのが、最も民主的で合理的な方法だ、ということになった。すでに実行に移した決起大会を、いっそう強力に推し進めることにした。大衆の支持を得るために、市民が信頼を寄せる民主運動家に、決起大会で演説してもらうことが必要だった。運動家への接触は鄭サンヨンに任された。

対策会議を終えて、数十里（数里）の道を歩いてきた鄭サンヨンと李ヤンヒョン、それに金ヨンチョルを加えた三人は、緑豆書店で疲れた体を休めた。サンウォンは道庁に立ち寄ったあと、闘士回報の制作を点検するため、光川洞へ急いだ。

民主化闘争に関わる青年たちの「闘争状況室」になった緑豆書店、決起大会の準備に徹夜で働くYWCA、そして道庁、光川洞の闘士回報制作所……。サンウォンはその時、体がいくつあっても足りないほど忙しく動き回りながら、闘いの中心にいた。当時を記憶している多くの同僚は「いったい、サンウォンの体のどこから、あんな力が次々に湧いてくるのか、不思議だった」と語っている。

朴南宣　当時二十六歳、骨材（砂利）の採取・運搬をしていた。五月二十一日の戒厳軍の発砲の後、アジア自動車からバスを徴発、羅州警察署から銃器を奪って群衆に分け、操作法を教える過程で武装市民軍のリーダーになったようだ。

後年書いた手記によれば、道庁入りした後の市民軍の統制には厳しく臨んだようであり、本書で尹祥源が嘆いているような無秩序ぶりには触れていない。和解派の学生収拾委との対立、尹祥源らとの協力については本書の記述どおりである。

昼夜なく、走る野生馬

五月二十四日朝。一夜を道庁で過ごしたサンウォンは、金永哲（キム・ヨンチョル）、鄭相容（チョン・サンヨン）らが寝ている緑豆書店に帰った。彼は上気した表情で道庁の朝の様子を話した。

「サンヨン兄さん、いま収拾委は武器返納に傾いています。無条件で戒厳司令部と協議し、一方的に収拾を図ろうとしています。早く対策を立てなければならない」

武器を返納すれば、次に来るものは、火を見るより明らかだった。それは降伏であり、敗北であって、闘って死んでいった英霊たちに顔向けできないことであった。食い止めなければならない。武器返納と一方的な協議を阻止する、それがサンウォンらの決意だった。

前夜、サンウォンは道庁で学生収拾委、武装勢力、市民収拾委の関係者に会って、自分の考えを粘り強く説明した。国内外の情勢、闘いの意義、なぜ武器を返納してはいけないのかについて述べ、説得した。彼は「武器を返納しても、舎北蜂起（八〇年四月の江原道の舎北炭鉱での蜂起）で労働者がやられたのと同じように、市民が一方的にやられるだけです」と、闘うことを力説した。秩序が乱れたままで、当局の偽装スパイまで入ってきていた道庁は、非常に危険な場所だったが、サンウォンは毅然として自分の主張を述べた。

武装勢力と学生収拾委の一部がサンウォンの主張に同調したが、地元有力者であることを自負する市民収拾委員や金昌吉（キム・チャンギル）を中心とする一部学生収拾委員、さらに武装勢力の一部も加わって主導権を握った連中は、一方的収拾を主張した。

緑豆書店で対策を話し合ったサンウォンや鄭サンヨンらは、この日の決起大会を充実させ、より多くの人びとを集めることで収拾委に圧力をかけ、一方的収拾の動きを牽制することにした。この決定的に重要な局面で、民族民主勢力による新しい闘争指導部を打ち立てることを再確認した。

決起大会の演壇に、名望のある在野人士や大学教授、聖職者に立ってもらうことになり、この方面に顔の広い鄭サンヨンが担当することになった。しかし、結果としては、演壇に立った在野の名望家、教授、聖職者は一人もいなかった。彼らは学生たちが主導する決起大会とは、一定の距離を保ったのだ。

緑豆書店を出たサンウォンは、ＹＷＣＡへ行って道庁の状況を説明した後、決起大会の準備状況を点検し、準備チームを激励した。さらに、光川洞で闘士回報を作っている野火の後輩たちを、すぐにＹＷＣＡへ来させるよう伝言した。野火チームは以後、ＹＷＣＡ内に場所を移して作業を続けることになった。

収拾委の一方的な武器回収によって、この日の午前中までに約三千丁の銃器類が道庁に回収された。約五千五百丁の銃器が市民軍に配られていたので、五〇パーセント以上が回収されたわけだ。この日以降、市民軍の武装力が弱体化され、周辺地域の警備についていた市民軍が、武装解除されたに等しかった。李ジョンギ、金ジェイルらの収拾委員が周辺地域を回り、市民軍に武器を放棄するよう説得したことが、かなり効果をあげた。

二十四日は午前中から厚い雲が広がり、時折、雨が降って決起大会準備チームは気をもんだ。もし、市民が集まらなかったら……。サンウォンは「準備に最善を尽くそう。青年や学生が大勢集まるように呼びかけよう」と指示した。そして、大会準備に欠けている点があれば補おうと、自ら動き出した。

金サンジプが運転する全南大のスクールバスで光州高校へ向かい、校庭に取り付けられた拡声器をはがし取った。前日の決起大会では拡声器の具合が悪かったので、性能の良いものを確保したのだ。次いで緑豆書店に立ち寄り「全斗煥火刑」に使うカカシが小さすぎるので、大きく作り替えるように指示した。

市街一帯で闘士回報が配られ、壁新聞が張り出され、放送宣伝班は市全域を回って決起大会参加を呼びかけた。正午過ぎ、前日同様に多数の市民が錦南路へ、道庁前へと集まり始めた。いまにも一雨来そうで、傘を持った人も多かった。

午後三時半。五万を超える人波が道庁前を埋める中、第二次民主守護汎市民決起大会が始まった。前日と同じく劇団「クァンデ」の金テジョンと李ヒョンジュが共同で進行係を務めた。道庁収拾委の妨害で拡声器の電源が入らず、開会はやや遅れた。収拾委や金チャンギルらは、「Y側の連中」と名づけて、サンウォンらを露骨に警戒し始めていた（Yは、抗争派の青年・学生の拠点になっていたＹＷＣＡのＹ）。

大会が少し進んだころ、雨が降り始め、司会者の金テジョンが「この雨は、無念な思いを抱いて死んでいった英霊たちが、目をつむることもできずに流している涙です」と話すと、人びとは粛然として一斉に傘をたたんだ。

途中、学生収拾委員長の金チャンギルが妨害しようとやってきたが、押し返された。鄭サンヨンに道庁に連れ戻されたチャンギルは「市民を刺激するな。収拾委の収拾を邪魔するな。大会を中止しろ」と、大声を出したが、サンヨンは「そっちこそ、収拾委から手を引け」と一蹴した。

大会が終わるころ、全斗煥の「火刑式」が行なわれた。野火夜学出身の労働者・羅明官（ナ・ミョングァン）がカカシに火をつけたが、群衆は炎が上がるより前に「さあ殺せ、さあ焼け」と足を踏み鳴らして叫んだ。

米国のNBCテレビの記者が、決起大会の一部始終を熱心にビデオに収めているのが、群衆の目を引いた。八七年以降、市中に出回った5・18関連のビデオに収められている決起大会の場面は、この日に撮影されたものだ。

決起大会が開かれている間も、道庁二階の副知事室では、市民収拾委が収拾案をめぐって言い争いを重ねていた。会議がズルズルと続いていた時、武装市民軍を掌握していた状況室長・朴ナムソンが駆け込み、「投降しようという連中は、帰れ」と、怒鳴る一幕もあった。

道庁内の動きをじっと見ていたサンウォンは、決起大会が終わるころ、状況室で朴ナムソンに会った。

「収拾委の案は、投降し、降伏しようということです。そうなれば、いままで流してきた血の代価なしに、途方もない被害だけを自ら招くことになります。そこで私たちは、学生や市民が大規模参加した決起大会を開いており、これからも連日開く予定です」

「しかし、収拾委はきょうも見たとおり、武器回収と返納を主張し、その上、平和的に開いている決起大会まで妨害しています。これではダメです。いまこそ、道庁の外で市民の意志統一のために決起大会を開いているわれわれと、道庁内で活動している武装市民軍が力を合わせましょう。収拾委員たちの間違った収拾案を阻止しましょう」

サンウォンは身分を明らかにした上で考えを述べ、朴ナムソンの協力を求めた。

自発的に状況室長を引き受けていた朴ナムソンは、サンウォンの提案を即座に受け入れ、力を合わせることになった。この時までは、市民軍の間では「学生の奴ら、火だけ付けておいて命が危なくなると隠れてしまう卑怯な連中だ」と、軽蔑する空気があった。サンウォンが朴ナムソンと接触したように、金宗培（キム・ジョンベ）、許圭晶（ホ・ギュジョン）らが武装市民軍を含むさまざまな青年たちと会って、説得した。

道庁内は、依然として組織が整備されず、どう闘うのかという原則もなく、命令・指揮系統も確立していない、混乱した雰囲気のままだった。夕刻、学生収拾委と一部の市民軍が、三人の市民を捕まえて調べたあと、北朝鮮側のスパイの疑いがあるとして戒厳司令部に引き渡すという、とんでもないことが起きた（道庁内部が混乱した状況の中で起きた事件で、真相は不明だが、著者は戒厳司令部の工作によるものとみている）。

道庁内部は、緊張と不安、相互不信に包まれていた。そこは、道庁を取り囲んでいる垣根の外の社会の空気とは、大きな隔たりがあるようで、薄気味悪ささえ感じられた。

サンウォンはそんな空気を見抜いていた。いま、もっとも重要なことは、一方的収拾を主張する連中に代わって、青年・学生、一般市民と武装市民軍が一体となった新しい闘争指導部をつくることだと考えていた。

決起大会が終わったあと、午後六時ごろから、この日もＹＷＣＡで決起大会を反省・評価し、翌日の大会を準備するための集会が開かれた。鄭サンヨンが司会し、内外の状況に詳しいサンウォンが多く発言した。決起大会の成功を評価し、翌日も万全を期すことになった。

この場で、サンウォンの提案により、道庁収拾委に代わる新しい闘争指導部を立ち上げることが決まった。

決起大会の成功と新闘争指導部の結成に向けて、企画部、決起大会実行部、広報部、募金部などを設け、各部門の責任者を中心に、責任を持って任務を遂行することにした。先輩格の金ヨンチョル、鄭サンヨン、尹サンウォン、李梁賢（イ・ヤンヒョン）、尹江鈺（ユン・ガンオク）らが企画委員になった。決起大会実行部は朴暁善（パク・ヒョソン）と劇団「クァンデ」の団員、広報部は朴勇準（パク・ヨンジュン）、田龍浩（チョン・ヨンホ）らの野火チーム、募金部（財政部）は鄭賢愛（チョン・ヒョネ）、チョン・ユアらの女性が担当した。各部の下に街頭宣伝、文案作成、壁新聞作業、闘士回報などの印刷物制作、大学生集結場所の管理・教育、ＹＷＣＡ自体の警備、案内などを担当する組が編成され、学生らが分担した。

正式な分担ではなかったが、鄭サンヨンは在野人士、大学教授、聖職者らと接触して若者たちとの協力関係をつくることに奔走し、尹サンウォンは青年・学生運動関係者をもっと道庁に集めるための工作をした。解放光州三日目にして、ついに光州の青年・学生運動に携わる者たちの統一闘争組織が編成され、光州抗争に組織的に参加することになった。

一方、解放光州の実現後、地域の在野人士も事態収拾に積極的に動いてきた。当初から収拾委員会に参加し、当局周辺の有力者の収拾案にブレーキをかけ、在野の立場をはっきりと主張してきた。道庁の収拾委に参加する一方、南洞聖堂に集まって独自の収拾案を懸命に探ってきた。

この日の午後も南洞聖堂で会議があり、カトリックの金成鏞（キム・ソンヨン）、曺備吾（チョ・ビオ）神父、プロテスタント系の李ソンハク、李ヨンセン、尹ヨンギュ長老、ＹＷＣＡの曺亞羅（チョ・アラ）長老、李ヘシン総務、在野元老の洪南淳（ホン・ナムスン）弁護士、李基洪（イ・ギホン）弁護士、全南大の宋基淑（ソン・ギスク）、明魯勤（ミョン・ノグン）、金東源（キム・ドンウォン）各教授、在野人士の張斗錫（チャン・ドゥソク）氏ら二十人が参加した。

ただ、彼らの収拾方針と、青年・学生の闘争方針には大きな隔たりがあった。在野人士らは、これ以上に被害を広げないために、協議を通じて最小限の要求、すなわち鎮圧作戦の留保、被害者確認と補償、拘束者の釈放、事後処罰の禁止、放送再開などが受け入れられれば、収拾しようというものだった。この日の会議で曺アラ長老が涙ながらに訴えた「民主化は、銃をとり武力で達成するものではなく、言葉によって素手で獲得するものです」という表現が、この人たちの立場を表していた。

在野の人士の収拾案は、当局周辺の有力者らの収拾案とは根本的に違っていた。そこには「これ以上、青年・学生、市民軍の死者を出してはならず、彼らこそ生き残って、民主的な祖国の建設に参画しなければならない」という衷心からの願いが込められていた。サンウォンや鄭サンヨンらの青年・学生指導部も、そのことは理解していた。

YWCAでの会議を終えたサンウォンらは、論議をさらに深めるために、指導部メンバーだけで寶城企業会議（寶城企業は鄭サンヨンら複数メンバーの勤務先だった）を開いた。道庁内部の掌握と今後の闘争方針、在野人士らとの連帯、光州の闘いを外部に知らせるための方策などが話し合われた。

夜の十時過ぎまで続いた会議が終わると、サンウォンは会議の結果を頭に入れ、灯の消えた、うら寂しい光州の夜の道を、朴ヒョソンと共に道庁へ向かった。留守の間に何かが起きていないか心配で、急ぎ足になった。

新抗争指導部の代弁人・尹サンウォン

抗争八日目、そして解放光州四日目の五月二十五日は日曜日だった。普段の日曜日なら、こざっぱりした身なりで小脇に聖書を抱えた信者たちが通りを行き、山歩きの格好をした人たちがバス停に集まっているはずだったが、現実の光州市街は廃墟のような有り様だった。

市民の日常生活は、不都合なことだらけだった。市外電話は不通、職場は休眠、市場機能も交通もマヒ、生活必需品は品切れ、すべての学校は休校……数え切れないほどの困難が、解決のあてもなく放置されていた。

周辺部へ「戦術的後退」をした戒厳軍の蛮行は相変わらずで、あちこちでむごたらしい事件を引き起こしていた。

二十三日午前二時ごろ、光州――和順間の交通を遮断して警備にあたっていた第七空輸旅団の大隊が、通りがかった小型バスに向かって理由もなく乱射、何の罪もない市民十五人を殺した。彼らは、生き残った二人を逮捕して駐屯地へ連行、指揮官の命令により、その場で銃殺して埋めた。考えられない行為だった。

彼らの良民虐殺は、ここだけのことではなかった。翌二十四日の午後一時ごろには、光州外郭のチュナム村付近で、光州飛行場へ移動中の第十一空輸旅団の三個大隊が、沿道の松岩洞とチヌォル洞の住宅地域を何の理由もなく攻撃、平和な村を恐怖の底に突き落とした。

貯水池で水遊びしていた小さな男の子が殺され、裏山を駆け回っていた子どもも殺された。これに驚いて排水溝に駆け込んだ女性らが狙い撃ちされて即死した。家の中に座っていただけの住民も、無差別に多数が殺された。農家で飼っていた七面鳥数十羽が面白半分に殺され、乳牛何頭かも同じように撃ち倒された。狂気の蛮行だった。

殺戮と暴力への狂ったような執着という以外、何の名分もない軍部に対して、政府はまったく対応できなかった。従来、政権の道徳性には目をつむっても、新たに政権に就こうとする者の力量だけは見極めようとしてきたはずの米国も、今回は、政治の実権を握った軍部を積極的に支持し始めたようであった。

米国は光州の市民蜂起をいったんは「韓国の国内問題」とした。次には、事態の本質をまったく理解せず「北韓の南侵の危機」などというものを持ち出してごまかしながら、光州で暴力に血眼になった全斗煥一味を、さらに煽った。表面的には韓半島の安全保障を懸念しているふりをしながら、当時、対北最前線を守っていた朴俊炳（パク・チュンビョン）師団長指揮下の第二十師団を光州鎮圧作戦に投入したいという、戒厳軍の要請を受け入れた。

名分のない、前後の辻褄の合わぬ、道徳性に欠けた米国の意図は、二十三日、すでに実権を失っていた「韓国の政治家たち」との会合でのウイリアム・グレイスティン駐韓米大使の発言でいっそう明確になった。

この日、グレイスティン大使は、韓国の安全保障の重要性を強調、「米軍は他のどの地域より韓国問題を重視している」と語り、5・17軍部クーデターについても「私は肯定的に理解している」と、その政治的姿勢を明らかにした。

グレイスティン大使の言葉に、米国の態度ははっきり表れている。すなわち、相手国の民衆が凶暴な執権者によってどのような欺瞞にさらされていようと、あるいはその国の将来がどうなろうと、米国の利益となり、意のままになる軍部であれば、善悪は問わず無条件に支持するということなのだ。まさに帝国主義的覇権意識という、米国の本性がはっきりと表れていた。

全斗煥をはじめとする愚昧な軍部は、こうした米国の支持に鼓舞されて、光州での虐殺を画策し続けた。軍部はクーデターの後、光州蜂起に対する殺戮鎮圧のために、いわゆる「尚武忠正作戦」（戒厳軍の光州投入は「華麗なる休暇」、鎮圧は「忠正作戦」と呼ばれた）の敢行を秘密裏に準備していた。もちろん米国と絶えず協議を重ねた上でのことだ。

米国と全斗煥軍部による光州虐殺共謀の一つの証拠として、韓国軍部が当初は二十五日午前二時に予定した光州鎮圧作戦を、米国との協議の結果、二十七日未明に延期したことが挙げられる。

しかしそのころ、一般市民と市民軍、さらには学生活動家たちさえも、米国に対しては非常に好意的だった。間の抜けた話だが、米国は最後には光州市民を助けてくれるだろう、という期待を持っていた。新軍部の執権戦略を支えるための米国の空母急派さえ、全斗煥軍部を牽制するためだと思い込んだほどだった。

「米国が、全斗煥一味の殺人蛮行を阻止するために、空母の派遣を決定した」という壁新聞が張り出され、決起大会で発表されて大勢の市民大衆の喝采を受けた。米国に敵愾心《てきがいしん》を持つどころか、米マスメディアの取材記者に対して、さまざまな便宜を提供するほどだった。無慈悲な虐殺蛮行の主役と米国が手を握ることは絶対にないと、市民らは固く信じていた（章末に訳注）。

軍部と米国の結託の動きに比べれば、当時、道庁内の収拾委員会の大勢《たいせい》であった武器返納論は、狂った軍部の度量を信じ、座して死を待つという、幼児のような考えに違いなかった。

無条件武器返納を主張した金チャンギルらの学生収拾委員や、地元有力者らが主体の市民収拾委員に欠けていた最も重要な点は、光州抗争についての歴史的、構造的、対外的、政治的認識であった。この国の民主化と歴史の発展が、光州抗争にかかっていることを理解していなかった。

当初から、光州抗争は光州だけの問題ではなかった。「韓半島の光州」であると同時に「第三世界の光州」でもあった。爆発的な世界史の頂点に立っていながら、収拾委は一貫した方向性を持ちえず、武器返納という収拾案論議で五月二十三、二十四の二日間を無為に過ごした。混乱ぶりを目にして、サンウォンは怒りがこみ上げてきた。

二十五日朝八時ごろ、道庁収拾委の事務室で意外な事件が起きた。いわゆる「毒針事件」だ。ある者が「毒針で刺された！」と大声で叫んで倒れ、身元不詳の別の男が彼を抱え起こし、「病院へ行く」と言い残して走り去った。後日これは、戒厳軍に抱えられたフラク（内部撹乱要員）が、収拾委や抗争指導部を混乱させるために仕組んだ事件であることが分かったが、当時は道庁全体がパニックに陥った。

信用できない人間がうろつき、また誰かが撃たれて死ぬかもしれないという、ヒソヒソ話が広がって、市民軍同士が不信感を持ち始めた。体制側の御用放送が事実をゆがめて報道したため、道庁外部の市民にも噂が伝わり、不安感を煽った。

この事件を受けて、学生収拾委委員長の金チャンギルは、午前十時ごろ、黄グムソン、金ジョンベ、許ギュジョンと緊急会議を開いた。武装論を粘り強く主張してきた状況室長の朴ナムソンらは、毒針で刺された者が連れて行かれた病院へ事実確認に出かけて、道庁にいなかった。

「現在の混乱は、収拾不可能な状態です。このままなら、弾薬庫や武器庫の管理・統制ができません。これ以上の流血を避けるためには、きょう中に無条件で武器を返納しなければなりません」

金チャンギルは、毒針事件が招いた不安感を最大限に利用して収拾委員たちを説得した。武器回収に否定的だった金ジョンベや許ギュジョンも、チャンギルの主張に対抗できなかった。それほどに、道庁内部は混乱していた。

以後、金チャンギルと黄グムソンは「道庁地下弾薬庫のダイナマイトが爆発すれば、一人も生き残れない。早く弾薬と武器を返納しなければ」と、道庁内の武装市民軍を説得して回った。相当数の市民軍メンバーが不安を感じて銃を捨て、道庁を出て行った（ダイナマイトは五月二十一日、和順の鉱業所などから、抵抗の武器として市民軍が大量に運び込んでいた）。

道庁の雰囲気は直ちに、YWCAにいたサンウォンと鄭サンヨンに伝えられた。YWCAでは、収拾委の無原則で軟弱な姿勢を憂慮する闘争派の学生たちが、徹夜で決起集会の準備をし、学生たちに動員をかけていた。

毒針事件を知らされたサンウォンとサンヨンは、最初から奇妙な話だと思っていた。サンウォンは、前後の辻褄が合わず、常識的に判断して戒厳司令部の回し者の仕業にちがいないのに、金チャンギルのように武器返納を唱えて騒ぎ立てるのには、まったく納得がいかなかった。

サンウォンはサンヨンと共に、金チャンギルに会うために道庁へ走った。一日だけ、武器返納を延期するように申し入れたが、チャンギルは完全に黙殺した。サンウォンは、チャンギルが正当な判断力を失った人間のように、市民闘争を間違った方向に導いて行くことがはっきり分かっていながら、チャンギルを説得する術《すべ》がなかった。

金チャンギルをはじめとする穏健派は、収拾委の実権を握っているだけでなく、無責任な多数の市民収拾委員が彼らの側《がわ》についていた。また、収拾論議を通じて終始、市民闘争を無力化することを主張してきた道副知事・丁時采

（チョン・シチェ）らの公職者が彼らをけしかけていた。

「金チャンギルの野郎……」

怒りの言葉を吐きながら、サンウォンとサンヨンは気落ちした足取りで道庁から引き返さざるを得なかった。しかしサンウォンは歩きながら、新しい闘争指導部の構想を実行に移すのは今だ、と思った。毅然とした声で、横を歩くサンヨンに念を押すように言った。

「あの無能な道庁指導部を追い払わなければならないようです。奴らに任せ続けたら、私たちが命をかけて望んできたことどころか、市民の血の代価さえも……。奴らを追い出して新しい闘争指導部を作らなければ。きちんとした民族民主勢力が道庁に入って、闘争を率いなければ。それも、きょう中に……」

サンヨンも力強くうなずいた。

サンウォンは闘争派の学生が集まっているＹＷＣＡに帰り、闘争計画をじっくり話し合った。新しい闘争指導部を作るといっても、明確な実行計画がなければ、現在と同じような混乱を招くだけだ。さまざまな案がサンウォンの脳裏に浮かんだ。それを次々にサンヨンら周囲の青年・学生の討論にかけては実行計画を立てていった。

まず、強力な新しい闘争指導部の発足が最優先であることに、全員が同意した。次に、学生たちを武装させ、道庁の武装市民軍と合流させることにした。闘争指導部ができたら、戒厳当局と同等の資格で協議し、政治的な成果を獲得しなければならない。そのための時間を稼ぐもっとも効果的な方法として、光州に居住するすべての米国人を道庁に抑留するという案が、サンウォンらの中心メンバーでひそかに練られた。軍部のクーデターは、作戦権を握っている米国の介入がなければ不可能だったのだから、光州鎮圧作戦も、米国の承認のもとに行なわれるだろうと判断した。米国人を抑留していれば、戒厳軍もむやみに鎮圧に乗り出すことはできないだろうと考えたのだ。

サンウォンの提案に基づいて、新しい闘争指導部が道庁を掌握したあと、各代表の衆知を集めて米国人抑留の実行計画を確定するという結論になった。しかしサンウォンらの計画は、結局、何人かのメンバーの「構想」に終わった。

午後五時、闘争派の学生によって二時から開かれていた市民決起大会が終わるころ、道庁二階事務室で金チャンギル、黄グムソンらが主導した最終的な武器返納会議が開かれていた。この日午前、毒針事件の直後に暫定的に合意された武器返納を、全体会議で正式に決定するためだった。

金チャンギル、黄グムソンらはまたも、戒厳軍の鎮圧作戦が迫っていること、戦闘は不可能であること、（ダイナマイトをため込んでいる）道庁地下弾薬庫の危険性、不純分子の道庁潜入の可能性、市民らの被害などを並べ立てて、武器返納を主張した。武装市民軍指導部の金ファソン、金ヤンオ、金ギョンソクら多数の市民軍代表も「戒厳司令部が市民軍を処罰しない」という条件付きで、次第にチャンギルの意見に同調し始めた。彼らは確固とした信念を持っていなかったというだけでなく、毒針事件以後は、おびえて浮き足立っていたのだ。

会議は金チャンギルの意図どおりの空気に落ち着きつつあった。ほとんど全員がチャンギルに同調し、武器返納が議決されそうになった時、黙って聞いていた金ジョンベが発言を求め、重々しく口を開いた。

「いま武器を返納するのは、絶対に正しくありません。政府や戒厳当局が市民の要求を一つも聞き入れていない状況なのに、武器を返納するのは、死んでいった英霊たちを裏切ることになります。それは降伏・投降にほかなりません。私たちが武装していればこそ、戒厳軍もうかつに鎮圧を開始できず、戒厳司令部との協議もできたのです。武器を返納すれば必ず鎮圧され、処罰を受けます。犠牲者の市民葬の保証、拘束者の釈放、関係者の不処罰など、最小限の要求を貫徹した後で武器返納を議論しても、決して遅くはありません。私は武器返納に絶対に反対です」

金ジョンベが条理を尽くして武器返納不可論を展開し終わった、その時だった。会議室のドアを荒々しく開け、サンウォンが駆け込んできて叫んだ。

「一体どうして、無条件武器返納なんですか。外へ出て、見てください。市民たちがこの国の民主化を、声がかれるほど叫んでいます。それなのに武器を返して無条件降伏しようなんて、どういうことですか。誰があの殺人魔・全斗煥の側《がわ》について、光州市民の犠牲を裏切ろうとしているんですか。市民の側に立って収拾すべきです」

サンウォンの言葉がひときわ激しくなり、武装して会議室の警備にあたっていた何人かが、サンウォンを外へひきずり出そうとした。彼らの腕を押し払いながら、サンウォンは目をむいてどなった。

「おい、チャンギル！　大学生ともあろうものの意識が、この有り様とは知らなかったぞ。武器返納は絶対に許さない！」

大声をあげるサンウォンが会議室から押し出されると、闘争派の金ジョンベと許ギュジョンも席を蹴って立ち、会議室を出た。サンウォンの乱入で部屋は混乱し、会議は流れた。チャンギルは何人かとコソコソ話し合い、現状では収拾作業は続けられないとの結論を出した。

サンウォンは後を追って来た金ジョンベと許ギュジョン

に、さきほどＹＷＣＡで学生たちと合意した「道庁掌握計画」を話した。二人は、賛成した。サンウォンは状況室長の朴ナムソンと武装青年指導者らに会い、同じように説得した。

道庁内部の空気が、闘争派に有利に展開しつつあるのを確認したサンウォンは、ＹＷＣＡにいる学生代表らに、すぐに道庁に来るよう伝えた。午後六時ごろから急に降り始めた大雨の中を、決起大会後の市街デモを終えてＹＷＣＡに帰ったばかりの鄭サンヨン、金ヨンチョル、李ヤンヒョン、尹ガンオク、鄭ヘジクらと何人かの学生・青年指導者が、直ちに道庁に集まった。

一方、収拾委の会議が流れた後、金チャンギルは身を引く意志を明らかにし、彼を支持してきた市民軍メンバーに対して道庁を離れるよう勧めた。実際、彼の言葉に従って多くの市民軍メンバーが道庁を離脱した。放置すれば、主力武装集団が解体してしまうこともありえた。

道庁に着くとすぐ、鄭サンヨンは、金チャンギルに会って説得にかかった。

「みんなが力をあわせて収拾しなければならないんじゃないですか。せっかくこれまで苦労されたんですから、私たちと手を取り合って光州を助けましょう。私たちも、無条件に血を流して闘おうと言っているのではありません。いま、世界の世論は光州に傾きつつあり、光州以外の地域でも、動きがないわけじゃありません。あと何日間か持ちこたえましょう。これからが、戒厳当局との協議で実質的な成果を上げるチャンスなんじゃないですか」

サンヨンはかなり丁重に説得したが、チャンギルは頑として受け入れなかった。サンヨンもあきらめざるを得ず、チャンギルとの妥協が決裂したからには、計画通りＹＷＣＡにいる青年・学生たちを道庁に入れなければならなかった。

午後八時、暗くなりかけた道庁前広場を横切って、サンウォンはＹＷＣＡへ行った。すでに道庁に入ると知らされた後なので、約百人の青年・学生が「入城」に備えて指導部の教育を受けた後だった。

サンウォンは講堂に整列した学生たちの前に進み出た。

「気を付け、休め、気を付け！」

いきなり、講堂に響き渡るような声でサンウォンが号令をかけた。一瞬、学生たちは緊張したが、号令に従って動きながら、目を輝かせてサンウォンに注目した。ざわついていた空気が収まるのを確かめたサンウォンは、厳粛に精神教育を始めた。

「尹サンウォンです。君たちは今夜、市民軍のいる道庁に入る。知っているように、毒針事件の後、道庁は混乱して無秩序状態になっている。君たちが入って、市民軍と共に整然と行動しなければならない。市民軍と共に武装し、道庁を、そして光州を守らなければならない。以後、指揮系統を厳格に保つために、君たちに敬称はつけない」

「気を付け、休め、気を付け！　君たちはこれから隊列を組んで道庁に入る。学生として、絶対に取り乱した姿を見せてはならない。ＹＷＣＡを出て道庁まで行進する間、足並みをそろえて『闘士の歌』を歌うんだ。分かったか！」

「ハイ！」

すでに暗くなった道庁前広場を横切り、学生たちは『闘士の歌』に合わせて歩調をそろえ、隊列を組んで道庁に入った。学生部隊は直ちに道庁内の状況説明を聞き、銃器を扱う教育を受けた。ちょうど道庁に泊まっていた金ソンヨン神父ら在野の人士の激励を受け、道庁の武装警備、市内の武装巡回など、それぞれの任務に市民軍と共に就いた。

道庁三階の殖産局長室に尹サンウォン、鄭サンヨン、金ジョンベ、許ギュジョンらが集まり、新しい闘争指導部の編成と、以後の闘いに何が必要かを論議した。解決すべき問題が山積していた。犠牲者の市民葬、行方不明者の確認、負傷者対策、市内交通の正常化、治安対策、市外電話開通、全日放送などの地域メディア再開……解放光州を維持して行くのに不可欠な問題だけを取り上げても、数え切れないほどだった。

これらの問題を討議し、サンウォンの構想による新体制、闘争指導部の人選まで終えると、もう十一時近かった。ついに、光州の五月武装抗争を率いる、新しい抗争指導部が誕生した。青年学生闘争委員会と名づけられた抗争指導部のメンバーは次の通りであった(年齢は訳者が付した。「数え」と満年齢が混在している可能性がある)。

◆委員長　金宗培＝キム・ジョンベ（二十五歳・朝鮮大貿易科三年。後に国会議員）

◆副委員長兼外務担当　鄭相容＝チョン・サンヨン（三十二歳・全南大中退、寶城企業社員。後に国会議員）

◆内務担当　許圭晶＝ホ・ギュジョン(二十六歳・朝鮮大二年)

◆状況室長　朴南宣＝パク・ナムソン（二十六歳・自営・骨材採取運搬業）

◆企画室長　金永哲＝キム・ヨンチョル（三十二歳・住民運動家、野火夜学講学）

◆企画委員　李梁賢＝イ・ヤンヒョン（三十歳・全南大中退、労働運動家）

◆企画委員　尹江鈺＝ユン・ガンオク（二十八歳・全南大復学生。民青学連事件関連）

◆広報部長　朴暁善＝パク・ヒョソン（二十七歳・野火夜学講学、演劇活動）
◆民願部（室）長　鄭海直＝チョン・ヘジク（二十九歳・教師）
◆調査部長　金ジュンボン（二十一歳・高麗セメント勤務。市民軍）
◆補給部長　具（ク）ソンジュ（二十五歳・建材商）
◆代弁人　尹祥源＝ユン・サンウォン（三十一歳・野火夜学講学、緑豆書店勤務）

学生収拾委員会を解体し、一方的収拾を主張した一部の武装勢力を排除した、名実ともに備わった抗争指導部の誕生だった。

尹サンウォンは道庁内外の状況を誰よりもよく知っており、新指導部結成の礎石の役割を果たした。しかし彼は、光州闘争の対内・対外的窓口の役割である代弁人（スポークスマン）を自ら望んだ。鄭サンヨンも、鋭い判断力と確固とした闘いの意志の持ち主である尹サンウォンこそ、スポークスマンの役割を、忠実に果たしてくれると考えた。

学生の反米意識　光州事件への米国の対応は、学生の反米意識をかきたて、以後、米文化センターへの攻撃が続発する。釜山センター放火（八二年）、光州センターに火炎瓶（同）、大邱センター爆破（八三年）、ソウル・センター占拠（八五年）、光州センター占拠（同）。そして「反米」は、「親・北朝鮮」と結び付く形で運動圏に根づく。

訳者は、韓国の革新勢力の「親・北朝鮮」について、それが民族意識に基づくものであるにしても、北の権力機構や対外的行動、国民の生活実態についてどのように考えているのか、よく理解できない。米国の行動を肯定はしないが、それが北朝鮮の動向と関連していることは否定できないのではないか。

死の行進

まだ明けきらぬ五月二十六日午前五時。サンウォンは周囲の慌しい気配を感じて短い眠りから覚めた。せいぜい二、三時間前、道庁一階の財務局事務室の床に布団も敷かず、気を失ったように重い体を横たえた。傍らでは、劇団「クァンデ」の女性団員・李ヒョンジュと崔インソンが寝ていた。

ひりつく目をようやく開けて見渡すと、道庁全体が大変な騒ぎになっていた。戒厳軍がタンクを先頭に、市内に進入しつつあるという無電急報が、郊外を守っている市民軍から状況室に届いたのだ。サンウォンは跳び起きて状況室に走った。状況室の無電機がカチカチとなっていた。和順（ファスン）方面と、羅州（ナジュ）方面の白雲洞側からも戒厳軍が進入しつつあるという連絡が続々届いた。抗争指導部はまず「総非常令」を出した。道庁内の全兵士が武装出動できるように、武器と弾薬が渡された。

一方、前日の南洞聖堂での会議後、収拾委事務室にあてられた道庁二階の副知事室に入って徹夜した金ソンヨン神父、洪ナムスン弁護士、曺ビオ神父らの在野収拾委員にも、戒厳軍進入の急報を受けて緊張が走ったが、「ついに最後か」との絶望が、かえって全員を落ち着かせた。

金ソンヨン神父が緊急提案をした。

「収拾委員のみなさん、いっそのこと、私たちが出て行きましょう。タンクが進入して来れば、私たちの体で食い止めましょう。ここにいても死ぬのなら、外へ出てタンクを防ぎましょう。私たち十七人が銃弾を受けて、戒厳軍の市内進入を一時なりとも食い止めましょう」

金神父の断固とした提案に、全員うなずいた。収拾委員たちは直ちに道庁から錦南路へ出た。明け方の市街は霧雨が降っていた。

街はまだ暗かったが、市民が一人、また一人と収拾委の一行の後に従い始めた。取材のために光州へ来ていた外国の記者たちも、どこからともなく現れ、後を追い始めた。霧雨の中を一行はゆっくりと進んだ。当時の状況からすれば、生命の安全はまったく保証されない「死の行進」だった。

悲痛な思いで収拾委員の出発を見送った抗争指導部は、道庁内の市民軍の武装配置を終えると、戒厳軍の進入状況を詳しく掴むために、周辺地域へ偵察を送った。

サンウォンたちは、午前十時に市民決起大会を開くためにに対市民宣伝班をつくり、戒厳軍進入を市民に知らせる準備をした。朴ヒョソンを中心にした道庁宣伝チーム、YWCAの市民決起大会宣伝チーム、闘士回報（二十六日から「民主市民回報」と改名した）制作チームが活発に動いた。

間もなく、宣伝車が市街を回って放送を始めた。

市民のみなさん！
戒厳軍が攻め込んで来ています。
みなさん道庁前に来て下さい。
十時から決起大会を開きます。
みんな道庁前に集まって、私たちの力で光州を死守しましょう！

早朝の宣伝放送を聞いて目覚めた市民が、市街へ向かい始めた。収拾委員たちの「死の行進」に従う市民も次第に数を増し、戒厳軍の阻止線である韓国電力の正門前に着くころには、数百人にもなっていた。

午前九時ごろ、収拾委員の一行は、農城洞の畑の前にタンクをズラリと並べた戒厳軍に遭遇した。氷の上を歩くような、緊張の一瞬だった。タンクの列が、収拾委員の後ろの市民らに向けて砲門をいっせいに開き、実弾を込めた銃を持つ兵らの銃口も、市民に狙いを定めていた。付近の建物の屋上にも機関銃が据えられ、市民の隊列に向けて威嚇するように、射撃の姿勢をとっていた。

収拾委の金ソンヨン神父と尚武台の戦教司（戦闘教育司令部の略称。戒厳司令部の分所が置かれていた）副司令官である金基錫（キム・ギソク）准将が対峙現場で会った。金准将は、「軍の進入は不当」と訴える金神父の抗議に対し、交通円滑化のための進入だと弁明、金神父に「条件をつけずに尚武台の部隊へ行って話し合ってはどうか」と提案した。金神父も戒厳軍の後退を前提として提案を受け入れ、学生代表の金チャンギルを含む十一人の収拾委員が尚武台へ向かった。彼らは血を流さずに協議に臨むことにしたのだ。

「死の行進」に出発した収拾委員たちが、戒厳司令部へ協議に向かったという情報は、ただちに道庁状況室に報告された。いくらか時間を稼いだ感じもあったが、危機が刻々と迫っていることに変わりはなかった。

サンウォンの苦悩は深かった。まさかまさかと思っているうちに、軍の進入は一歩一歩と現実のものになってきていた。ここで膝を屈するわけにはいかなかった。闘わなければならない。しかし、どう闘うのか。最後まで闘う意志のある戦士たちは、道庁に残って決死抗戦の準備をしなければならなかった。一方、市民に大々的に呼びかけて、抗戦の意志を共にする市民が団結し、軍の進入を身をもって阻止するような態勢をつくらなければならなかった。

それぞれの分担任務を書いた名札を胸につけた抗争指導部メンバーは、市民への呼びかけ、山のような任務の処理、光州を死守する方策を立てることに全力を傾けた。

指導部の論議の結果、橋頭堡である道庁を徹底的に守り通すために、機動打撃隊を新たに編成することになった。一組五、六人ずつ、全部で十三組の機動打撃隊が組織され、各隊員にはカービン小銃と実弾十五発の弾倉が支給された。輸送と通信のために各組に軍用ジープ一台と無電機一台も支給された。これで道庁の武装兵力は、警備要員から抗戦市民軍へと変身を遂げた。抗争指導部の固い闘いの意志の表れでもあった。

二十六日午後三時、宣伝班の大々的な宣伝を受けて、第五次市民決起大会が道庁前で開かれた。この日は、午前十時にも緊急決起大会があったので、一日に二回、決起大会が開かれたことになる。

最後になるかも知れない市民決起大会……。連日、大会を準備し引っ張ってきた朴ヒョソン、田ヨンホ、金サンジプ、金テジョン、李ヒョンジュらは、疲労がたまりにたまって声はかれ果て、その場に立っているのがやっとの状態だったが、力をふりしぼり、悲壮感を漂わせて大会を進めた。

大会が終わりかけたころ、戒厳司令部へ協議に出かけた収拾委員たちが、憔悴した様子で帰って来た。協議の成果は何もなかった。「今夜十二時までに武器を返納しなければ、市民の安全は保証できない」という最後通牒を受け取ってきただけだった。協議中、戦教司副司令官・金ギソクは、すでに「殺傷鎮圧」の脚本がクーデター首脳部によって決定されているかのように、一方的な主張を繰り返した。

決起大会の進行中に、このような情報に接した抗争指導部は、虚脱状態に陥った。同夜中の戒厳軍進入は、既定事実になりつつあった。指導部はまず、この事実を決起大会に集まった市民に知らせるべきかどうか、悩んだ。闘争意欲をかき立てられてきた市民の士気が、衰えてしまうことを恐れた。だが指導部は、短い話し合いの結果、戒厳軍の進入を市民に知らせることにした。この、命をかけた闘いは、決して強要すべきものではなく、市民自らが自身の行動を決めるのが原則だという点で、意見が一致した。

「今夜、戒厳軍が進入して来る可能性が高くなりました！」

決起大会の最後に指導部は、市民に告げた。会場はシンと静まった。次いで「命をかけて最後まで闘おう」という悲壮な声も上がったが、全体としては不安な空気に包まれた。

そのころ、サンウォンは予告ずみの内・外信記者会見を行なった。この日は午前中から、主に外国特派員の個別インタビューに応じるなど、「光州抗争の対外窓口」の役割を果たしてきた。

午後三時ごろ、外国特派員約十人が注視する中で、サンウォンは毅然とした態度ながら、淡々とした声で会見を始めた。光州抗争が起きてから、道庁で開かれた最初で最後の外国特派員との記者会見になった。「代弁人」（スポークスマン）の名札をつけたサンウォンは、韓国語と大学時代に身につけた英語を適当におりまぜて、明るく、感情を込めて挨拶し、「なぜ市民が闘うのか」について語り始めた。

「私たちはこの九日間、悪条件の下でこの国の民主主義を死守し、軍事独裁を拒否するために闘ってきました。みなさんが光州へ来て惨状を目撃されたとおり、戒厳軍の下手人である殺人空輸部隊によって、数多くの学生、市民が残酷に殺され、病院という病院は負傷者で溢れかえっています。その上、大勢の人が軍人に引っ張って行かれたまま、生死さえ確認できません」

「光州市民と全南道民は、このような殺人軍部の蛮行に対して蜂起したのです。空輸部隊を追い出すために、われわれは自ら武装したのです。誰かが強要したのではありません。市民が自分の命を守り、さらに隣人の命を守るために武装したのです。軍部のクーデターによる権力奪取の陰謀を粉砕し、この国の民主主義を守るために蜂起したのです」

「私たち市民は、この事態が平和的に収拾されることを望んでいます。そのためには戒厳解除、殺人軍部クーデターの主役・全斗煥の退陣、拘束者の釈放、市民への謝罪、被害の実態究明、過渡的民主政府の樹立などの措置が必ずとられなければなりません。そうでなければ、私たちは最後の一人まで闘うつもりです」

「武器を返納して収拾しようという、一部の意見はあります。しかしそれは、一方的な降伏を意味し、その後に必ず、戒厳軍のとてつもない報復が行なわれるでしょう。私たちは闘いを放棄できないのです。いま、この地域の聖職者や有力者が戒厳軍部と協議中ですが、軍部は、無条件で武器を返納せよという脅迫を続けています。そんな状況の中で、どんな協議をすればよいのでしょうか」

「私たちは、友邦といわれる米国の態度を注視しています。米国は戒厳軍部に影響力を行使できると信じています。私たちは無限に血を流すことを望んでいません。平和的に事態が解決することを希望します。そのために、現政府が決断を下し、大変な苦痛を味わった光州市民のみならず、全国民の要求を受け止めなければなりません。タンクを動員して鎮圧しようとしても、結局は軍部はこの闘いに敗れるしかなく、鎮圧によって現在の事態を解決できるとは思いません」

記者会見は一時間ほど続いた。

サンウォンがあらかじめ用意した原稿の内容には、説得力があった。最後まで淡々とした声で、市民の立場を明らかにした。被害状況についても、図表を使って説明した。最後は記者たちとの一問一答だった。

記者会見を終えたサンウォンは、代弁人室員の金ユンギらと共に、次の記者会見までに準備すべきことはないか、点検した。道庁前広場では、決起大会が続いていた。

一方、戒厳司令部との協議から帰った金チャンギルは、考えを同じくする黄グムソン、金ファソン、ノ・スナムらとひそかに話し合い、「道庁指導部全体会議」を開いて武器返納を決議することにした。彼らは直ちに収拾委員らに全体会議の開催を求めた。収拾委員会の地元有力者委員たちは金チャンギルの意見に積極的に同調した。在野出身の委員までもが「鎮圧作戦の被害を最小限にとどめるために」と、諦めたように全体会議出席に同意した。

午後七時、市民収拾委の事務室になっていた副知事室で全体会議が開かれた。李ジョンギ、張ヒュドン、ノ・スナムらの収拾委員、洪ナムスン、曺アラらの在野委員、それに収拾派学生代表の金チャンギル、黄グムソン、金ファソンら、青年学生闘争委員会からは鄭サンヨン、金ジョンベら、計二十人以上が出席した。サンウォンが金ヨンチョル、朴ヒョソンらと武装力強化について話し合っている時、副知事室の全体会議では、無条件武器返納論がまたも蒸し返されていた。

会議は黄グムソンが司会し、主に金チャンギルが発言した。彼は戒厳分所との協議経過を報告し、いまの状態では武器返納以外に収拾の方法はないと、強く主張した。

多くの収拾委員が、次第に彼の意見に同調し始めた。ある委員は闘争派の金ジョンベの資格を激しく追及して金チャンギルを擁護した。鄭サンヨンが孤軍奮闘したが、会議の空気は武器返納へと傾いて行った。腹を立てた金ジョンベと鄭サンヨンは、副知事室を抜け出した。同調して何人かが席を立ち、沈痛な面持ちで部屋を出た後で、司会の黄グムソンは「きょう中に武器を戒厳分所に返納する」との議決を宣言した。

武器返納が議決されたことを聞いたサンウォンは、尹ガンオク、金ヨンチョル、状況室長の朴ナムソンらと副知事室に駆け込んだ。拳銃をさげた朴ナムソンが先頭だった。副知事室のドアを開けると同時に、朴ナムソンが腰の拳銃を引き抜いて怒鳴った。

「誰が、われわれとの合意もなしに武器返納を決めたんだ！　どいつが、われわれを戒厳軍に売り渡そうとしているんだ！」

一触即発の緊迫した状況だった。サンウォンは、互いに発砲するかも知れないような険悪な空気を静めるために、朴ナムソンの銃口を押さえて進み出ると、口を開いた。

「みなさん、いまこの瞬間、市民は全斗煥・戒厳軍部の虐殺蛮行に歯ぎしりしながら、われわれに光州を守ってほしいと頼んでいます。そのわれわれが、進んで武器を返納し、投降しようというのでは話にならないでしょう。おびただしい血を流して空輸部隊を光州から追い出したのに、何の見返りもなく、奴らに『間違っていました』と謝ろうというのですか。虐殺軍部は、いま焦っています。光州の抵抗で、権力奪取の機会を何度も逸しているからです」

「われわれだけが孤立して闘っているのでは、決してありません。わが市民が、われわれを見守っています。さらに、全国民の目が光州に注がれています。われわれの抵抗は全世界の注目の的になっており、金大中氏の逮捕は大きな衝撃を与えています。世界の良心がわれわれを見守っているのです」

「尚武館に横たわっている同胞、兄弟たちの残酷な遺体を見てください。あと何日間かだけでも、持ちこたえてみましょう。武器を返納しても被害は避けられません。だから、武器を持って闘わなければならないのです。ここでわれわれが降伏すれば、歴史に残る大罪人になるでしょう」

サンウォンは二十分を超えて熱弁を振るった。サンウォンの熱弁を聞いて、武器返納を主張してきた人びとが、席を立って出て行った。武装論は守られた。

サンウォンは夜、わずかな時間、道庁を抜け出して敬愛する全洪俊（チョン・ホンジュン。著名な医師）先輩に電話した。すでに鎮圧情報を知っていた先輩はサンウォンを惜しみ、身を隠すように懇々と勧めた。

サンウォンは、淡々と答えて電話を切ったという。

「私の心配はしないで下さい。この闘いを締めくくる人間が必要です。私たちが歴史の前に、恥じることなく立つためには、誰かが命をかけなければならないのです。市民軍と共に、私は最後まで闘います」

絶望も、恐れも感じさせない言葉だった。

死は永遠に生きる道

五月二十六日が暮れかかって、戒厳軍の進入が確実になった道庁内は緊張と不安に包まれていた。危機感が高まる中で抗争指導部は、戒厳軍とどう闘うかの方策を練るのに忙しかった。

この日、遺族らと話し合った結果、尚武館に安置されている英霊の葬儀を二十九日に道民葬として執り行なうことになった。また、市民の生活を正常に戻すため、政府保管米の放出、市内バスの開通、市場再開などについて全南道当局と話し合った。「あす」のために、抗争指導部はそれぞれの任務に最善を尽くそうとしていた。

しかし、当夜の万一の事態に備え「解放光州」を守る計画も立てなければならなかった。道庁の警備を固め、戒厳軍の進入が予想される周辺部に市民軍を配置した。だが道庁全体は、おののくような不安と恐怖に支配されていた。

この日の決起大会が終わったあと、光州ＹＭＣＡで徹夜籠城の準備をしていた約百人の市民も「武器が欲しい」と願い出た。彼らが全員武装すれば、道庁守備の大きな力になる。一般市民が、市民軍と最期を共にする決意で籠城するだけでも感激的なのに、全員が武装して闘いたいと申し出たのだ。

それを聞いた尹祥源（ユン・サンウォン）はすぐ、鄭相容（チョン・サンヨン）、状況室長の朴南宣（パク・ナムソン）と共に暮れかかった道庁前広場を横切ってＹＭＣＡへ向かった。道庁の警備は、かつてないほど厳重で、戒厳軍の進入時に迅速に機動打撃隊を配置するため、軍用ジープとトラック十台ほどが待機していた。

ＹＭＣＡにいたのは、決起大会後の街頭デモが終わった時、「最後まで闘う者は残れ」という抗争指導部の呼びかけに応え、帰宅しない決断をした人たちだ。戒厳軍の進入が確実な状況になっても、彼らは決意を曲げないだけでなく、共に闘うために銃まで要求したのだ。

ＹＭＣＡに着いたサンウォンは、声をつまらせた。

「みなさん、本当にうれしいです。われわれは、死を恐れずに光州を死守しなければなりません。武装した市民軍がいます。さらにみなさんがこうして集まってくれ、力を合わせて光州を守れば、光州は決して滅びないでしょう」

籠城者たちはすでに、予備役陸軍大尉の青年の指導で、銃の取り扱い訓練をしていた。指導部は彼らの夕食として、一般市民から大量に寄せられたパンと牛乳を提供した。そして彼らの要求どおり、武器を支給することを約束した。

一方、抗争の初期から広報宣伝を担ってきた野火夜学中心の闘士回報チーム、劇団「クァンデ」の団員、ＹＷＣＡ女性幹事、大学生たちはＹＷＣＡに籠り、張り詰めた気持ちで来るべき時に備えていた。発行済みの闘士回報や決起大会での発表文など、資料を安全な場所に片付けた。いざという時に女性たちを避難させるため、ＹＷＣＡから隣の建物に渡る梯子もとり付けた。

外の闇は、刻一刻と暗さを増していった。人影は途絶え、商店街のネオンはもちろん、街灯も消えた街路は、死んだように静かだった。市民軍の巡察車両が時折、ヘッドライトで闇を照らしながら、行き交った。

あすの生を約束されない、いや、何時間か後には必ず訪れる日の出すら期待することを許されない、生死の境に立つ市民軍兵士らは、緊張にもかかわらず襲ってくる眠気をこらえきれずに、一人、二人と眠り始めた。目を覚ましている者も、無言だった。

抗争指導部代弁人・尹サンウォンも例外ではなかった。この十日間、寝ることも食べることもままならぬ毎日だった。ひげが伸び放題で顔は黒く焼け、唇全体が腫れあがっていた。声もひどくかれていた。最後の決死抗戦の準備が完了したことを確かめると、代弁人室にあてられた事務室の椅子で、うとうとし始めた。


時計の針が五月二十七日午前〇時を回った。

午前二時ごろ、緊急会議が開かれるという連絡を受けて、サンウォンは短い眠りから覚めた。

夜十時を過ぎるころから、周辺部住民の「戒厳軍が進入中」との情報が相次いで届いていた。状況室は、すぐに無電で周辺部警備の市民軍に真偽を確認させ、機動巡察隊を送ったが、その都度、進入を確認できなかった。

戒厳軍の進入を確認したのは、二十七日午前二時前だった。

「タンクを先頭に、戒厳軍が全面的に市内進入を開始した」「対策を立ててくれ」

周辺部市民からの情報の確認に向かった機動巡察隊から、緊急無電連絡が入った。次いで、各地に派遣していた巡察班からも、戒厳軍進入を知らせる無電が休みなく飛び込んで来た。

状況室長の朴ナムソンをはじめ、尹サンウォン、金宗培(キム・ジョンベ)、許圭晶(ホ・ギュジョン)、鄭サンヨンらと状況室の幹部がすぐに部屋に集まった。

ついに、来るべきものが来たのだ。

この時を迎え、全員、恐怖と覚悟が入りまじった硬い表情で、口を閉じていた。最後まで闘い抜く覚悟で道庁に残った者たちだった。緊急会議は、決意の目の色を互いに確認し合って終わった。後は、決められた戦闘計画どおり、迅速に体を動かすだけだ。

抗争指導部は、道庁の全市民軍に「非常令」を発令した。

「非常事態だ。全員、武器庫前に来て銃と弾薬を受け取れ!」

道庁の通路を走り回って、伝達員が大声で非常事態を知らせた。笛の音、ドアを激しくたたいて寝ていた連中を起こす音、スピーカーを通して急を告げる非常信号……、道庁内部は一瞬のうちに、ごった返し状態になった。

ほとんどの市民軍兵士は前夜、恐怖と緊張で疲れきって深い眠りについた。非常令で起こされて、何が起きたのか分からないような顔つきだった。すでに戒厳軍の進入は既定事実とはなっていたが、そうと知って一瞬、極度の恐怖に襲われて放心状態になる者、思わずズボンに漏らす者もいた。

しかし間もなく、まだ武器を支給されていなかった多数の兵士が、武器庫前に並んだ。生と死の岐路にあって、決死抗戦の意志を再び奮い立たせたのだ。迅速に戦闘班が編成され始めた。

抗争指導部は市民軍の実戦武装と配置を急いだ。一方、「当局に、道庁地下室に積んであるダイナマイトを自爆させるという最後通牒を送って、戒厳軍の進入を阻止しよう」という意見を受け入れ、闘争委員会委員長の金ジョンベが、政府総合庁舎の状況室とつながっている行政電話をとった。

「私は光州の道庁闘争委員会委員長です。いま、戒厳軍の鎮圧が迫っています。もし軍が後退しなければ、道庁地下室のダイナマイトを自爆させます。いますぐ鎮圧作戦を取り消して下さい！」

金ジョンベは、藁《わら》にもすがる思いで叫んだが、何の応答もなかった。

同時刻、決起大会準備チームと闘士回報チームのいたYWCAにも「鎮圧軍進入」が伝えられた。闘士回報チームの朴勇準（パク・ヨンジュン）と金相集（キム・サンジプ）らは、まず、ずっといっしょに仕事してきた女性たちを緊急退避させることにした。鄭賢愛（チョン・ヒョネ）、金ジョンヒ、イム・ヨンヒらが涙を流しながら、重い足取りで梯子を伝い、隣のビルに移って行った。残った三十人は、道庁の市民軍と運命を共にすることになった。

YWCAチームも武装が必要だった。野火夜学出身の朴ヨンジュンが、まだ銃を支給されていない十五人ほどを連れて道庁に向かった。周辺地域からの銃声が聞こえ、市民軍と戒厳軍の交戦が始まっていた。前夜、指導部は約百人の市民軍を光州市街への主要進入路にあたる鶴洞方面、柳洞三叉路、鶏林洞に分散配置していた。

間歇的に届き始めた銃声は、道庁の市民軍を動揺させた。朴ヨンジュン一行が道庁に着くと、前庭には三百人ほどの市民軍が武器・実弾を早く受け取ろうと押しかけていた。状況室長・朴ナムソンから武器・実弾を受け取った者は、道庁前広場を越えて全日（全南日報）ビル、観光ホテル（錦南路を隔てた全日ビルの向かい側、YMCAの隣にあった）などの最終防衛線に向かって次々に出発した。大勢の、まだ武器を受け取っていない者たちは、どうしてよいのか分からない様子で、おろおろしていた。

非常令が出された直後、サンウォンは尹江鈺（ユン・ガンオク）、李梁賢（イ・ヤンヒョン）らの野火の仲間と道庁内の通路で会い、最後の決意を確かめ合った。

「最善を尽くそう。いまとなっては、最後まで闘うほかに道はない。われわれは最後まで、ばらばらにならずに闘おう」

言い終えると、サンウォンは武器庫の方へ走っていった。武器庫周辺は依然として、動揺した市民軍でごった返していた。この様子を見て列の前に進み出たサンウォンは、大声で軍隊式号令をかけた。

「座れ！　立て！　休め！　気を付け！」

おびえて落ち着きのない市民軍の「精神武装」のための、サンウォンの機転だった。

力強い号令が繰り返されるにつれて、ばらばらだった隊列が整い始めると、サンウォンは決意を込めて、最後の抗戦に臨む最後の演説を始めた。まず隊列にまじっている幼い高校生たちに帰宅するよう説得した。

「高校生は外に出ろ。われわれが闘うから、君らは家に帰れ。君らは歴史の証人にならなければならない」

何人かの高校生が、不満げな様子で列を離れた。

サンウォンは再び声に力を込めた。

「みなさん、銃を撃てますか?」

「ハアイ!」

つい先ほどまでとは違って、力強い声が道庁の闇に響いた。

「みなさん、ついに全斗煥殺人集団は、いまこの時刻、われわれを殺すために、タンクを先頭に攻め込んできています。野獣のように、夜陰に乗じて侵攻を始めました。われわれはどうすべきだろうか。黙って道庁を明け渡すのか。違います。みなさん、われわれは彼らに立ち向かい、最後まで闘わなければならないのです。何もせず道庁を明け渡せば、われわれのこれまでの闘いは無駄に終わります。数知れず死んでいった英霊たちと歴史に対して、罪人になるのです。死を恐れず闘いましょう」

「たとえ彼らの銃弾を受けて死んだとしても、それは、われわれが永遠に生きる道なのです。この国の民主主義のために、最後まで団結して闘いましょう。そして全員が不義に抗して最後まで闘ったという、誇るべき記録を残しましょう。この夜明けを乗り越えれば、必ず朝が来ます」

周囲の闇を明るくするように明快で、一点の恐怖も感じさせないサンウォンの演説は、市民軍兵士の胸にしみわたった。

彼の演説は、それまで緊張と恐怖、諦めと絶望に覆われていた市民軍兵士を立ち直らせ始めた。この日、この場にいた孫ナムスン（全南大哲学科三年）は、烈士（ヨルサ）尹サンウォンの最後の演説を、その後もずっと忘れることができず、胸に大切にしまってきた。

演説の途中から、市周辺部の守備にあたっている市民軍と鎮圧軍が交戦しているのか、間歇的な銃声が聞こえ始めた。市民軍のものと思われる単発的な鈍い小銃の音と、鎮圧軍の自動火器が噴き出す激しい連続音が入りまじり、銃声は刻々と市内に近づいて来ていた。

サンウォンは、闘う意志を明確に示して素早く動き始めた市民軍をかき分け、朴ヨンジュンら顔なじみの野火夜学の後輩たちが集まっている方へ、ゆっくり近づいた。武器支給を待っていたヨンジュンを眺めるサンウォンの顔を、一瞬、苦悩の色がよぎったが、すぐに静かな微笑に変わった。サンウォンと視線が合ったヨンジュンも、微笑を返した。サンウォンはヨンジュンだけでなく、近くにいた野火夜学の兄弟たちをそっと片隅に呼び集めた。羅明官（ナ・ミョングァン）、申炳寛（シン・ビョングァン）らの、幼くさえ見える夜学第一期卒業生たちがサンウォンと向き合って立った。みんなまだ、二十歳に手が届いていなかった。

サンウォンの顔に、思わず苦しげな表情が浮かんだ。この子たちも銃をとらなければならないのだろうか？　母親が良洞市場で露天の魚屋をやっているビョングァン……、老いた両親を養うために工場で働いているミョングァン……。この子たちはこれまで、どれほどつらい暮らしをしてきたことか。いま、その生死を見定め難い、いや、その生の終わりが確実に彼らを待っている戦闘のために、銃をとらなければならないのだろうか？

彼らに対する錯綜した感情が、胸をえぐるような苦痛となってサンウォンに迫ってきた。この瞬間が、彼らとの最後の出会いになるだろうと思うと、互いの身を切り取って分かち合いたいような不憫さに、涙があふれそうになった。瞼《まぶた》が、かっと熱くなり、どうしようもなく声が乱れた。

「ビョングァンよ、ミョングァンよ、お前たちはいま、ここから抜け出せ。きょうで光州は終わりだ。そしてお前たちの命も……。お前たち、どうか家へ帰ってくれ」

ビョングァンもミョングァンも、すでに死を覚悟していたのか、涙ぐんだサンウォンの最後の言葉が終わった瞬間、静かに首を横に振った。

「サンウォン兄さん、僕たちも闘いますよ。道庁を出るのなら、兄さんと一緒に出ます」

サンウォンは彼らを見つめていたが、ふと、暗闇の方へ視線を移して涙をぬぐった。二人の少年は、武器支給の順番がきて小銃と実弾を受け取ると、さっと歩調を速めて遠ざかって行った。

「兄さーん、体に気をつけて下さーい！」

二人が合唱をするように、二つの声が一つになって闇を貫いて来て、ちょうど踵《きびす》を返そうとしていたサンウォンの背に届いた。一瞬、立ち止まろうとしたサンウォンは、そのまま道庁内へと歩き出した。

「そうだ、行くべき道を行こう」

暗闇の中に歩を進めながら、サンウォンは静かに呟《つぶや》いた。

(了)

一九八〇年五月二十七日未明、戒厳軍の鎮圧作戦により、全南道庁で死亡したのは、近年の調査で尹祥源（ユン・サンウォン）を含む十七人、YWCAの三人とあわせ二十人とみられている。光州事件全体の犠牲者はどうか。八〇年五月三十一日、戒厳司令部は死亡者百七十人（うち民間人百四十四、軍人二十二、警官四）、負傷者は三百八十人（民間人百二十七、軍人百九、警官百四十四）と発表、七月末には死亡者百八十九人（うち民間人百六十二）と訂正した。しかし、この数字は少なすぎるとして疑問視する声が強かった。

民主化運動団体や外国の民間団体からは死亡者は二千人という説も出され、二〇〇五年には市民団体が、後遺症によるものを含め、死者は六百六人と発表している。下に掲げた表は、九〇年の補償法制定以後、五次にわたる申請を受けての被害認定の累計である。重複認定があって、合計は合っていない。

二〇〇三年発表の政府の「光州民主有功者」認定は、死亡二百七人、負傷二千三百九十二人、その他の犠牲九百八十七人で、合計三千五百八十六人となっている。

× × ×

光州事件の連行・拘束者は二千二百余人に上るとみられる（光州日報の九六年の連載「光州抗争史」による）。内訳は五月十七日深夜の予備検束で百二十人、抗争期間中のデモで約千五百人、二十七日の鎮圧作戦で二百九十五人、それ以後に三百人（いずれも概数）。彼らは全南大や朝鮮大に収容されたり保安隊に連行されたりしたあと、尚武台（サンムデ）へ送

	申請数	取下げ・棄却	認定数
死　亡	240	86	154
不　明	409	335	70
負　傷	5,019	1,811	3,028
その他	2,052	426	1,628
合計	**7,716**	**2,526**	**5,060**

られた。

連行された者の大半は訓戒処分を受けて帰宅、資料によって数字は異なるが、三百七十五人が拘留されて尚武台の憲兵隊営倉（軍事監獄）の六部屋などに押し込まれた。酷暑に向かう季節に連日、すさまじい殴打・拷問を受けながら取り調べを受けた。監房へ帰っても激しく「気合」を入れられた。殴打・拷問に劣らず耐えがたかったのが空腹だったという証言もある。

収監された者の間の「階級的葛藤」も激しかった。抗争期間中、熱心に闘った下層労働者、孤児院や更生施設出身者らの大学生に対する反感が強く、彼らは拷問の苦痛や空腹の鬱憤を、大学生に向けて晴らしたという（鄭在鎬ほか『五月花　咲き散るところ』＝ハングル＝の引用証言による）。

旧・尚武台は現在、再開発によって光州市庁が移ってきて、高層マンションや商業施設で賑やかな都市空間になっている。当時の営倉や軍事法廷などの建物は「5・18自由公園」に移設保存されているが、辺鄙な場所でもないのに、光州で「自由公園」を知っているタクシーは、まずないと思う。訳者は三度挑戦して、最後は地図を片手に、やっと辿りついた。

×　×　×

光州事件後の金大中（敬称略）らの裁判については、軍法会議一審の死刑判決（内乱陰謀罪）→控訴も上告も棄却→国際世論に押され閣議で減刑→全斗煥大統領就任特赦でさらに減刑→八二年末、刑の執行停止で米国へ出国――という経過が各資料に詳しい。しかし、光州・尚武台の軍法会議の経過に触れたものは少ない。全南大の5・18記念館データ・ベースにある記録から拾うと……

八〇年十月二十五日、尚武台の普通軍法会議（一審）で、刑の宣告を受けたのは二百五十五人だった（光州日報の連載記事は、刑確定者数を四百二十一人としているが、この数字は三百七十五人という拘留者より多く、根拠はよく分からない）。

死刑宣告は五人。金大中から五百万ウォンを受け取って朴寛賢（パク・クァニョン）らに渡し、扇動したとされた鄭東年（チョン・ドンニョン。全南大復学生）には内乱首魁罪が、青年学生闘争委員会委員長の金宗培（キム・ジョンベ）、状況室長の朴南宣（パク・ナムソン）にも内乱罪、戒厳法違反が適用された。無期懲役は市民収拾委員会の洪南淳（ホン・ナムスン）弁護士、青年学生闘争委副委員長の鄭相容（チョン・サンヨン）、許圭晶（ホ・ギュジョン）ら七人。緑豆書店の金相允（キム・サンユン）ら百六十三人に懲役五～二十年、八十人は宣告猶予と執行猶予になった。

二審にあたる高等軍法会議で量刑の変更があり、八一年三月末、最高裁にあたる大法院は被告らの上告を棄却、八十三人の刑を確定させた。死刑は鄭ドンニョンら三人、無期懲役は金ジョンべ、朴ナムソンら七人、懲役刑は七十一人、宣告猶予と執行免除が各一人だった。ところが政府は三日後に全員に対する減刑・赦免または復権措置をとり五十八人を釈放した。八二年のクリスマス特別赦免で、最後まで残っていた鄭ドンニョンらの刑執行を停止、全員の解放が実現した。

以後、被告だった者は八〇年代末から九〇年代にかけて復権・名誉回復の道を歩み、逆に全斗煥、盧泰愚は巨額の収賄と12・12クーデター、光州事件についての反乱、内乱罪で有罪判決を受け、金大中特赦によって釈放されることになる。

韓国の大手紙「朝鮮日報」は、光州事件後、節目ごとに主役たちの「その後」を掲載している。二十周年の二〇〇〇年五月、二十五周年の二〇〇五年五月の記事をネットで読むことができる。

政治家に転身し国会議員に▽光州事件関連団体の役員▽教師や個人営業者として市井に生きる▽病死……二十五年間の変化が淡々と紹介されているが、その実、重火器装備の戒厳軍と対峙した恐怖、無慈悲な殴打と拷問の痛み、若い兵に銃剣を突き付けられ土下座させられた屈辱を、それぞれの心と身体に刻んで生きて来たのだと思う。記事では簡単にしか触れられていない、今は亡き二人のことを補足したい。

朴クァニョン。全南大総学生会会長。一九八〇年五月十八日朝、尹サンウォンと別れた後、麗水（ヨス）に身を隠した「光州の息子」は、戦線を離脱した心の痛みを抱えながらソウルの工場地帯を転々としたが、八一年四月に逮捕され、光州刑務所に収監された。

九月、「内乱重要任務従事者」として五年の刑を宣告されたが、裁判進行中と獄中で三度、計五十日余の断食闘争をした。十月十一日、衰弱がひどく全南大病院に移されたが、翌十二日早朝、死亡した。二十九歳だった。

結審にあたっての朴クァニョンの最終陳述。

「その日、学生と市民が民主主義を叫びながら闘った街路にいることができず、光州を抜け出して自分だけが生きようとしたという事実を、学生たちの付託を受けた総学生会会長として、深く恥じる……死んでいった英霊たち、罪なくして引き立てられ拷問を受けた先輩、同僚、後輩に恥じる気持ちで、責任を全うできなかった学生会会長として、懺悔の気持ちで歴史と民族の前に、真実を語りたい……いつか歴史は、この政権を審判するでしょう。抗争の街路を抜け出した恥を抱く私が、市民とともに審判しなければ……」（一部の要旨）

金永哲（キム・ヨンチョル）。青年学生闘争委企画室長。五月二十七日未明、道庁会議室で腹部を撃たれた後輩の尹サンウォンを抱き上げ、布団に横たえた。底辺生活を体験してきた彼は、YWCA協同開発団の住民運動家として、サンウォンと同じ光川洞（クァンチョンドン）の市民アパートに住み、貧しい人たちの面倒をみながら野火夜学の運営にも携わった。

彼も戒厳軍の銃撃で負傷、逮捕・連行された尚武台で、徹底的な拷問を受けた上、服役した。北のスパイに仕立てあげようとする当局の執拗な追及に抵抗し、コンクリート壁に頭をぶつけて自殺を図り、その衝撃と拷問による精神疾患のため、八一年十一月末、仮釈放された。

九八年八月十六日、五十年の生涯を閉じるまで、彼は尹サンウォンや朴クァニョンの名を呼び「サンウォンに会わなければ……」と繰り返すなど、幻覚と幻聴に苦しめられ続け、精神病院を転々とした。同志は死んだのに自分は……という意識も彼を苦しめたという。

金ヨンチョルの葬儀に参列した韓国のある記者は、彼の人生を「（抗争後十八年の間に）変わった世の中を見ることもなく、八〇年当時の残酷な精神状況から一歩も抜け出せないまま」と書いた。かつての同志らに丁重に弔われた遺体は、前年につくられた望月洞の国立墓地に眠ることになった。

もう一人、金昌吉（キム・チャンギル）のその後にも、触れておきたい。収拾委員会の学生代表として武器回収・返納を主張し、尹サンウォンらと対立した。朝鮮日報の二〇〇〇年の記事には「木浦で個人事業をしている」とあり、二〇〇五年の記事は「個人事業中」と、簡単に書かれている。韓国現代史史料研究所の「光州五月民衆抗争史料全集」には、九〇年当時、ソウルで会社員をしていた金チャンギルの、次のような証言があるそうだ（全南大の5・18記念館データ・ベースによる）。

「私は光州抗争の二重の被害者だ。（道庁掌握のあと）初日に決定された収拾案を土台に活動しただけなのに、光州市民の血を売り渡そうとしたかのようにいわれるのは、納得できない」

「当時の状況下で、市民の犠牲を最小限度に減らそうとしただけで、十年間、誤解と非難を受けたが、なにも言わずに自分の生活だけを充実させてきた。共に苦労して被害を受けたもの同士が、互いに理解しようとする態度が不足している」

訳者は『評伝』の抗争派と武器返納派の対立を読みながら、自分がその場に置かれたら、どんな態度をとったかを考えていた。恐怖に打ち克つ勁《つよ》い心を持った尹サンウォン、金ヨンチョル、鄭サンヨン、金ジョンべらの立場には立ち切れなかったかと思う。無条件で武器を返納しても、戒厳軍の報復が避けられないことが分かっていても、なお「助かるかもしれない」という何パーセントかの可能性に期待したかも知れない。

× × ×

韓国の民主化の道程では、光州事件の後も、何人もの若者が死ななければならなかった。八五年八月十五日、全南道庁前で労働者・洪起日（ホン・ギイル。二十五歳）が、進まぬ民主化に抗議し「無等山に恥じる」と焼身を遂げた▽八七年一月にはソウル大生・朴鍾哲（パク・チョンチョル。二十二歳）が、手配中の別のソウル大生の居所を追及する警察の拷問により殺された▽その抗議闘争のさなかの六月、延世大生・李韓烈（イ・ハンニョル。二十一歳）が催涙弾の直撃を受け、一ヵ月後に死んだ▽八八年五月にはカトリック教徒のソウル大生・趙城晩（チョ・ソンマン。二十四歳）が光州虐殺の真相究明やソウル五輪の南北共催を叫び、明洞聖堂の会館屋上で割腹、投身した……。

韓国社会は、李承晩政権を倒した六〇年の四月学生革命、その後の軍部独裁との長い闘いを通じて、余りに多くの若者を失った。光州・望月洞の旧墓地には、八〇年以降の民主化運動に殉じた者も、光州事件の犠牲者と合葬されている。望月洞の、まるでデモの隊列を組んでいるような、赤い「鉢巻」を締めた小さな墓石群の中に立った時、壮麗な国立新墓地では聞き取れなかった彼らの肉声が聞こえてくるようで、哀惜の思いがこみ上げた。

光州事件について、韓国社会にはなお葛藤があり、戒厳軍の行為を正当化する主張さえ残る一方、光州では「五月精神」の風化もいわれる。他国の社会に対して、部外者が何かを言うのはおこがましいが、死んでいった若者たちの遺志が、生き続ける社会であってほしいと願う。

×　×　×

二〇〇九年三月末、光州郊外・林谷（イムゴク）の尹サンウォンの生家を訪ねた。数えで八十三歳の父・尹錫同（ユン・ソットン）さんは、小学校時代に覚えたという日本語で、訳者に語った。「あいつは学校の勉強はできなかったけれど、人間として正しい道を歩いたと思います。あなたがあいつの伝記を日本語に翻訳してくれることは、私の慰めになります」

傍らで、ただ静かに微笑んでいた金仁淑（キム・インスク）さん。サンウォン生前の三十年間と没後三十年間、このオモニの胸には、どれほどの思いが降り積もったことだろう。

息子さんの生涯を綴った、この拙い日本語訳を、お二人に捧げます。

（訳者）

参照した主な資料（発行年次順）

◆『光州八〇年五月～つかの間の春の虐殺』猪狩章編著
（すずさわ書店、一九八〇年）
◆『韓国民衆史・現代編』韓国民衆史研究会編著
高崎宗司訳
（木犀社、一九八七年）
◆『山河ヨ、我ヲ抱ケ　発掘・韓国現代史の群像』（上）
ハンギョレ新聞社編　高賛侑訳
（解放出版社、一九九三年）
◆『金大中　わたしの自叙伝～日本へのメッセージ』
（ＮＨＫ出版、一九九五年）
◆『韓国　民主化への道』池明観著
（岩波新書、一九九五年）
◆『光州事件で読む現代韓国』真鍋祐子著
（平凡社、二〇〇〇年）
◆『光州民衆抗争～東アジア国際シンポ資料集』
（シンポ日本事務局、二〇〇〇年）
◆『現代朝鮮の歴史』ブルース・カミングス著
横田安司・小林知子訳
（明石書店、二〇〇三年）
◆『韓国現代史』文京洙著
（岩波新書、二〇〇五年）
◆『韓国現代史』木村幹著
（中公新書、二〇〇八年）
◆『5・18　光州抗争史』韓国・光州日報社の連載記事
（一九九六年一月一日～十二月二十六日付　百一回）

1982.02.20

・先に世を去った野火夜学の同志・朴キスン烈士との霊魂結婚式を挙行

・このころ、作家の黄ソギョンが作詞し、金ジョンニュルが作曲した「ニムのための行進曲」が作られ、テープで全国に広まる

1989

・全南社会問題研究所が尹サンウォン烈士の一代記刊行準備に着手

1990.08

・先輩、後輩たちが「尹祥源賞委員会」を結成し、記念事業の一環として尹祥源賞を制定。何回か授賞の後、野火記念事業と統合

1991.05

・『野火の肖像　尹祥源・評伝』を刊行

1997.05

・「5・18国立墓地」が造成され、尹サンウォンの遺体は、霊魂結婚した朴キスンと合葬の形で国立墓地に安葬される

1999.05

・残された日記を集め『尹祥源、未完の日記』刊行

2003.06

・母校全南大が選定した「龍鳳人栄誉大賞」受賞(龍鳳は全南大の所在地)

2005

・2004年冬に生家が火災で焼失。「尹祥源の生家復元を推進する会」ができて生家を復元、内部に「尹祥源烈士記念館」を開館

2010年４月現在、父(1927年生まれ)と、母(1932年生まれ)が生家で農業を営み、弟のジョンウォン、テウォンと、妹のジョンヒ、ギョンヒ、トッキ、スンヒは、それぞれ家庭を持って暮らしている

・午後５時ごろ、戒厳分所へ行っていた収拾委協議団が、戒厳当局から「同日中に武器を返納しなければ責任は負えない」と、武力鎮圧を通告されて戻る。武力鎮圧の情報が広がる
・午後６時過ぎ、金チャンギル、ノ・スナムらが主導した会議（市民収拾委員、旧学生収拾委員ら多数が出席）で、武器返納を議決するが、尹サンウォン、朴ナムソンらが会議室へ乗り込み、武器返納に反対する理由を半時間にわたって述べ、議決を無効にする
・夕刻から戒厳軍の武力鎮圧への対策、武装による阻止の方策を練る

1980.05.27

・午前１時を期して戒厳軍が作戦展開
・午前２時ごろ、道庁に「戒厳軍作戦開始」の報告
・午前２時20分ごろ、道庁に非常令発令。武装市民軍の組織的配置を指揮
・午前３時ごろ、道庁武器庫前で武器を配りながら「最後まで闘おう」と訴えて、生涯最後の熱弁を振るう。YWCAから武器を受け取りにやって来た野火夜学学生の羅ミョングァン、申ビョングァンらと最後の別れ
・午前３時過ぎ、戒厳軍空輸部隊の特別攻撃隊が道庁周辺に布陣。第１次の集中発砲。道庁から市民へ向けての放送が途切れる
・李ヤンヒョン、金ヨンチョル、市民軍兵士らと共に道庁民願室２階の会議室で労働庁側の窓を守る
・午前４時ごろ、李ヤンヒョン、金ヨンチョルと「あの世でも、同志として…」と、最後の対話
・４時を過ぎ、道庁の背後の塀を乗り越えた空輸特攻隊の集中射撃で、腹部貫通銃創を負い、倒れる。死亡と推定。会議室の中央に布団を敷いて安置。戒厳当局はこの日、「外信記者の名刺を所持した姓名不詳者」として処理、上半身が焼け焦げた遺体を公開

1980.05.28

・光州市の清掃車で運ばれ、望月市立墓域に「棺番号57、検案番号4-1、墓地番号111」と書かれた姓名不詳者として仮埋葬される

1980.06.22

・「あいつが私の息子かどうか確かめる」と、父らが遺体を確認した後、正式に埋葬
・何日か後、大学時代の友人たちの助力で「海坡坡平尹公開源之墓　別名祥源」と書かれた墓碑を、５・18墓地に建てる。（海坡はサンウォンが学生時代に好んで使った号。坡平は尹家の本貫）

1980.05.23

・午後２時ごろ、第１次民主守護汎市民決起大会。午前中から活発に市民へ広報。道庁、緑豆書店、YWCAと道庁前の決起大会会場を駆け回る。道庁内の収拾委関係者、武装市民軍指導者と頻繁に接触

・夕刻、YWCAで決起大会の評価集会。YWCAに大学生の集結場所を設ける

・夕刻、21日の戒厳軍の発砲後、姿を隠していた鄭サンヨン、李ヤンヒョンが復帰、多くの人びとが集結し始める。決起大会の継続開催、在野人士との接触、青年·学生運動勢力の組織化、「道庁入城」などについて論議

1980.05.24

・午前、闘士回報制作チームが光川洞からYWCA内に移動。（闘士回報は翌日から「民主市民回報」と改名してYWCAで発行）

・道庁に出入りして収拾委と討論し、武装市民軍と頻繁に接触

・午後、第２次決起大会開催

・夕刻、YWCAで決起大会の評価集会。作業内容別の部署を編成し、次回以後の開催に備える。終了後、核心メンバーが寶城企業に集まり再び会議。在野人士と接触し闘いに加わってもらうこと、道庁掌握の準備、市民への広報と決起大会、大学生の組織化などを話し合う

1980.05.25

・午前、「道庁毒針事件」で険悪な空気。武器回収・返納論が澎湃として起きる

・武器返納に反対し、状況室長の朴ナムソンら道庁内の同志を糾合

・午後、第３次決起大会開催

・夕刻、武器返納のための学生収拾委の会議に乗り込み、返納反対を力説。会議は流れ、学生収拾委は瓦解

・夜８時ごろ、YWCAの大学生集結所に集まった約100人を道庁内へ引率。武装警備に就かせる

・夜10時ごろ、鄭サンヨン、金ヨンチョルと共に学生収拾委の金ジョンベ、許ギュジョンらと道庁内で会い「青年学生闘争委員会」を結成。尹サンウォンは自ら望んで代弁人（スポークスマン）に

1980.05.26

・明け方、戒厳軍が鎮圧作戦を開始。在野人士らが「死の行進」決行

・午前10時ごろ、戒厳軍進入に抗議する第４次決起大会を開催し、市街地デモを決行

・午後３時ごろ、道庁広報室で約10人の外信記者らを相手に、代弁人の資格で公式会見。最初で最後の記者会見になる

などを配布
· 午前、緑豆書店で金サンジプ、朴ヒョソン、鄭サンヨン、李ヤンヒョン、鄭ヘジク、尹ガンオクらと闘争の状況への対応を論議
· 鄭ヘジクと共に、全日放送の市民接収問題、市外電話不通問題解決のため全日放送と電話局へ。解決の見通しなく断念。鶏林洞交差点で市民らが徴発して乗り回す車両の交通整理
· 正午ごろ、田ヨンホと共に光川洞の野火夜学に帰る。「闘士回報」を発行して市民闘争を組織的に指導することを決意。この日午後、第1号を制作、配布
· 午後1時ごろ、道庁前で戒厳軍が組織的発砲。市民の自衛的武装による市民軍登場。戒厳軍と市街戦
· 夕刻、戒厳軍が市内から撤収

1980.05.22

· 「解放光州」第1日。明け方、弟と共に市民軍の武装ジープで農城洞方面に闘士回報を配る
· 午前、緑豆書店で朴ヒョソン、金ヨンチョル、金サンジプらと対策会議。抗争への積極的な参加を決意。尹ガンオク、朴ヒョソンらと、市民軍が掌握した道庁庁舎に入り、学生代表の金チャンギルと会って、闘う意志を伝える
· 午後、朴ヒョソン、尹ガンオク、金サンジプらと「決起大会の連日開催、市民向け広報の強化、運動勢力の糾合、道庁市民軍への参加」を論議。朴ヒョソンの劇団「クァンデ」と団員の金ユンギ、金テジョン、崔インソンらが抗争に組織的参加

自由公園に移設された軍事監獄

集会とデモに積極参加

1980.05.18

・朝のラジオで「5·17戒厳拡大措置」を知る。全南大総学生会会長の朴クァニョン一行が光川洞のサンウォンを訪ねる。状況にどう対処するか密談。クァニョンとの最後の出会いに

・10時から全南大付近でデモが始まる。緑豆書店で金サンジプ（サンユンの弟）とデモの状況を点検し対策を練る

・昼過ぎから市街地のデモが激化。緑豆書店でサンジプらが火炎瓶を作り、現場へ運ぶ。光州学生運動で最初の火炎瓶登場

1980.05.19

・ソウルなど他地域へ光州のデモ状況を連絡。闘争状況を組織的に広報するために、鄭ジェホ、徐デソクらの講学と野火夜学の謄写印刷機でビラ制作

・午後、緑豆書店で金サンジプらが火炎瓶を作り、補給

1980.05.20

・午前、宣言や檄文の形で多様なビラを作り、市街地の闘争現場に配る

・午後、朴ヒョソンらと鶏林洞のデモ現場を見た後、市民への広報の必要性を痛感し、近所の印刷所で２種類のビラを作り市街地で配る

・夕刻、光川洞の野火夜学でビラづくり継続を指示した後、市街地の闘争現場に合流

1980.05.21

・午前、前日深夜からのデモが続く市街地の現場で「民主守護全南道民総決起文」

惨劇のあったチュナム村の入り口

らと夜学運動の新たな展開を模索

1979.11.30

・「10·26事件」以後の非常戒厳下で、統一主体国民会議が主導した大統領選挙反対運動に同調、全南大の「11·30デモ事件」を主導

1979.12

・李テボクと会い、労働運動の効果的な展開を構想する

・１年間勤めた良洞信用協同組合を退職

1980.02.02

・野火夜学第１期の卒業式を機に、夜学活動を再検討。講学と卒業生が「野火同友会」をつくる

1980.03

・ソウルの李テボクとの会合を続け、全国規模の非公開·反合法の労働運動団体の結成を探る

1980.04.30

・京畿道豊平（プピョン）で開かれた全国民主労働者連盟結成集会に出席、光州全南地域を代表する中央委員に選任される

1980.05

・在野民主勢力の結集体「民主主義と民族統一のための国民連合」の全南支部結成を前に、実務者に内定

1980.05.14 ~ 16

・朴クァニョンの主導で、道庁前広場で3日連続で開かれた「民族民主化聖会」の

戒厳軍が駐留した朝鮮大学のグラウンド

誓いと決意を込めて「死ぬために生きよう」と書く

1978.12下旬

・良洞市場にあった「良洞信用協同組合」に就職

・不慮の事故で亡くなった朴キスンの学友葬を執り行なう(26、27日)

・学生運動指導部が参加した「光川工業団地労働者実態調査チーム」を秘密裏に組織。朴クァニョンも一員として加わり、接触が始まる

1979.01

・野火夜学の2学期。第1期生に「一般社会」を教える

1979.05

・住民運動の一環として、講学の金ヨンチョル、朴ヨンジュンと共に、夜学近くの光川洞市民アパートに住む青年と学習集会を進める

1979.06

・金ヨンチョルが住民運動の一環として設立した、三和信用協同組合の拡張移転を助け、総会で監事に選ばれる

1979上半期

・野火夜学が全南大当局と警察、情報部などから廃校を迫られ、これに対抗するため、朴クァニョンを引き入れることを主張。朴クァニョンと朴ヒョソンが夜学の講学に加わる

・緑豆書店を通じ、多様な青年活動家や在野の人士との交友を続ける

1979.10

・「10·26朴正煕大統領殺害事件」を光川洞で知る。金ヨンチョル、朴クァニョン

錦南路に面するYMCA

1978.01

・ソウルの住宅銀行入社試験に合格

1978.02

・全南大学文理学部政治外交学科卒業

・住宅銀行の奉天洞支店(ソウル冠岳区)に勤務

1978.06

・全南大「6·27民主教育指標事件」及び「6·29デモ事件」が起きる

1978.07

・手配を潜って訪ねてきた6·29事件関係者の趙ボンフン、金ユンギ、金ソンチュル、朴モングらを通じて光州の実情を詳しく聞き、職場に辞職届を出して光州に戻る。金サンユンの緑豆書店を手伝いながら進路を模索

1978.10.25

・光川工業団地内の韓南プラスチック工場に、現場の労働実態を体験するために労働者として就業。光州地域で最初の偽装就業者となる

・工業団地就業を決意したころ、野火夜学の朴キスンらから夜学参加の要請を受け、夜学活動を始める

1978.11

・光川洞市民アパートの部屋に入居、野火夜学生の白チェインと共同生活。夜学の講学と学生に部屋を開放。部屋は夜学の教職員室や資料室として機能する

1978.12

・講学の会議で「だらけた雰囲気を一新しよう」と、血書することになり、自身の

放火されたMBC跡に建つ予備校

1976.04

・「4・19革命」16周年にあたり、学内の決起を促す文を弟たちと徹夜で写し、学内に撒く

1976

・金サンユンを通じ民青学連関係者の李ガン、尹ハンボン、尹ガンオクと交友。大学前の自炊部屋で多様な学習会を開く。趙ボンフン、シン・イルソプ、朴モング、金グメ、朴ヒョノク、アン・ギルジョンらが参加。後日、霊魂結婚する朴キスンとも出会う

1977.04

・「4・19革命」週間を機に、全南大で反維新の示威が必要と考えて準備したが、前夜断念。以後、就職の準備にかかる

1977下半期

・金サンユンの緑豆書店開設を積極的に助ける。緑豆書店を通して各界民主運動家らと出会う

1977.12

・光州YMCAで開かれた「民族劇教室」に参加し、伝統演劇の理論と仮面劇を学習。光州地域の文化運動に一期を画した尹マンシク、チョ・ギレ、チョン・オヒョン、金ジョンヒ、金ユンギ、金ソンチュルらと出会う。パンソリにも関心を持って、ソウルの演劇演出家、林ジンテクが吹き込んだ現代版パンソリ「ソリの由来」のテープを求めてしきりに練習

尹祥源の職場のあった良洞市場

1967

・クリスマス・イブに松汀里聖堂で受洗。サレジオ高校のウォン神父により、洗礼名は「ヨハン」に

1969.01

・サレジオ高校卒業

1969 ~ 70

・光州、ソウルなどで大学入試に備える

1971.03

・２年間浪人の後、全南大学文理学部政治外交学科に入学。友人の金ソッキュンと共に演劇部に入る

1971.06

・大学祭「龍鳳祭」で「オイディプス王」の預言者役を熱演

・自ら「海風の吹く丘」という意味を込めた「海坡（ヘパ）」の号を名乗る

・「不正腐敗剔抉・教練反対」のデモに積極参加

1972.06.12

・休学届を出して軍に入隊。下士官として慶尚北道・尚州（サンジュ）で軍務に

1975.03

・軍務を終え復学

・友人の黄チョロンの紹介で、民青学連事件で服役し、釈放された金サンユンと、生涯の転機となる出会い

・働きながら学ぶ二人の弟妹と共に自炊生活。家計窮乏のため、母が青物を商う

野火夜学は廃墟となり、壁だけが残る

1950.09.30

・全羅南道光山郡林谷面新龍里チョン洞で父·尹ソットンさんと母·金インスクさんの長男(三男四女)として生まれる。開源(ケウォン)と名付けられる。生家の現所在地は、編入により、光州広域市光山区新龍洞570-1

1956

・カトリック系の林谷幼稚園に通う

1957.03

・林谷小学校入学

・小学校４年の時から、二人の祖母のうちの一人の指導で日記を付け始め、高校卒業まで続ける。大学時代以後も折に触れて書く

1963.02

・林谷小学校卒業

1963.03

・光州北中学校(現·北星中学)入学

1966.01

・光州北中学校卒業

1966.03

・カトリック系の光州サレジオ高等学校入学。１年生の時に父が祥源(サンウォン)と改名。以後、戸籍名は開源、通名は祥源に

5・18 国立墓地の墓石の列

著者　林洛平(イム・ナッピョン)
・1957年、全羅南道海南(ヘナム)生まれ
・78年、全南大学校人文学部独文科入学
・85年、同校卒業
・78年から80年までの全南大在学中、尹祥源と「野火夜学」を運営
・81年、全南大在学中、9・29デモ関連で2年余、投獄される
・89年、光州環境公害研究会を創設、環境運動を始める
・93年、光州環境運動連合を創設。事務局長、事務処長を歴任し、現在、光州環境運動連合共同議長
・2004年、社団法人「野火烈士記念事業会」結成。現在、理事として活動中

訳者　高橋　邦輔(たかはし・くにすけ)
・1937年、朝鮮慶尚北道大邱府(当時)生まれ
・45年、父の出身地の香川県に引き揚げ。小学校2年生
・56年、丸亀高校卒業、早稲田大学第一政経学部新聞学科入学
・60年、朝日新聞社入社
・97年、定年退職

光州　五月の記憶——尹祥源・評伝

2010年4月30日　初版第1刷発行

著　者＊林洛平
訳　者＊高橋邦輔
発行人＊松田健二
発行所＊株式会社社会評論社
東京都文京区本郷2-3-10　お茶の水ビル
☎03 (3814) 3861　FAX.03 (3818) 2808
http://www.shahyo.com
組版・デザイン＊株式会社クリエイティブ・コンセプト
印　刷＊株式会社倉敷印刷
製　本＊株式会社東和製本

南京戦 閉ざされた記憶を尋ねて

元兵士 102 人の証言
●松岡環編
A5 判★ 4200 円／ 0547-0

1937 年 12 月、南京に進攻した日本軍は、中国の軍民に殺戮・強姦・放火・略奪の限りを尽くした。4 年間にわたり南京戦に参加した日本軍兵士を訪ねて、聞き取り・調査を行った記録の集大成。(2002・10)

南京戦 切りさかれた受難者の魂

被害者 120 人の証言
●松岡環編
A5 判★ 3800 円／ 0548-7

60 年以上たってはじめて自らの被害体験を語り始めた南京の市民たち。殺戮、暴行、略奪、性暴力など当時の日本兵の蛮行と、命を縮めながら過ごした恐怖の日々。南京大虐殺の実態を再現する、生々しい証言。(2004・5)

南京大虐殺と日本人の精神構造

●津田道夫
A5 判★ 2500 円／ 0529-6

中国の首都南京を占領した「皇軍」兵士は、一般市民を含む中国人に対して、虐殺・略奪・放火・強姦のかぎりをくりひろげた。日本人はなぜ、このような大規模な戦争犯罪を犯しえたか、その精神構造を分析する。(1995・6)

侵略戦争と性暴力

軍隊は民衆をまもらない
●津田道夫
四六判★ 2600 円／ 0546-3

「皇軍兵士」による性暴力はいかに行われたのか。天皇制社会における中国・中国人蔑視観の形成過程、加害兵士や被害者の証言、文学作品に現れた戦時性暴力など多面的な分析をとおして、戦争と性暴力の問題の本質に迫る。(2002·6)

［新装版］性と侵略

「軍隊慰安所」84 か所―元日本兵らの証言
●「おしえてください！『慰安婦』情報電話」
A5 判★ 4300 円／ 0247-9

「懐しい思い出」「個人的にはふれあいも」「可哀想だが仕方ない」。侵略者の性欲処理の「道具」とされた中国や朝鮮などの女性たちに対する「反省」なき言説の数々。「使った側」の証言による「性と侵略」の実態。(1993・8)

ある日本兵の二つの戦場

近藤一の終わらない戦争
●石田米子・内海愛子著／加藤修弘編
A5 判★ 2800 円／ 0557-9

沖縄戦の生き残り兵士の近藤さんは、その悲惨な体験を語りつぐなかで、中国大陸で自分たちがしてきたことに向き合うことになる。一皇軍兵士の「加害と被害」体験の聞き書き。(2005·1)

韓国のヒロシマ村・陜川

忘れえぬ被爆韓国人の友へ
●織井青吾
四六判★ 2600 円／ 0282-0

1995 年 4 月 7 日、清水伝三郎死亡のエアメールが韓国から届く。清水の本名は、韓仁守、広島の国民学校の同級生。学徒動員のさなか共に被爆。韓仁守の生涯をたどり、鎮魂の旅が始まる。(2004・3)

企業の戦争責任

中国人強制連行の現場から
●野添憲治
四六判★ 2700 円／ 1334-5

アジア太平洋戦争における企業の実態とその戦争責任を問う。炭鉱、金属鉱山、軍事工場、土木、建設、港湾荷役など、中国人が強制労働させられた北海道から九州まで 135 事業所の現場を訪ねる「慰霊と取材」の旅の記録。(2009・12)